权威·前沿·原创

皮书系列为
“十二五”“十三五”国家重点图书出版规划项目

低碳经济蓝皮书
BLUE BOOK OF
LOW-CARBON ECONOMIC

中国低碳经济发展报告（2016）

ANNUAL REPORT ON CHINA'S LOW-CARBON ECONOMIC DEVELOPMENT (2016)

主　编／薛进军　赵忠秀
副主编／戴彦德　王　波　孙永平
助　编／郭　琳

社会科学文献出版社
SOCIAL SCIENCES ACADEMIC PRESS (CHINA)

图书在版编目（CIP）数据

中国低碳经济发展报告. 2016 / 薛进军，赵忠秀主编. -- 北京：社会科学文献出版社，2016. 11
（低碳经济蓝皮书）
ISBN 978 - 7 - 5097 - 9806 - 5

Ⅰ. ①中… Ⅱ. ①薛… ②赵… Ⅲ. ①气候变化 - 影响 - 经济发展 - 研究报告 - 中国 - 2016 Ⅳ. ①F124

中国版本图书馆 CIP 数据核字（2016）第 239171 号

低碳经济蓝皮书
中国低碳经济发展报告（2016）

主　　编 / 薛进军　赵忠秀
副 主 编 / 戴彦德　王　波　孙永平
助　　编 / 郭　琳

出 版 人 / 谢寿光
项目统筹 / 周　丽　颜林柯
责任编辑 / 颜林柯　张玉平

出　　版 / 社会科学文献出版社 · 经济与管理出版分社（010）59367226
地址：北京市北三环中路甲 29 号院华龙大厦　邮编：100029
网址：www. ssap. com. cn
发　　行 / 市场营销中心（010）59367081　59367018
印　　装 / 北京季蜂印刷有限公司

规　　格 / 开　本：787mm × 1092mm　1/16
印　张：20. 5　字　数：311 千字
版　　次 / 2016 年 11 月第 1 版　2016 年 11 月第 1 次印刷
书　　号 / ISBN 978 - 7 - 5097 - 9806 - 5
定　　价 / 89. 00 元

皮书序列号 / B - 2011 - 167

《中国低碳经济发展报告（2016）》
编 委 会

主要作者简介

薛进军　经济学博士。现任日本名古屋大学经济学院附属国际经济政策研究中心教授，兼任国际低碳经济研究所联席所长兼学术委员会主席，国家发改委能源研究所、中国科学院（科技政策与战略科学研究所）、清华大学（气候政策研究中心）客座研究员，对外经济贸易大学、北京理工大学、武汉大学、陕西师范大学、西安交通大学、深圳大学、西北大学兼职教授，碳排放交易湖北省协同创新中心首席科学家，湖北经济学院“楚天学者”，《新加坡经济评论》、《经济科学》（日文版）、《中国人口·资源与环境》（英文版）特约编辑，《中国经济研究》（日文版）等杂志编委，以及一些中英日文学术刊物审稿人。曾任陕西师范大学政教系讲师，美国耶鲁大学经济增长中心福布赖特高级访问学者，武汉大学经济学院教授，日本一桥大学经济研究所副教授，英国牛津大学经济系访问教授，日本大分大学经济学院教授等。近著有 *China's Green Low - carbon Development*（co - ed.），Springer，2013；编著《不平等的增长——收入不平等的国际比较》（中文版，社会科学文献出版社，2012；英文版，World Scientific，2013）；《中国的不平等》（日文版，日本评论社；中文版，社会科学文献出版社，2008）；《低碳经济学》（中文版，社会科学文献出版社，2011；英文版，World Scientific，2013）；自 2010 年起创刊并主编《中国低碳经济发展报告》（社会科学文献出版社），在 *Energy Policy*，*Singapore Economic Review*，*Asian Economic Journal*，*Chinese Journal of Population Resource and Environment*，《经济科学》（日文），《经济研究》，《中国社会科学》等刊物上发表英文、日文、中文论文多篇。近期主持和参与日本文部省，中国教育部，挪威气候变化与环境研究所，湖北省协同创新中心等有关中国经济、收入分配、环境经济、低碳经济、气候变化与能源政策等重大项目和国际合作项目。

赵忠秀 经济学博士，对外经济贸易大学副校长，教授，国际低碳经济研究所所长，中国国际贸易学会副秘书长，全球商务与贸易国际学会会长，APEC电子商务工商联盟专家委员会秘书长，享受国务院政府特殊津贴专家。专业领域为国际贸易理论与政策、贸易与经济增长、规制经济学、国际直接投资、国际低碳经济等。在国内外重要学术刊物上发表数十篇论文，出版了多部论著和教材。曾应邀担任政府、国际机构和企业的研究专家和顾问，经常就贸易和经济问题接受媒体采访，两度担任中央电视台年度经济人物的经济学家评委。主持教育部人文社科研究重大项目“我国碳排放交易市场研究”和北京市重点交叉学科“低碳经济学”等。

戴彦德 国家发展和改革委员会能源研究所副所长，研究员。兼任中国化工节能技术协会理事长、全国能标委能源管理技术委员会主任、中国人民外交协会理事会理事、北京市科协委员、中国能源研究会常务理事，大连理工大学、北京理工大学、对外经济贸易大学兼职教授等。长期从事能源经济、能源环境、能源发展战略以及节能方面的规划和研究，主持编写过出版书籍、教材多部，在国内外杂志、报纸发表文章30余篇，有多项成果获宏观经济研究院、国家部委科技进步奖。近期主持“实现2020年单位GDP二氧化碳强度下降40%～45%的途径和措施”、“‘十二五’节能规划研究”、“2050年中国低碳之路”、“中国中、长期的能源需求情景”、“中国中、长期能源发展战略”等国家发展战略和规划项目。

王　毅 中国科学院科技政策与管理科学研究所副所长，博士生导师，中国科学院可持续发展战略研究组组长、首席科学家，第十一届全国人大代表。曾先后在中国环境科学研究院、中国科学院生态环境研究中心从事国情分析、资源环境政策和发展战略研究。主要从事可持续发展相关领域（包括资源、环境、流域管理、能源与气候变化等）的公共政策及发展战略研究。曾主持和参与数十项国家科技重大专项、国家自然科学基金、中国科学院战略性先导科技专项及各部委委托的课题研究，参与过许多政府部门和有关机构的重大法律、规划、文件、政策建议的研究与起草工作，其中一些专题研究报告受到有关决策部门和社会各界的高度重视。共出版专著20多部（包括合著和编著），发表学术论文百余篇，先后获部级科技进步一等奖、二等奖，第四届中国青年科技奖。主要代表作有年度《中国可持续发展战略报告》（2006～2011年）和中国国情分析系列研究报告等。

潘家华 剑桥大学经济学博士，中国社会科学院城市发展与环境研究所所长，研究员，博士生导师。兼任国家气化变化专家委员会委员，国家外交政策咨询委员会委员，中国生态经济学会副会长，中国保护母亲河顾问团成员，欧洲气候论坛理事等。政府间气候变化专门委员会（IPCC）第三、四、五次评估报告核心撰稿专家等。研究领域为环境经济学、城市发展、能源与环境，著有《低碳发展论》、《应对气候变化报告》等，发表论文200余篇。

王　波 国际关系学博士，对外经济贸易大学国际关系学院副教授，国际低碳经济研究所副所长，利兹大学商务孔子学院中方院长，利兹大学商学院访问学者。曾任英国东安格里亚大学客座研究人员，在哈佛大学肯尼迪政府学院从事气候变化政策博士后研究。研究领域为国际气候变化与能源政策、技术转让政策、中国外交、美国政治与外交、中欧关系等。著有《美国石油政策研究》等专著，在重要国际期刊发表论文多篇。主持教育部社科资助项目"'行业减排方法'对我国参与国际气候变化谈判与合作、履行自主减排承诺的可行性研究"，国家社会科学基金资助项目"国际气候变化谈判框架下的技术转让问题及中国的对策研究"等。

孙永平 经济学博士，副教授，碳排放权交易湖北省协同创新中心（培育）常务副主任，武汉大学《经济评论》兼职编辑，湖北大学硕士研究生导师，日本名古屋大学访问学者，湖北省高层次人才工程第三层次人才。近年来，在《经济研究》等期刊发表论文30多篇；主持国家社会科学基金、教育部人文社科基金等多个科研项目；获得第九届湖北省社会科学优秀成果三等奖、首届湖北省高校人文社科优秀成果二等奖等多项学术奖项。

摘　要

《中国低碳经济发展报告（2016）》（以下简称《报告》）是由对外经济贸易大学和日本名古屋大学共同创办的国际低碳经济研究所主持编写的以低碳经济为主题的系列年度研究报告的第五份报告。

2016 年的报告由五大部分组成：第一部分是报告的主题，介绍了《联合国气候变化框架公约巴黎协议》的达成是人类可持续发展史上的里程碑事件，中国在本次气候变化谈判中的深度参与和适度引领是中国参与并塑造全球治理的又一成功案例；第二部分介绍了绿色发展的“十三五”规划；第三部分介绍了全国统一碳市场建设方面的经验；第四部分介绍了低碳技术、新能源与低碳城市建设方面的国内外经验和启示；第五部分的附录提供了中国和国际在能源和二氧化碳方面的最新数据。

2016 年的报告主要关注绿色发展的“十三五”规划、碳市场以及低碳技术、新能源与低碳城市。总报告指出《联合国气候变化框架公约巴黎协议》的达成是人类可持续发展史上的里程碑事件。协议的达成对全球可持续发展的方向和低碳经济的发展发出了明确的信号，为未来节能减排、清洁和可再生能源行业的发展指明了方向。气候变化科学研究的进展、主要排放大国的合作与积极推动、谈判机制和协议内容创新以及中国的积极贡献等是协议得以通过的关键因素。中国在本次气候变化谈判中的深度参与和适度引领是中国参与并塑造全球治理的又一成功案例。煤炭行业的清洁生产和减排、清洁和可再生能源的发展、碳排放交易市场的建设、国际环境谈判成果和国际贸易投资谈判的有机配合等是中国在气候变化治理中履约和实现国内可持续发展目标的关键内容。

《报告》的第二部分是绿色发展的“十三五”规划。报告第二章回顾了生态文明理念的发展历程，对历次五年规划（计划）中的资源环境保护部署及其演化进行了梳理，分析了“十三五”规划的背景和生态文明布局，指出五年规划与生态文明建设具有久远的历史渊源。“十三五”规划在全面建成小康社会的背景下，在补齐资源环境短板、让人民群众有更多满足感的导向下，对生态文明建设做了全面的部署，为未来五年资源环境保护和绿色发展指明了方向。报告的第三章通过进一步发展世界银行的真实储蓄方法，计算了工业行业的自然资本损失。利用中国的投入－产出表及其延长表追溯最终消费，重新计算了中国工业行业的增加值、资本形成、资本存量等相关的要素。最终通过对资本产出弹性进行调整，重新估计了中国工业各行业的生产率。结果表明，在过去 20 年间，中国主要的工业部门存在着显著的自然资本损失，带来了平均 10% 的名义增加值损失，对其生产率的影响非常显著，在 1995 ~2010 年导致了约 3% 的全要素生产率增长放缓。报告第四章指出未来中国的发展应在追求数量增长的同时，更加注重质量效益的提升，必须通过加快转变经济发展方式、提高能源利用效率、推进清洁低碳能源利用、引导居民绿色消费等一系列有针对性措施，逐步推动能源向绿色、低碳转型，从根本上减少常规污染物及温室气体排放源，实现经济社会的绿色发展。

《报告》的第三部分是全国统一碳市场。其中，第五章探讨了排放权交易对企业节能减排理念和行动的作用及影响。第六章以我国 188 家重污染行业上市公司为样本，在确定其碳会计信息披露指数基础上，通过多元回归分析，得出企业规模、发展能力和公司治理结构与重污染行业上市公司碳会计信息披露水平正相关。第七章依据天津市碳交易试点制度要素设置情景，模拟其对全市的经济环境影响，并深入分析行业以及行业之间的相互影响。第八章运用 Theil 指数，按照经济发展水平、地理区位、人均碳排放水平三种分组方法，基于 1997 ~2012 年的省际面板数据，研究全国、区域内和区域间碳排放的差异性及其时序变化。第九章对比了碳交易制度相对于碳税制度的优点，总结了二级市场在碳交易体系中的 8 个重要作用，分析了当前 7 个试点碳定价机制运行状况和存在的问题，描述了市场机制在减排、碳金融创新和低碳产业发展所取得的成效，并分析了碳交易体系中影响碳价格的相关因素，得出二级市场是碳市场制度体系建设的核心，应当充分重视。

《报告》的第四部分是低碳技术、新能源与低碳城市的案例研究。其中，第十章以上海市为研究对象，利用空间统计学方法及高精度人口分布数据，对 TOD 规划的应用效果进行实证量化研究。第十一章以生态足迹作为衡量可持续性的工具，并将产品生命周期的思想引入生态足迹的计算之中，建立了基于产品生命周期思想的化学产品生态足迹模型。同时将该模型用于乙炔生态足迹的计算之中，并根据计算结果为乙炔生产的可持续性提出了合理的建议。第十二章系统综述了日本推进区域生态工业发展的进展，具体包括日本“生态城”项目与“环境都市”（“环境模范都市”与“环境未来都市”）项目，实践中的环境创生理念应用，及其在技术、立法、管理和社会支撑体系等方面成功的经验，重点分析了日本在社会支撑体系与决策支撑模型方面的长处。第十三章在测算中国各地区 2001～2012 年能源消费碳排放的基础上，结合脱钩理论和聚类分析方法，运用地理信息系统软件 Arc-GIS，实证分析了中国区域经济增长的空间分布趋势。第十四章首先整理我国 FTA 中的环境条款文本，并与 TPP 环境章节进行对比，其次分析我国环境产品的贸易状况以及我国这 54 种产品的贸易竞争力，最后对环境条款和环境产品贸易的关系进行实证研究。第十五章提出几个关于碳排放问题的新观点，并据以得出解决环境二氧化碳气体积累的新思路。第十六章呼吁重视调整、改变、改进长期形成的能源利用理念、利用方式，实现各种能源的高效率利用、循环利用、系统利用、阶梯利用、全面利用，“让能量动起来”“让热机冷下来”“让排放变资源”。

Abstract

The Annual Report on China's Low-Carbon Economic Development (*2016*) (hereafter referred as the Report) is the5th annual research report on low-carbon economy edited by the Global Low-Carbon Economy Institute which is a joint venture between the University of International Business and Economics (China) and Nagoya University (Japan).

The Report consists of five major topics: the first is an analysis of the historical significance of *the Paris Agreement* and its implications for China's sustainable development. The second theme explores the "green development" features of China's 13th Five-Year Plan. The third section discusses the challenges of China's development of a national carbon market and proposed solutions. The fourth section focuses on the collection of case studies on low-carbon technology and new energy development as well as low-carbon city construction. The last section provides the latest data on energy consumption and greenhouse gas emissions in both China and the world.

The authors of the first chapter summarize key elements that contribute to the success of *the Paris Agreement* such as the growing evidence and advancement of climate change sciences, the cooperation and leadership of major global powers and innovative negotiation approaches, Particularly significant, is China's leadership position in the negotiations, as China plays a critical role in reaching an agreement. The agreement serves as a reassuring and guiding symbol for the direction of the world's industry development. The development and deployment of clean coal and renewable energy will play a decisive role in China's shifting to a low-carbon economy. Capacity building is crucial to establishing a national carbon market in China. Liberalization and convenience of environmental goods and services as well as trade and investment across borders, are essential in the global campaign to curb global warming. Therefore, a linkage between the climate change agreement and the international trade and investments agreement should be the next move for China and the world.

The second chapter tackles the "Green Development" aspect of the 13th Five Year Plan. The author reviews the evolution of China's perception of eco-civilization and how this is reflected in the previous Five Year Plans. While eco-civilization and environmental protection have always been a part of the Five Year Plans, they are more prioritized in the 13th Five Year Plan. Protection of the environment and natural resources is set as a guideline in developing a better society.

Chapter Three applies the genuine savings approach in measuring natural capital loss in industrial sectors. There searchers, by analysing China's national input-output tables and the extended ones, trace the ultimate consumption and re-measures such factors as the addedvalue, capital for mation and capital stock in China's industrial sectors. Productivities of different sectors are re-estimated with the adjustment of capital output elasticity. The research concluded that there has been a substantial natural capital loss which causes 10% nominal added value loss during the past 20 years in China. During the period of 1995 - 2010, the total Factor Productivity growth was set back by 3% annually in the Chinese Industry.

In Chapter Four the authors assert that the economic growth quality and efficiency would be the key targets in China's future development agenda while maintaining a reasonable GDP growth rate. To achieve green and sustainable development, the economy shall be powered by green and low-carbon energy so as to significantly reduce greenhouse gas emissions as well as other conventional pollutants. To that end, economic development transition has to be accelerated; energy efficiency has to be improved; the portion of low-carbon and clean energy in the total energy portfolio has to be increased and consumers' green energy consumption and habits have to be cultivated.

The third section (Chapters Five to Nine) collects research findings on carbon market building in China. Chapter Five explores the impact of carbon trading on the change of enterprises' concept and behavior in reducing carbon emissions and improving energy efficiency. Chapter Six provides an empirical study of the relationship between carbon emissions data report capacity and their business scale, management structure and capacity among enterprises. With a multivariate regression analysis approach, the author finds that the carbon accounting capacity of the 188 listed companies that were surveyed have a strong positive correlation with their business scales, innovation capacity and effectiveness of business governance. Chapter Seven uses a Carbon Trading pilot program in Tianjin as a case study to find out how the carbon trading scheme affects different sectors in different scenarios and how different sectors affect one another under different carbon price constraints. Chapter Eight researches the different features of carbon emissions from national, regional and inter-regional perspectives and the evolution of their emissions indices from 1997 to 2012. To observe their differences, the authors employ the Neil Indices and assigns provinces/regions into three different categories based on their economic development stages, geographical locations and per capita carbon emissions.

Chapter Nine compares the advantages of the carbon trading scheme and carbon tax scheme, respectively. Eight key advantages of the secondary market in the carbon trading system are illustrated. By reviewing the existing seven pilot carbon trading programs in China, the author summarizes the key achievements of market mechanism in carbon emission reduction, carbon financing and low-carbon sector development. Major factors that affects the carbon price in the carbon trading system are identified. Secondary market plays a central role in carbon market building.

The fourth section is mainly aboutlow carbon technology development, new energy development, and low-carbon city building. Chapter Ten is an empirical and quantitative study of the efficacy of TOD planning in Shanghai City based on concrete data of its demographic distribution via the spatial statistical method. Chapter Eleven is a case study on the carbon foot prints of acetylene production, one that seeks to discover environmentally friendly and sustainable solutions for its production. The study measures sustainability by eco-foot-prints in its modeling. The researcher applies the concept of product life cycle to the measurement of eco-foot-prints and builds a model of the eco-footprints of chemicals throughout their full life cycle.

Chapter Twelve introduces the latest progress of regional eco-friendly industry development in Japan. The author introduces successful practices in technology development, legislation, management and social supporting system of the "Eco-friendly City Project "and the "Environmental Friendly Capital Project" in Japan. The critical role of the social supporting system and decision making modeling are particularly emphasized in the case studies. Chapter Thirteen delivers an empirical analysis of the correlation between carbon emissions from energy consumption and economic growth in China from 2001 to 2012. The research was conducted by applying both the decoupling theory and cluster analysis in the Arc-GIS system, a geographic information software. Chapter Fourteen is an empirical research on the relation between environmental sections in trade agreements and environmental goods trade. The author first compares the environmental articles in the FTAs between China and other concerned parties within the TPP. Thereafter, the researcher analyzes the status of China's environmental goods in cross border trade and the competitiveness of the 54 types of environmental goods from China. Chapter Fifteen put forward a few new idea about carbon emissions, and thus solves the environment as a new idea of CO_2 gas accumulation. Chapter Sixteen calls for a revolutionary energy saving concept. The author challenges the conventional concept and practice in energy and carbon emission utilization. He argues that by utilizing the energy in a circulated system, energy can be reused and recycled so as to improve energy efficiency to a much higher degree than the current conventional approach.

目录

Ⅰ 总报告

Ⅱ 专题篇

Ⅲ 对策篇

Ⅳ 案例篇

V 附 录

皮书数据库阅读使用指南

CONTENTS

I General Report

II Thematic Reports

Ⅲ Strategy Reports

Ⅳ Case Study Reports

V Appendix

总 报 告

General Report

B.1

《联合国气候变化框架公约巴黎协议》与中国履约和实现可持续发展的战略机遇与挑战*

王 波 赵忠秀 王 苒**

摘 要：《联合国气候变化框架公约巴黎协议》的达成是人类可持续发展史上的里程碑事件。协议的达成对全球可持续发展的方向和低碳经济的发展发出了明确的信号，为未来节能减排、

* 本报告作者感谢国家社会科学基金项目和国家社会科学基金研究项目“国际气候变化谈判与合作中的技术转让问题及中国的对策研究”（项目号12BGL080）和对外经济贸易大学“可持续发展视角下的气候变化治理与能源政策创新：国际经验与中国对策研究”学术创新团队（项目号CXTD7－02）资助。

United Nations, *Paris Agreement*, 2015, http://unfccc.int/files/essential_background/convention/application/pdf/english_paris_agreement.pdf.

** 王波，博士，对外经济贸易大学国际关系学院副教授，国际低碳研究所副所长；赵忠秀，对外经济贸易大学国际经济学教授，副校长，国际低碳研究所所长；王苒，博士，对外经济贸易大学全球价值链研究院研究员、项目主管。

清洁和可再生能源行业的发展指明了方向。气候变化科学研究的进展、主要排放大国的合作与积极推动、谈判机制和协议内容创新以及中国的积极贡献等是协议得以通过的关键因素。中国在本次气候变化谈判中的深度参与和适度引领是中国参与并塑造全球治理的又一成功案例。煤炭行业的清洁生产和减排、清洁和可再生能源的发展、碳排放交易市场的建设、国际环境谈判成果和国际贸易投资谈判的有机配合等是中国在气候变化治理中履约和实现国内可持续发展目标的关键内容。

关键词：《巴黎协议》 气候变化治理 可持续发展 碳排放 清洁和可再生能源

2015年12月12日，在巴黎召开的《联合国气候变化框架公约》第21次缔约方大会经过196个缔约方（195个国家+欧盟）代表艰苦地谈判，终于就2020年之后的全球气候变化治理达成共识，通过了人类可持续发展治理历史上具有里程碑意义的《联合国气候变化框架公约巴黎协议》（以下简称《巴黎协议》）。[①]《巴黎协议》已经于2016年4月22日开始开放签署。截至2016年5月10日，已经有177个缔约方在协议上签字，有16个国家递交了本国批准该协议的文件。《巴黎协议》的生效，需要获得《联合国气候变化框架公约》（以下简称《公约》）不少于55个缔约国提交的批准文件，且这些国家的温室气体排放总量应占全球排放总量55%以上。鉴于协议中各缔约方的基本履约内容是建立在各国提交的国家自主贡献报告的基础上，不是参加谈判的政治家主观拟断的目标，且目前已经提交自主贡献报告

① United Nations, *Paris Agreement*, 2015, http://unfccc.int/files/essential_background/convention/application/pdf/english_paris_agreement.pdf.

的186个缔约方的温室气体排放量已经占全球排放量的96%，因此协议生效将是大概率的事情。中国国务院副总理张高丽代表中国政府参加了《巴黎协议》开放签署的开幕仪式，在开幕式发言中，张高丽副总理宣布中国政府争取在2016年9月20日G20杭州峰会前完成《巴黎协议》的国内批准程序，受到各国领导和舆论的高度评价。[①]《巴黎协议》的达成不仅是全球环境治理的里程碑性事件，而且为全球的能源和环境产业指出了明确的发展方向，对于引领全球可持续发展具有重要意义。

中国作为最大的发展中国家，在本轮气候变化谈判中以高瞻远瞩的战略气魄向国际社会提交了一份有进取性的国家自主贡献计划。[②] 中国在会议前和会议过程中与会议东道国和主要排放国，尤其是与美国的密切沟通与合作，为会议的成功做出了至关重要的贡献。[③] 中国的承诺和《巴黎协议》的达成为中国和其他发展中国家实现可持续发展指明了方向，成为中国深度参与并塑造全球治理和制度建设的一个成功案例。

---

① 张高丽：《推进落实〈巴黎协议〉共建人类美好家园——在〈巴黎协议〉高级别签署仪式开幕式上的讲话》，2016年4月22日，纽约联合国总部。（中国气候变化信息网，http：//www. ccchina. gov. cn/Detail. aspx？newsId = 60580&TId = 61）

② 中华人民共和国国家发展改革委员会：《强化应对气候变化行动——中国国家自主贡献》，2015。2015年6月30日，中国政府向《联合国气候变化框架公约》秘书处提交国家自主贡献文件。文件确定了到2030年中国的自主行动目标：二氧化碳排放2030年左右达到峰值并争取尽早达峰；单位国内生产总值二氧化碳排放比2005年下降60%～65%，非化石能源占一次能源消费比重达到20%，森林蓄积量比2005年增加45亿立方米左右。中国还将继续主动适应气候变化，在农业、林业、水资源等重点领域和城市、沿海、生态脆弱地区形成抵御气候变化风险的有效机制和能力，逐步完善预测预警和防灾减灾体系等；针对中国的减排承诺，国际上的一些知名学者甚至有更乐观的评价。澳大利亚著名经济学家郜若素认为，中国在国际气候变化谈判与合作中往往承诺的相对保守谨慎，实际行动做得更多更好，中国可以更早达到温室气体排放峰值（根据作者与郜若素的交流）。英国著名经济学家罗伯特·斯特恩等也认为中国在经济新常态增长的情景下，受单位能耗下降，新能源比例增长等变量的影响，中国很可能在2020年就达到温室气体排放峰值。Fergus Green，Nicholas Stern，"China's Changing Economy：Implications for its Carbon Dioxide Emissions"，*Climate Policy*，16（2016），pp. 1 – 20. http：//dx. doi. org/10. 1080/14693062. 2016. 1156515。

③ 解振华：《中国在气候变化多边进程中展现了大国领导力》，中国气候变化信息网，http：//www. ccchina. gov. cn/Detail. aspx？newsId = 60541&TId = 61。

一　全球气候变化治理与可持续发展的历史回顾

《巴黎协议》标志着人类社会首次在涉及整个人类生产生活方式的环境与能源问题上达成空前共识，表明了行动的决心。而在此之前人类对气候变化问题的认识经历了从科学认知逐步深化到政治共识并逐步凝聚的曲折过程。

自18世纪中叶欧洲的现代工业革命以来，人类在利用科学和知识的基础上开发自然资源以改善自身生活条件和水平的程度达到了一定的高度。近代工业革命极大地解放了生产力，使人类在自然界获取资源的能力空前提高。但是，在人类极大地丰富了自己物质生活的同时，地球生态系统的平衡状态彻底被打破。

20世纪中叶伴随着工业化和城市化在西方国家的快速发展，环境污染成为西方世界关注的重要问题。但是在全球治理层面，第一次将可持续发展列入重要发展议程是在1992年巴西里约热内卢召开的第一次环境与发展大会上。大会通过了《联合国气候变化框架公约》、《联合国防止荒漠化公约》和《联合国保护生物多样性公约》等具有里程碑意义的一系列文件。

可持续发展由概念转变为理念，发达国家与发展中国家（尤其是发展中大国）对可持续发展的认知差异缩小，有助于应对气候变化和能源安全的国际谈判和合作的增加。

环境的恶化（气候变化、臭氧层空洞、荒漠化、生物多样性减少等）使人类不得不考虑人类与地球生态之间的关系。可持续发展从1972年联合国第一次人类与环境发展大会开始，到1992年联合国第一次环境与发展大会，已逐步从大学教授学术讨论的话题被提到世界政治家们的日程表上。科学家们已经证实主要由人类生产生活活动所造成的温室气体排放增加已导致气候发生变化，成为人类可持续发展的全球性挑战之一。① 由于世界的不均

① IPCC Working Group Ⅲ, *IPCC Fifth Assessment Report Summary for Policymakers*, IPCC, 2014, Summary for Policymakers.

衡发展，西方发达国家在科技和生产力等领域均处于领先地位，生态文明理念在民众和决策者中普及度较高，因而西方国家（以西欧和北欧为代表）在应对气候变化这一问题上领先一步，在20世纪90年代已经逐步将应对气候变化作为国家和社会可持续发展的重要目标和内容。广大发展中国家由于历史原因，在20世纪90年代面临的主要挑战仍然是实现基本的发展目标，摆脱贫困和落后，因而其关注的首要问题仍然是经济增长和确保经济增长的能源安全问题。1997年为落实《联合国气候变化框架公约》而达成的《京都议定书》对发达国家和发展中国家在减缓气候变化行动上的不同责任和义务的区别性安排除了有温室气体排放的客观历史责任因素外，发展中国家所处的不同发展阶段和对生态文明和可持续发展认识的局限性也是重要的因素。然而，随着发展中国家，尤其是以中国为代表的发展中大国经济的快速增长，在可持续发展与应对气候变化等议题上，发展中国家与发达国家的客观贡献与主观认知均在发生戏剧性的变化。一方面，发展中国家的温室气体排放逐步超过发达国家（以国家为单位的新增年排放量计算，2007年左右中国超过美国成为第一温室气体排放大国），发达国家在全球新增排放量中的占比不断减少，温室气体排放贡献格局发生显著变化；另一方面，高强度的化石能源消费除了造成温室气体排放这一全球环境公共负产品外，也造成严重的本土环境污染，可持续发展（减少化石能源消费和温室气体排放）由外部压力转变为发展中国家的内生需求。这些变化已经体现在联合国气候变化多边谈判和双边合作中。

二 《巴黎协议》的主要成就与突破

《巴黎协议》是自1992年达成的《联合国气候变化框架公约》、1997年达成的《京都议定书》以来，国际社会应对气候变化实现人类可持续发展目标的第三个里程碑式的国际条约。

《巴黎协议》一共29款，确立了全球应对气候变化的长期目标：控制全球温度升高不超过2℃，并力争实现温度升高不超过1.5℃的目标；增强适应气候变化、提高气候耐受力的能力，实现低温室气体排放增长目标；提供与增加气候耐受力和低排放增长模式相适应的资金支持。为此，各国将共同行动，力争尽早实现全球温室气体排放达到峰值，并在之后迅速下降，到21世纪下半叶实现碳排放与碳吸收的平衡。

协议签署国涵盖了全球绝大多数国家，截至巴黎会议前，195个缔约方中已经有186个成员递交了国家自主贡献意向书，这些国家的温室气体排放量占全球排放总量的96%。因而《巴黎协议》成为全球气候变化治理模式提出以来参与度最高的协议，这使得协议的达成和落实的确定性大大提高。

在气候变化的历史责任和现实能力问题上：《巴黎协议》既坚持了共同但有区别的原则，又照顾到全球经济格局中经济发展不平衡所产生的能力差异；既照顾了发展中国家的诉求，又满足了发达国家要求新兴发展中大国在气候变化治理中的贡献的要求。《巴黎协议》再次确认了先前谈判中提出的发达国家募集1000亿美元支持发展中国家的目标。

在各国已经提交的国家自主贡献行动目标的基础上，协议还建立了一个各国行动目标和力度“只进不退”的齿轮锁定（ratchet）机制。各国提出的行动目标，包括减排、适应和资金贡献等，一旦自主决定，都将建立在不断进步的基础上。协议建立了每5年对全球各国减排活动效果进行盘点的机制，缔约成员在此基础上每5年修订国家自主贡献，以此鼓励各国在新情景、新认识的基础上不断加大减排力度，确保实现应对气候变化的长期目标。同时协议再次确立了报告和核证的透明度原则，确保各国履约的真实性和有效性。

《巴黎协议》的最终落实，还需要缔约方通过一系列工作会议对相关条款进行细化，以解决相关技术性问题。例如缔约国自主贡献的计量方法、国际注册的方式、2020年后发达国家承诺的给发展中国家的资金援助如何具体落实、各国减排的制度安排及市场机制的作用等需要进一步的谈判协商。

《巴黎协议》在《公约》的基础上，确立了一个相对松散、灵活的应对气候变化国际体系，是在总结《公约》和《京都议定书》20多年来的经验教训后，国际气候治理体系自然演化的结果，凝聚了无数政治家、谈判代表和智库的心血和智慧。《巴黎协议》的达成，成为人类迈向可持续发展征程的新起点，将推动全球应对气候变化的国际合作进入一个新的阶段，为发展低碳绿色经济和能源转型指明了方向，提供了强有力的政治推动力，同时也将对包括中国在内的各国经济和环境政策产生深远影响。

三　巴黎会议成功和《巴黎协议》得以达成的几个关键因素

巴黎气候变化大会取得成功在很大程度上是各方期待和预料之中的结果。有 4 个关键的因素对本次会议的成功起了决定性的作用。

（1）全球气候变暖的科学证据越来越充分，人类社会对气候变化问题的共识越来越多。国际社会对人类活动，尤其是化石能源消费所导致的全球气候变化存在的真实性及其对人类可持续发展的威胁有了更明确的认识和更切实的感受。2015 年 10 月，联合国气候变化专门委员会发布了第五次气候变化评估报告。这份由全球 1000 多名科学家参与撰写的报告，以权威的数据，得出了“人类的影响极其可能是 20 世纪中叶以来所观察到的全球气候变暖的最主要的因素”这一结论。报告更加确定人类活动对海洋变暖、全球水循环系统的变化、冰雪融化、海平面升高和极端气温等气候现象的影响。① 实现 21 世纪末全球气温升高不超过 2℃的目标，意味着能源产业要实现根本性的变革，代之而来的是空气质量、能源安全、资源安全和生态系统改善等可持续发展目标的实现。

（2）政治家们，尤其是排放大国的政治家们，更加务实与理智，更好地平衡了客观的政治现实与环境现实的关系。政治家们吸取了以前，尤其是 2009 年哥本哈根气候变化大会失败的教训，改变了由政治家们在国际谈判

① IPCC Working Group Ⅲ, *IPCC Fifth Assessment Report Summary for Policymakers*, IPCC, 2014, Summary for Policymakers.

桌上制定没有足够政府授权的自上而下的全球减排目标和各国减排份额的做法。本轮谈判采取了更为现实的让各国自主申报减排目标和实施方案的自下而上的方式，化零为整。这样，各国自主申报的气候变化治理的目标和政策措施均得到国内的政治支持，从而使得谈判代表们更加有信心和底气来进行谈判。比如，美国政府通过行政立法的形式颁布了清洁能源计划，于 2015 年 12 月 25 日开始实施。欧盟环境委员会也通过了气候变化行动纲领。中国通过与外国政府达成双边协议和宣言的形式，宣布了气候变化治理的目标和政策。中、美、欧等国家和经济体的领袖在谈判前一年多的时间里积极推动大国合作，尤其是中美两国领导人在多个双边和多边平台通过共同声明和宣言的形式，向国际社会承诺减排的信心和决心，积极提交国家自主贡献，为 160 多个国家提交国家自主贡献起到了表率和引领的作用，为谈判的成功奠定了良好的基础。

（3）协议体现了包容、尊重的精神和求同存异的智慧。在这种精神指导下，一方面确立了一个积极的全球长期目标；另一方面对各缔约国并未简单地设定统一的具有严格法律约束力的目标和违约惩罚机制，而是采纳了尊重国家主权、各国自主确定的行动目标，采取非侵入、非对抗模式的评价机制，以此最大程度求同存异。鼓励各国，尤其是发展中国家在参与减排的过程中逐步积累经验、树立信心，照顾到各方的利益，在理想与现实之间取得平衡。一方面体现发达国家与发展中国家承担共同但有区别的责任，例如要求发达国家继续率先开展绝对量化减排，发达国家为发展中国家提供资金支持等；另一方面也要求包括发展中国家在内的所有国家都根据各自的国情和能力开展减缓气候变化行动。对于一些各方诉求差异较大的问题，采取了搁置争议、模糊处理的方法。例如，在气候变化造成的损失给予赔偿的问题上和一些国家要求国家自主贡献承诺具有国际法效力的问题上都采取了回避的方法，确保了协议谈判不至于破裂。

（4）中国在本轮气候变化谈判中的主动进取精神和引领作用对《巴黎协议》的签署具有至关重要的作用。中国在本轮气候变化谈判中的积极表现一方面是基于对可持续发展问题的深刻认识，另一方面是中国在全球治理中地位提升和塑造全球治理的必然选择。①

一方面，中国政府认识到全球气候变化治理不仅是公共环境问题，而且是本国环境和经济可持续发展及能源安全问题。

在过去30多年的经济快速发展、城市化快速推进的过程中，经济发展与环境保护的矛盾越来越突出。2010年以来，北京等特大城市的雾霾污染成为中国环境污染的标志性问题，成为从普通市民到国家领导人，乃至全球舆论都持续关注的环境问题。中国决策者认识到中国过去在环境问题上犯了错误，受到了惩罚；认识到化石能源的使用是造成雾霾的最重要的因素。减少化石能源的使用，减少二氧化碳等温室气体的排放与减少大气污染具有高度的协同作用。根据中国气候变化事务特别代表解振华的介绍，如果中国的气候减排目标能够实现，雾霾污染可以降低42%。②

中国有信心通过大力调整结构、转变发展方式、改变生活方式，利用中国体制巨大的社会动员优势，并通过加强市场和法制机制建设，在应对气候变化问题上做得更多、更好。中国领导人清醒地认识到气候变化治理所带来的能源环境技术变革已经是并将继续是未来经济和科技革命的主题。中国政府已经将包括气候变化治理在内的可持续发展议题作为中国的社会经济发展战略目标和内容。③

另一方面，中共十八大以来根据国际格局的变化和中国自身国力的变化，中国在国际治理中采取了积极主动的塑造战略，尤其是在国际经济治理领域，中国通过亚太经济合作组织、G20、国际货币基金组织、亚洲基础建设投资开发银行等已有和新建治理平台，推动多边经济外交，有力地推动了

① 中华人民共和国国家发展改革委员会：《强化应对气候变化行动——中国国家自主贡献》，2015。

② 解振华：《在国务院新闻办举行的“巴黎归来谈气变”中外媒体见面会上的发言》，2015年12月23日，中国气候变化信息网，http：//www.ccchina.gov.cn/Detail.aspx？newsId=58140&TId=61。

③ 解振华：《在国务院新闻办举行的“巴黎归来谈气变”中外媒体见面会上的发言》，2015年12月23日，中国气候变化信息网，http：//www.ccchina.gov.cn/Detail.aspx？newsId=58140&TId=61。

国际经济新秩序的建设。[①] 在这一大背景下，中国在全球气候变化治理谈判中的主动和引领作用也自然成为中国全球战略中的一环。中国与美国在2014年达成的气候变化协议成为发展中国家和发达国家合作的良好范例，通过协议建立的互信对将美国这个长期游离于国际温室气体减排体制之外的最大的排放国拉入全球多边减排机制中起到了重要作用。中国在谈判中作为一个负责任大国的表现赢得了包括美国华盛顿邮报、美国进步中心和英国BBC等在内的西方主流媒体和智库的高度积极评价。[②] 同时，中国作为经济体量最大的发展中国家，率先提出温室气体排放峰值时间表，并在发达国家与发展中国家对气候资金援助和灾害赔偿问题僵持不下的大背景下承诺提供200亿元人民币建立南南气候合作基金，为在“共同但有区别的责任和各自能力”的原则下进行国际气候合作提供了一个南南合作榜样，也对发达国家在对发展中国家进行资金援助方面形成无形的压力。

四 《巴黎协议》对全球可持续发展的风向标作用和未来中国履约的几个关键问题

《巴黎协议》为未来全球产业技术革命和投资指出了明确的方向：逐步减少化石能源的使用，提高化石能源的使用效率，新能源和可再生清洁能源将成为未来长期的产业技术发展方向。中国新能源产业的快速发展成为全球新能源产业和技术发展的最佳发展案例，不仅促使发达国家加快新能源的

① 例如：在亚太经济合作组织中中国发起的首批环境产品减免关税清单，为世界贸易组织框架下的环境产品贸易谈判提供了良好的参考范例；中国倡导组建的亚洲基础设施建设开发银行抓住了发展中国家可持续发展迫切需要的基础设施建设资金需要，并将环境标准与投资密切结合起来，成为发展中国家在全球金融治理领域的重要环节；中国积极申请成为国际货币基金组织一揽子货币体系的成员，为世界货币体系的稳定做出重要贡献。

② E. G. Melanie Hart, Beijing's Energy Revolution Is Finally Gaining Serious Momentum, Center for American Progress, December 3, 2015 , https://www.americanprogress.org/issues/security/report/2015/12/03/126606/beijings-energy-revolution-is-finally-gaining-serious-momentum/; Helen Briggs, China Climate Change Plan Unveiled, BBC, http://www.bbc.com/news/science-environment-33317451.

发展，而且让发展中国家看到了技术本土化、生产本土化能带来技术创新和成本的降低，使得最初以外向出口为目标的产业发展演变成为国内国际市场并重的现实格局，成为促进中国可再生能源发展的动力。

1. 煤炭的清洁高效利用问题

煤炭的消费是中国温室气体排放的最重要的来源，有效控制煤炭的使用是中国实现减排目标的重中之重。同时，煤炭的消费也是中国大气污染的主要来源，研究表明，煤炭燃烧产生的二氧化硫、氮氧化物、细颗粒物和汞的排放高于其他化石能源，加上大量煤炭作为终端能源而被直接消费，煤炭是产生 PM2.5 的重要原因。[①] 根据英国石油公司的报告，2014 年中国原煤产量 39 亿吨，占当年全球煤炭产量 50% 左右。中国煤炭消费产生的二氧化碳排放量在二氧化碳排放总量中的占比长期维持在 80% 左右。虽然煤炭消费在中国能源消费结构中的比例会不断下降，但到 2035 年，煤炭消费仍然会占中国基础能源消费的 51%。中国《强化应对气候变化行动——中国国家自主贡献》中提出要“控制煤炭消费总量，加强煤炭清洁利用，提高煤炭集中高效发电比例，新建燃煤发电机组平均供电煤耗要降至每千瓦时 300 克标准煤左右”。[②] 所以煤炭的清洁生产和消费是中国实现温室气体减排目标和减轻大气污染的关键。[③]

2014 年 6 月，习近平在中央财经领导小组第六次会议上就推动能源生产和消费革命提出 5 点要求，强调立足国内多元供应保安全，大力推进煤炭清洁高效利用，着力发展非煤能源，并要求抓紧制定 2030 年能源生产和消费革命战略，研究“十三五”能源规划。[④] 推进煤炭清洁高效利用与大力发

① 《中国煤炭消费总量控制方案和政策研究项目》课题组：《煤炭使用对中国大气污染的贡献》，2014 年 10 月 20 日。

② 中华人民共和国国家发展改革委员会：《强化应对气候变化行动——中国国家自主贡献》，2015。

③ BP，*BP Energy Outlook 2035*，February 2015，http：//www.bp.com/content/dam/bp/pdf/energy - economics/energy - outlook - 2015/Energy_ Outlook_ 2035_ booklet.pdf.

④ 《习近平主持召开中央财经领导小组会议强调积极推动我国能源生产和消费革命加快实施能源领域重点任务重大举措　李克强张高丽出席》，新华网，http：//news.xinhuanet.com/politics/2014 - 06/13/c_ 1111139161.htm。

展清洁能源、可再生能源具有同等重要的战略地位。

随着中国经济发展进入新常态，国内宏观经济增速放缓，能源需求强度和增速下降，煤炭市场需求增幅回落，中国煤炭市场呈现总量宽松、结构性过剩的态势。未来5~10年的国内外能源形势，为大力推进煤炭清洁高效可持续开发利用提供了难得的历史机遇。

在煤炭清洁利用问题上，要提高电煤占燃煤总量的比例，确保新增煤电装机技术的先进性。中国电煤占燃煤总量的比重约51%，直接散烧约占20%，电煤比重与美国的93%、欧盟的82%、俄罗斯的64%、世界平均比重的78%相比差距很大。在煤电发展上要发展超临界、超超临界机组，逐步淘汰亚临界燃煤发电机组。考虑到未来温室气体排放的约束，应该加大对煤基多联产技术的试点和投入，为未来可能的碳捕捉和埋存做好技术储备。

利用当前经济结构调整、能源价格较低的战略机遇期，加快淘汰和取缔小燃煤锅炉和散烧煤的使用，实现城市和农村的经济和环境的可持续发展。[①]

利用2017年中国建设全国碳排放交易市场的战略契机，加强对煤炭消费企业排放数据申报能力的培训和申报准确性的监督。目前电力煤耗的数据主要依靠企业自行申报，缺乏核查机制，权威性、准确性难以保证。小的燃煤锅炉和散烧煤的排放更是难以统计。

2. 清洁能源和可再生能源行业的发展问题

应对气候变化一方面需要减少化石能源消费，另一方面需要逐步提高清洁能源和可再生能源在能源供应中的比例，以满足人类对实现可持续发展目标的需求。在过去这两个方面均出现了积极的进展。

根据国际能源署2015年的研究报告，全球经济在过去的40年中首次在非经济危机情景下出现经济增长和与化石能源相关的温室气体排放脱钩的现象。2014年全球经济增长3%，但是能源消费所排放的二氧化碳等温室气体并没有增长。一方面，GDP单位能效继续快速下降（下降2.3%），另一方

① 姜耀东：《京津冀减煤换煤需同步》，中国日报中文网，2016年3月4日，http：//www.chinadaily.com.cn/hqgj/jryw/2016-03-04/content_14584986.html。

面，可再生能源增长占了全球能源增长的约一半。中、美、日、德等国在新能源投资中继续领跑，全球投资达2700亿美元。可再生能源的使用成本继续下降。①

中国在国家自主贡献目标中提出了到2030年非化石能源消费占总能源消费不低于20%的目标。这个进取的目标显示了中国政府应对气候变化和实现可持续发展的战略决心，为中国能源行业的发展方向指明了道路。

中国的清洁能源和可再生能源除了传统的水电和核电迅速发展外，风能和太阳能也后来居上，中国已经成为全球可再生能源的领头羊，被西方国家的学者称为可再生能源超级大国。②

在可再生能源领域，中国最突出的表现是在光伏产业领域的快速发展。中国不仅为全球市场提供超过70%的光伏产品，而且成为全球光伏发电装机容量和新增装机容量最大的市场。中国光伏发电的发展速度成为能源革命的一大亮点。截至2015年底，中国光伏发电累计装机容量4318万千瓦，上升为全球首位。③ 中国连续8年的光伏电池产量居全球之首，累计为全球提供了70%以上的光伏产品；2015年新增装机容量1513万千瓦，占全球新增装机容量的1/4以上，连续3年新增光伏发电装机容量超过1000万千瓦，成为全球规模最大的光伏应用市场。④

---

① International Energy Agency, *World Energy Outlook Special Report 2015: Energy and Climate Change*. Accessed 19 January 2016: https://www.iea.org/publications/freepublications/publication/WEO 2015 Special Report on Energy and Climate Change.pdf.

② John A. Mathews, Hao Tan, "Energy: China Leads the Way on Renewables", *Nature* (2014), pp. 300 – 302.

③ 国家能源局：《2015年光伏产业发展情况》，2016，中国气候变化信息网，http://www.ccchina.gov.cn/Detail.aspx? newsId = 58883&TId = 65 "title = " 2015年光伏发电相关统计数据；国家能源局：《2014年光伏产业发展情况》，2015，中国气候变化信息网，http://www.ccchina.gov.cn/Detail.aspx? newsId = 51049&TId = 57 "title = " 2014年光伏产业发展情况。

④ 于钱：《光伏发电发展速度成为能源革命一大亮点》，太阳能新闻网，2016年5月12日，http://www.pvnews.cn/chanyeyaowen/2016 – 05 – 12/146438.html。国家能源局：《2014年光伏产业发展情况》，2015，中国气候变化信息网，http://www.ccchina.gov.cn/Detail.aspx? newsId = 51049&TId = 57 "title = " 2014年光伏产业发展情况。

同时，中国也开始在发达国家和发展中国家投资设厂、建设光伏电站。中国企业在德国、美国、日本等海外发达国家投资建设的光伏电站项目的装机容量超过了300万千瓦；另外中国电建、中国能建、三峡集团等重点企业则围绕“一带一路”进行战略布局，积极开拓重点区域；特变电工、中兴能源正在巴基斯坦等国建设百万千瓦级光伏发电项目，将“中巴经济走廊”的合作和开发模式打造成中国“一带一路”战略的样板、新能源国际发展的示范。①

未来清洁和可再生能源的发展应继续在立足国内的基础上同时开拓发达国家和发展中国家两个市场，并根据两个不同市场的资源禀赋和市场需求采取不同的策略。发达国家技术研发能力基础雄厚、管理经验丰富，虽然在新能源领域具有巨大的市场需求潜力，但面对来自新兴发展中大国的竞争，贸易保护主义抬头；发展中国家人力资源等生产要素成本较低，但是利用新能源技术的能力需要提升。因此，针对发达国家市场，除了传统的贸易形式外，应该通过技术合作研发整合全球智力资源，以实现中国在新能源产业的全球领先地位。中国应加强与发达国家在本产业领域的研发和装备制造合作，开展前沿、共性技术联合研发，提高中国新能源产业技术研发能力及综合制造能力，共同促进产业技术进步；还要积极参与可再生能源，尤其是太阳能、风能等行业的国际标准制定，加强自主知识产权标准体系海外推广，推动相关产品和技术检测认证的国际互认，提高中国标准检测认证机构的技术能力和品牌国际影响力，在可再生能源领域占领制高点；同时，在当地设厂，实现生产本地化，避免贸易壁垒、减少贸易摩擦，确保在发达国家市场的可持续发展。新能源和可再生能源在发展中国家的定位除了实现全球价值链中的资源优化组合外，还应该在全球应对气候变化框架下和促进“一带一路”国家的可持续发展的框架下通盘考虑，注重可再生能源产品和技术在当地市场的适应性和注重培养当地的操作性技术人才。

① 于钱：《光伏发电发展速度成为能源革命一大亮点》，太阳能新闻网，2016年5月12日，http：//www. pvnews. cn/chanyeyaowen/2016 -05 -12/146438. html。

3. 建立全国碳排放交易市场的问题

2015 年 6 月中国向联合国提交的《强化应对气候变化行动——中国国家自主贡献》提出要在 2017 年建立全国统一的碳排放交易市场。[①] 这不仅是中国向国际社会表明温室气体减排的决心和诚意，也是中国减排活动从以行政手段为主向以市场和法律手段为主的巨大转变。建立碳排放交易市场最主要的目的是通过对碳排放权定价，将无成本的排放变为有成本的排放，让碳的排放者和消费者有动力通过对低碳技术和产品的投资来降低排放，最终实现应对气候变化的目标。[②] 中国决策者期望通过构建全国统一的碳排放市场，通过市场机制和价格引导机制将碳排放降下来。[③] 中国目前已经建成 7 个碳排放交易的试点，但是这些试点是分离的，各自独立，综合效益体现不出来。只有建立全国性的排放交易体系，才能更好地发挥市场作用。

建立全国统一的碳排放交易体系是一个复杂的系统工程，既需要科学的排放配额分配机制，也需要公正透明的核查和履约程序。排放配额既要考虑企业的适应能力和历史排放，又要确保配额能够起到督促企业减排的作用。这就需要确保政府在交易体系中行使职能要到位又不越位，充分发挥市场作用；同时加强培养企业和第三方核证的统计和申报能力。

欧盟作为世界上最早和最大的碳排放市场，它的经验和教训值得借鉴。同时，长期以来，欧盟对中国碳排放市场能力建设进行资助和培训。鉴于中国未来的碳市场体系庞大，能力培养工程浩大，国家相关机构应加强和欧盟等相关方合作，扩大培训规模，为中国的碳市场建设准备好较为充分的技术人才和监管人才。

4. 加强国际气候变化谈判

在国际气候变化谈判和贸易投资谈判的多边和诸边平台上强化清洁能源

---

① 中华人民共和国国家发展改革委员会：《强化应对气候变化行动——中国国家自主贡献》，2015。

② Climate Change 2007：Mitigation of Climate Change，Summary for Policymakers from IPCC Fourth Assessment Report，2007.

③ 《王毅代表："绿色发展"需要"协同效应"》，中国网，网络电视访谈，2016 年 3 月 17 日。http：//fangtan. china. com. cn/2016 –03/15/content_ 38028399. htm。

和可再生能源产品的环境产品属性，将环境履约与环境产品贸易投资便利化挂钩，以应对发达国家对中国清洁能源和可再生能源在贸易和投资议题上的关税和其他贸易保护主义壁垒。

在当前的联合国气候变化谈判中，各缔约方将重点集中在减缓气候变化的责任分担和南北国家之间的责任和义务的平衡上，但是在如何加强清洁和可再生能源的贸易和投资的便利化，加快清洁和可再生能源的发展和部署的问题上容易忽略或轻视。中国、印度等新兴发展中国家在清洁能源和可再生能源的某些产业和技术上实现了跨越式发展，在成本和技术上具有一定的竞争优势，在发达国家的市场上具有较强的竞争力。西方国家在经济复苏乏力、就业压力较大的情况下，对中国的可再生能源产品进行双反调查，征收高额惩罚性关税，这给中国的可再生能源产业的发展造成了极大的不确定性，也不利于发达国家降低减排成本。中国已经成功地在亚太经合组织等经济合作平台就部分环境产品（包括可再生能源产品）降低关税达成协议。未来，中国可以联合其他新兴发展中大国在国际气候变化框架公约（巴黎协议后期履约谈判）、世界贸易组织、G20、金砖国家会议等平台，将发展中国家的温室气体减排目标和清洁能源及可再生能源的贸易投资便利化、自由化挂钩，将其作为推动发达国家开放相关领域贸易投资的抓手，避免中国在环境谈判和贸易谈判中分别承压的尴尬局面。

专 题 篇

Thematic Reports

B.2

“十三五”规划中的生态文明建设

苏利阳 王 毅*

摘 要： 本报告回顾了生态文明理念的发展历程，对历次五年规划（计划）中的资源环境保护部署及其演化进行了梳理，分析了“十三五”规划的背景和生态文明布局，指出了五年规划与生态文明建设久远的历史渊源。20世纪80年代，资源环境保护任务就被纳入五年计划，而后根据现实需求不断强化调整。“十五”规划对资源环境保护的关注有所弱化，“十一五”规划开始重新重视资源环境保护，生态文明建设的雏形开始显现。“十三五”规划在全面建成小康社会的背景下，在补齐资源环境短板、让人民群众有更多满足感的导向下，对生态文明建设做了全面的部署，为未来五年资源环境保护和绿色发展指明了方向。

* 苏利阳，现为中国科学院科技战略咨询研究院助理研究员。王毅，现为中国科学院科技战略咨询研究院研究员、副院长、博士生导师，第十二届全国人大常委会委员。

关键词：“十三五”规划　生态文明建设　五年规划　约束性指标　资源环境保护

中共中央发布的“十三五”规划纲要，明确提出了创新、协调、绿色、开放、共享五大发展理念，进一步确立了生态文明建设在中国特色社会主义“五位一体”中的战略地位。本报告旨在回顾五年规划中的生态文明建设内容及其演化历程，对“十三五”规划中的生态文明建设进行了评述。

一　发展中的生态文明理念

有关生态文明的提法，在中央文件中最早见诸2003年6月通过的《中共中央国务院关于加快林业发展的决定》，该文件提出“建设山川秀美的生态文明社会”。而后，2007年党的十七大报告将生态文明一词首次写入党代会的报告中，报告要求“建设生态文明，基本形成节约能源资源和保护生态环境的产业结构、增长方式、消费模式。生态文明观念在全社会牢固树立”。2012年党的十八大报告将生态文明的理念进一步完善，指出“全面落实经济建设、政治建设、文化建设、社会建设、生态文明建设五位一体总体布局……把生态文明建设放在突出地位，融入经济建设、政治建设、文化建设、社会建设各方面和全过程，努力建设美丽中国，实现中华民族永续发展”。

应该说，当前的生态文明概念有着鲜明的中国特色和特定的国内外社会经济背景，同时也反映了中国共产党在发展理念上的继承与创新。2003年，面对油电煤运全面紧张的局势，中国相继提出了“循环经济”、“科学发展观”、“两型社会”、“节能减排”等理念。2007年，党的十七大报告对过去五年的资源环境保护进行实践总结和理念升华，提出了生态文明的概念，并以此统领相关理念。随后2007年12月胡锦涛在学习贯彻党的十七大报告研讨班时指出：建设生态文明的内涵即建设以资源环境承载力为基础、以自然规律为准则、以可持续发展为目标的两型社会。而后，随着2009年联合国气候变化大会的召开，以及受国际金融危机的影响，低碳经济、绿色经济等概念在国际社会上兴起，“绿色低碳”的理念也被引入国内。2012 年党的十八大报告以生态文明这一概念为核心，进一步集成了相关理念，用以指导工作。

从学术含义看，自生态文明的概念提出后，学术界和政府部门均从不同角度对其进行了诠释和解读，但由于缺少基础研究和基本理论，他们对于生态文明的认识并不统一（潘岳，2006；薛晓源等，2007；周生贤，2012）。在西方，虽然从生态哲学、生态经济等角度，或是从生态马克思主义、生态现代化、环境治理等理论出发都讨论过类似的概念，但尚未形成系统的观点。也就是说，有关生态文明的研究没有严格意义上的学术传承。虽然西方国家没有提出更多创新的概念，但其环境保护或者“绿色”理念，已通过具体的法律、政策、管理等措施逐步深入人心，并落实到具体行动中，使其实际的“生态文明水平”达到较高的程度。

文明是人类社会发展到一定程度所取得的物质和精神成果的总和。因此，文明建设是一项复杂的系统工程。从广义角度来理解生态文明，还缺少足够的证据证明它是继农业文明和工业文明之后，具有统治地位的高级文明形态；从狭义上讲，作为与物质文明、精神文明并列的现代文明形态之一，生态文明又与其他文明形态密不可分。党的十八大报告中提出的生态文明建设则更倾向于在加强经济、社会等方面建设的同时，突出可持续发展领域的有限目标和任务。

总体上，生态文明理念有待通过我们的实践不断总结、深化、循序渐进。但现阶段看，我们从狭义上理解生态文明建设，认为其包括资源保护、生态保护、环境保护、国土空间开发和保护等方面，同时要将生态文明建设融入经济建设、政治建设、文化建设、社会建设当中，体现“五位一体”的全面发展要求。

二　历史上的五年规划与生态文明

本部分我们以改革开放后第一个五年规划为起点，截至“十二五”规划，将其分为两个阶段。

（一）五年计划中的资源环境保护

有关资源环境的内容和指标与五年规划的渊源可追溯到20世纪80年代，其中国务院在“六五”计划（1981～1985年）和“七五”计划（1986～1990年）中把环境保护列为独立篇章是重要标志。这两个五年计划对能源节约、林业建设等领域都提出了工作目标和定量指标，但关于环境保护的篇幅较少。由于当时我国社会主要矛盾是人民群众日益增长的物质文化需要和落后的社会生产之间的矛盾，大部分地方出现了以供电不足为基本特征的能源严重短缺现象，因此当时资源环境保护的主要目的是力争加大自然资源能源开发力度来实现“保供应”（王海芹等，2016）。

进入20世纪90年代，我国经济持续高速增长，资源能源供应仍短缺，长时期持续缺电的局面并未彻底扭转，生态环境恶化的局势并未得到遏制。其间，我国提出了经济增长方式从粗放型向集约型转变的方针，确立了可持续发展为国家基本战略。“八五”计划重点围绕能源节约，提出单位GDP能耗、产品能耗、节能量三方面的指标，在生态环境领域提出造林规模、森林覆盖率两项指标，同时在环境治理方面的指标不断增多，核心是开展工业“三废”的处理。“九五”计划总体延续“八五”计划的做法，但在环境治理领域，增加了生活领域的环境保护指标。

“十五”计划继续把资源节约和环境保护纳入国民经济和社会发展规划，但在指标和任务上做了重大调整。在资源节约指标方面，1998年亚洲金融危机，导致经济下滑进而致使能源供需矛盾不突出，因此去掉了能源节约的指标，转而增加了节约用水的指标。生态建设的指标也做了重大的调整，由于1998年长江洪水，在传统林业建设基础上，增加了水土流失、“三化”草地等指标。在环境保护的指标方面，相关任务也不断增多，引入了污染物排放总量控制的指标。

“六五”计划至“十五”计划中资源环境类定量指标见表1。

表1　五年计划中资源环境类定量指标

领域	“六五”计划	“七五”计划	“八五”计划	“九五”计划	“十五”规划
资源节约	总量控制：节能7000万吨～9000万吨标准煤 强度控制：每亿元工业总产值能源消耗年均节能率为2.6%～3.5% 行业控制：机械工业系统重点企业的钢材利用率提高3% 农村能源：推广省柴、省煤的炉灶2500万个，发展350万个新沼气池	总量控制：全国共节约和少用能源1亿吨标准煤 强度控制：每万元国民收入消耗的能源，由1985年的12.9吨标准煤下降到1990年的11.4吨标准煤	单位GDP能耗：由1990年的9.3吨标准煤下降到1995年的8.5吨标准煤，平均每年节能率为2.2% 产品能耗：大中型企业主导产品的能源、原材料单耗，要达到国际同行业20世纪80年代初的平均先进水平 节能量：五年内，全国共节约和少用能源1亿吨标准煤	单位GDP能耗：由1995年的2.2吨标准煤下降到2000年的1.7吨标准煤，年均节能率5% 行业节能目标：吨钢综合能耗力争降到1.45吨标准煤以下，综合成材率达到88%，钢铁渣综合利用率达到85%	节约用水：灌溉用水有效利用系数达到0.45，工业用水重复利用率达到60%
生态建设	造林规模：全国造林29000万亩 造林质量：造林保存率提高到60%以上	造林规模：造林2770万公顷 森林覆盖率：由1985年的12%提高到1990年的14%	造林规模：造林3.75亿亩 森林覆盖率：由12.9%提高到14%左右	森林覆盖率：达到15.5% 绿化覆盖率：27%	森林覆盖率提高到18.2%，城市建成区绿化覆盖率提高到35%，新增治理水土流失面积2500万公顷。治理“三化”草地面积1650万公顷
环境治理	无指标	工业主要污染物有50%～70%达到国家规定的排放标准	烟尘排放量控制在1400万吨，工业粉尘排放量控制在700万吨，工业废气处理率达到74%，工业固体废物综合利用率达到33%	县及县以上工业废水处理率达到83%，废气处理率86%，固体废物综合利用率50%。城市污水集中处理率达到25%，垃圾无害化处理率50%，城市区域环境噪声达标率提高5～10个百分点	城市污水集中处理率达到45%，主要污染物排放总量比2000年减少10%，“两控区”二氧化硫排放量比2000年减少20%

资料来源：笔者根据历年五年计划整理得到。

（二）五年规划中的生态文明建设

与过去的五年计划相比，“十一五”规划是一个里程碑式的中长期发展规划。第一，“五年计划”开始被调整为“五年规划”，以区别于政府直接决定资源配置的指令性计划；第二，规划重要性明显增强，特别是温家宝上任后提出“没有规划不批项目”的要求；第三，规划的思路发生重大转变，特别是政府工作重心从经济结构问题转向改善政府管理职能和提供公共服务等方面，强调国家要对经济、社会、科技和环境的发展进行长远协调（韩博天等，2013）；第四，“十一五”规划在已有的预期性指标的基础上引入了约束性指标，后者被视作“政府对社会的承诺”，约束的对象由企业转为各级政府，特别是政府在提供公共服务、保护环境和土地使用等方面的行为（杨伟民，2010）。通过与干部考核体系相挂钩，五年规划的重要性得以进一步提高。

“十一五”规划对于资源节约和环境保护同样有重要的意义。“十五”期间，我国经济形势发生重大转变，自2003年起我国步入重化工业化阶段，其后果是“十五”期间，经济指标超额完成，唯独环保指标没有完成，二氧化硫排放量不降反升，能源需求也大幅增加。加上科学发展观、两型社会等理念的提出，“十一五”规划开始大幅度提升资源节约和环境保护的重要地位。

一方面，从指标上看，为应对能源紧张的局面，单位GDP能源强度重新被纳入五年规划中，同时“十五”期间未完成的指标二氧化硫（SO_2）、化学需氧量（COD）总量指标继续被采用，这些指标作为约束性指标被纳入“十一五”规划中，成为“节能减排”行动的一部分，并将约束性指标与干部考核体系挂钩。

另一方面，“十一五”规划还首次引入国土空间有序开发管理的理念，提出推进形成主体功能区，要根据资源环境承载能力、现有开发密度和发展潜力，统筹考虑未来我国人口分布、经济布局、国土利用和城镇化格局，将国土空间划分为优化开发、重点开发、限制开发和禁止开发四类主体功能区，按照主体功能定位调整完善区域政策和绩效评价，规范空间开发秩序，形成合理的空间开发结构。

应该说，“十一五”规划奠定了此后五年规划的基本框架，生态文明建设的雏形也开始显现，形成了资源保护、生态建设、环境保护、国土空间保护的框架。

“十二五”规划延续了“十一五”规划的成功做法，并进一步体现了生态文明建设的要求，扩大了指标体系。第一，由于“十一五”期间我国参与哥本哈根大会并提出了应对气候变化的承诺，“十二五”规划在传统的节能减排指标的基础上，将应对气候变化和低碳发展指标和任务纳入其中，增加了单位国内生产总值二氧化碳排放降低、非石化能源占一次能源消费比重等约束性指标。第二，在生态建设领域，增加了森林蓄积量的指标，反映了林业建设开始从追求以数量为主的森林覆盖率指标转向数量和质量并重。此外，在环境治理领域，延续污染物总量控制的思路，在气、水领域各增加了氨氮化物排放总量、氮氧化物排放总量指标。

“十一五”规划和“十二五”规划中的资源环境指标见表2。

表2　五年规划中的资源环境指标

领域	“十一五”规划	“十二五”规划
资源节约	耕地保有量不减少（约束性） 单位工业增加值用水量降低30%（约束性） 农业灌溉用水有效利用系数提高到0.5（预期性） 能源强度降低20%（约束性）	耕地保有量保持在18.18亿亩（约束性） 单位工业增加值用水量降低30%（约束性） 农业灌溉用水有效利用系数提高到0.53（预期性） 非化石能源占一次能源消费比重达到11.4%（约束性） 单位国内生产总值能源消耗降低16%（约束性） 单位国内生产总值二氧化碳排放降低17%（约束性）
生态建设	森林覆盖率提高到20%（约束性）	森林覆盖率提高到21.66%（约束性） 森林蓄积量增加6亿立方米（约束性）
环境治理	二氧化硫排放总量减少10%（约束性） 化学需氧量排放总量减少10%（约束性） 工业固体废物综合利用率提高到60%（预期性）	化学需氧量减少8%（约束性） 二氧化硫排放减少8%（约束性） 氨氮排放减少10%（约束性） 氮氧化物排放减少10%（约束性）

资料来源：笔者根据历年五年规划整理得到。

三 “十三五”规划中的生态文明建设

（一）国内外背景

1.“十三五”时期的历史特殊性

改革开放以来，党和国家领导人根据当时形势和对未来的研判，提出了一系列2020年目标（见表3）。这使得“十三五”时期具有特殊重要的历史地位。“十三五”时期是实现“中国梦”的“两个一百年”中第一个百年目标（即全面建成小康社会）的决定时期，是最后一个五年规划，它对我国顺利实现全面建成小康社会的目标、进入高收入国家行列具有决定性的意义。

同时，“十三五”时期也是实现全面深化改革的总目标、落实依法治国的决战时期。党的十八届三中全会提出到2020年，要在重要领域和关键环节改革上取得决定性成果，完成改革任务，形成系统完备、科学规范、运行有效的制度体系，使各方面制度更加成熟更加定型。2014年党的十八届四中全会提出了依法治国的总目标。“十三五”时期对实现全面深化改革的总目标、落实依法治国的意义重大。

表3 我国已发布的2020年重大战略目标

时间	2020年目标	来源
2002年	全面建设小康社会、新“三步走”战略第二步目标	党的十六大报告
2006年	自主创新能力显著增强，进入创新型国家行列	《国家中长期科学和技术发展规划纲要(2006～2020年)》
2009年	单位GDP碳排放量比2005年下降40%～45%	国务院常务会议
2011年	战略性新兴产业增加值占国内生产总值的比重力争达到15%	《国务院关于加快培育和发展战略性新兴产业的决定》
2012年	全面建成小康社会、“中国梦”的“两个一百年”	党的十八大报告
2013年	全面深化改革的总目标，推进国家治理体系和治理能力现代化	党的十八届三中全会
2014年	落实依法治国	党的十八届四中全会

资料来源：笔者根据公开资料整理得到。

2. 生态文明建设的国内背景

经济增长向“新常态”转型，谋求发展方式转型成为重大战略导向。近年来，我国经济增速不断下滑，在近期下滑为7.0%以下，未来可能会进一步降低。在这一背景下，推动发展方式转型、实现创新驱动成为党和国家重要并紧迫的任务。

资源能源、环境保护压力总体趋增，成为全面建成小康社会的短板。尽管我国经济发展进入新常态，我国能源消费总量和碳排放总量仍将持续增长。预计未来10年我国能源消耗保持4%～5%的增长区间，我国面临战略性资源能源长期紧缺的挑战以及应对气候变化的压力。中国已经形成区域性PM2.5污染、流域性水污染，短期内难以扭转。灰霾成为社会各界共同关注的问题；水污染持续恶化，2013年十大流域的国控断面，Ⅳ－Ⅴ类及劣Ⅴ类水质断面比例分别为19.3%、9.0%（环保部，2014）；土壤污染面积仍在扩大。

3. 生态文明建设的国际背景

当今世界发展与环境格局正经历着自20世纪90年代以来最为深刻的变革，“东升西降”的变动趋势更为明显。中国经济的高速发展，提高了其国际地位和话语权。中国经济总量从1990年占全球经济总量的1.6%提升到2012年的11.4%（World Bank，2015），中国已成为世界第二大经济体、第一大能源消费和碳排放国。

2008年以来，在金融危机的驱动下，世界各国高度重视科技研发，发达国家出现“再工业化”、“回归制造业”浪潮，力图推动新一轮以智能、绿色和可持续发展为特征的科技革命。历经多年的酝酿，新一轮科技和产业革命有望孕育突破。一是得益于一系列技术突破，如美国页岩气革命对全球能源格局和地缘政治带来深刻影响。二是新能源等绿色低碳技术不断突破，全球竞争开始展开，重点是新兴技术领域的标准、专利之争。三是大数据、云计算、3D打印、物联网等信息技术和智能技术快速发展，带来信息技术深度应用的革命，深刻改变生产和生活方式。

气候变化、资源环境的约束不断加深。当前，全球范围内的气候变化、生态环境恶化和资源能源供应紧张态势未能扭转，给全球可持续发展带来严峻挑战。第五次 IPCC 评估报告显示，如不采取行动，全球变暖将超过 4℃，远高于国际社会普遍接受的 2℃升温目标。同时，全球范围内的水资源污染和短缺、自然灾害频发、大气污染等问题依旧严峻，推动各国和社会舆论形成应对气候变化和保护生态环境的共识。作为千年发展目标的更新和升级，在历经 3 年多的艰苦谈判后，2015 年 9 月联合国大会通过了《变革我们的世界——2030 年可持续发展议程》，提出了 17 个领域 169 项可持续发展目标。2015 年 12 月，巴黎气候变化大会通过全球气候新协议——《联合国气候变化框架公约巴黎协议》，就 2020 年后的全球减排达成约束性公约，标志全球气候治理进入新的格局。

（二）“十三五”规划对生态文明建设的布局

在上述背景下，“十三五”规划站在全球视野，结合国内需求对生态文明建设做了全面的部署，既体现了目标导向，又突出问题针对性。“十三五”规划高度重视生态文明建设，提出以下几点。生态环境质量总体改善。生产方式和生活方式绿色、低碳水平上升。能源资源开发利用效率大幅提高，能源和水资源消耗、建设用地、碳排放总量得到有效控制，主要污染物排放总量大幅减少。主体功能区布局和生态安全屏障基本形成。

“十三五”规划提出 10 类 16 项生态文明建设领域的指标，均为约束性指标，占全部指标的一半，进一步凸显了生态文明建设的重要地位。“十三五”规划对生态文明建设的布局体现出一系列新的变化。

1. 提出生态环境质量总体改善的目标

长期以来，我国的环境保护思路一直是污染物总量控制。“十三五”规划首次提出生态环境质量总体改善的目标，旨在将全面建成小康短板补齐。“十三五”规划首次将空气质量、水质量 2 类 4 项指标列为约束性指标。这意味着“十三五”期间，我国将由少数几项污染物控制转向涵盖大气 PM2. 5 和水质主要污染物的控制，并逐步从污染物总量控制过渡到环境质量管理。为实现这一目标，“十三五”规划提出实行省以下环保机构监测监察执法垂直管理制度，从体制机制上解决一些地方政府重发展、轻环保和有法不依、执法不严、违法不究的问题，并适度上收生态环境质量监测事权。

2. 实行资源能源的强度和总量双控制度

资源能源是污染排放的源头。“十三五”规划继续强化资源节约集约使用的制度导向，全面实施资源能源的强度和总量双控制度。在继续实施能源消费总量和强度双控的基础上，水资源和建设用地也要实施总量和强度双控，设定约束性指标，建立目标责任制，合理分解落实。这能够从源头上减少污染物排放，倒逼经济发展方式转变，进一步实现我国低碳绿色经济发展。为降低强度和总量控制的政策成本，“十三五”规划提出完善市场调节、标准控制和考核监管，建立有偿使用和交易制度，运用市场手段实现双控目标。

3. 推动国土空间的有序开发保护，农村与城市生态环境并重

国土是生态文明建设的空间载体。“十三五”规划提出加快建设主体功能区，强化主体功能区作为国土空间开发保护基础制度的作用，加快完善主体功能区政策体系，推动各地区依据主体功能定位发展，完善资源有偿使用制度和生态补偿机制，让保护资源环境的地方不吃亏、能受益。建立国家公园体制，整合设立一批国家公园；建立空间治理体系。

对于城市化区域，提出要根据资源环境承载力调节城市规模，优化城市形态和功能，实行绿色规划和设计施工标准。推动京津冀、长三角、珠三角等开发区域优化产业结构，防治“城市病”。对于农村地区，提出开展农村人居环境整治行动，加大传统村落民居和历史文化名村名镇保护力度，建设美丽宜居乡村。重点生态功能区实行产业准入负面清单。加大对农产品主产区和重点生态功能区的转移支付力度，强化激励性补偿，建立横向流域生态补偿机制。

4. 共同部署消费和生产领域的生态文明建设问题

“十三五”规划不仅包括消费领域，也涵盖生产领域。在消费领域，加强资源环境国情和生态价值观教育，培养公民环境意识，推动全社会形成绿色消费理念。实施全民节能行动计划，倡导合理消费，力戒奢侈浪费，制止

奢靡之风。深入开展反过度包装、反食品浪费、反过度消费行动，推动形成勤俭节约的社会风尚。在生产方面，支持绿色清洁生产，推进传统制造业绿色改造，推动建立绿色低碳循环发展产业体系，鼓励企业工艺技术装备更新改造。

总体上，“十三五”规划中的生态文明建设体现了全面、协调的理念，反映了新时期生态文明建设的新要求，为未来五年的绿色发展指明了方向，为全面建成小康社会、让群众有获得感奠定了重要的基础。

参考文献

[1] 韩博天、奥利佛等：《规划：中国政策过程的核心机制》，《开放时代》2013 年第 6 期。

[2] 环保部：《2013 年中国环境状况公报》，http：//jcs. mep. gov. cn/hjzl/zkgb/。

[3] 刘长松：《“十三五”规划时期生态文明建设的新思路——兼评“中国的环境治理与生态建设”》，《鄱阳湖学刊》2015 年第 6 期。

[4] 潘岳：《论社会主义生态文明》，《绿叶》2006 年第 10 期。

[5] 王海芹、高世楫：《我国绿色发展萌芽、起步与政策演进：若干阶段性特征观察》，《改革》2016 年第 3 期。

[6] 薛晓源、李惠斌：《生态文明研究前沿报告》，华东师范大学出版社，2007。

[7] 杨伟民：《发展规划的理论和实践》，清华大学出版社，2010。

[8] 周生贤：《中国特色生态文明建设的理论创新和实践》，《求是》2012 年第 19 期。

[9] World Bank，World Development Indicators，http：//data. worldbank. org/data - catalog/world - development - indicators/.

B.3

中国工业行业的真实生产率：基于真实储蓄率方法的分析

高宇宁　郑云峰　胡鞍钢　于 淼*

摘　要：本报告通过进一步发展世界银行的真实储蓄方法，计算了工业行业的自然资本损失。利用中国的投入－产出表及其延长表追溯最终消费，重新计算了中国工业行业的增加值、资本形成、资本存量等相关的要素。最终通过对资本产出弹性进行调整，重新估计了中国工业各行业的生产率。结果表明，在过去20年间，中国主要的工业部门存在着显著的自然资本损失，带来了平均10%的名义增加值损失，对其生产率的影响非常显著，在1995～2010年导致了约3%的全要素生产率增长放缓。

关键词：真实储蓄法　全要素生产率　投入－产出法　中国

一　“绿色国民经济核算”简介

当前国民经济核算体系忽略了资源快速消耗与环境严重恶化相关的成本，该类成本将导致实际的国民福利降低。对此，很多学者讨论是否将相关因素计入国民经济核算系统中，从GDP中扣除自然资源消耗成本、生态

---

* 高宇宁，清华大学公共管理学院助理教授；郑云峰，清华大学公共管理学院博士生；胡鞍钢，清华大学公共管理学院教授，国情研究院院长；于淼，清华大学公共管理学院博士生。

恶化成本、自然资源和环境恢复成本，从而能更全面地体现环境经济的变化。

Atkinson、Hamilton 和 Pearce 等提出的包含资源和环境成本在内的社会核算矩阵主要关注资源短缺和碳排放，不考虑其他污染排放成本。① 通过将系统追溯增加值的产生和分布的理论核算框架与绿色国民经济核算框架相结合，我们可以在开放条件下进行绿色国民经济核算；将资源和环境因素纳入国民生产净值的社会核算矩阵中，从国民生产净值中减去资源消耗成本，即可获得资源净产值。同样，扣除环境排放损失即可获得环境净产值。

世界银行基于这一社会核算矩阵框架，利用真实国民经济核算重新定义和衡量国民福利。正式的真实储蓄模型是由 Kunte 等提出的。②③ 与系统的绿色国民经济核算相比较，世界银行设计的真实储蓄核算以及经调整的简化净储蓄更实用。利用自然资源开发和采购获得的租金，可以衡量自然资本损失。租金是指利用国际价格计算的生产价格与总生产成本之间的差价，此类成本包括固定资本贬值与资本回报。需要注意的是，尽管自然资源开发是经济增长的必要因素，但如果资源租金过低，可能导致过度开发。如果获得的租金不是用于再投资，而是用于消耗，则同样是“不合理的”。污染损失一般是指二氧化碳污染，该值是根据一吨二氧化碳排放造成的国际边际损失计算的，Fankhauser 认为该值为 20 美元。④

一些中国学者已经尝试在中国建立绿色国民经济核算系统，并创建针对

① Atkinson, G., Dubourg, R., Hamilton, K., Munasinghe, M., Pearce, D., & Young, C. *Measuring Sustainable Development: Macroeconomics and the Environment* (Broadheath: Edward Elgar Publishing Ltd., 1997).

② Kunte, Arundhati, Kirk Hamilton, John Dixon and Michael Clemens. "Estimating National Wealth: Methodology and Results," *The Environment Department Working Paper* 57 (1998).

③ Hamilton, K., Ruta, G., & Tajibaeva, L. "Capital Accumulation and Resource Depletion: a Hartwick Rule Counterfactual," *Environmental & Resource Economics* 34 (2006), pp. 517 – 533.

④ Fankhauser, S. Valuing, *Climate Change: the Economics of the Greenhouse* (London: Earth Scan, 1995).

1992～2002 年的绿色投入－产出表和绿色社会核算矩阵。①②③ 由于该阶段的数据有限，相关研究只能对资源消耗和污染排放进行物理数量核算假设。中国环境保护机构在 2004 年编制的绿色 GDP 仅考虑了污染排放的成本，没有考虑资源消耗，尤其是非生产性资源的消耗带来的损失。胡鞍钢等在计算中国绿色储蓄率时，对世界银行给出的定义进行了扩展。④⑤⑥

很多现有文献考虑了二氧化碳和其他污染物等不利产出因素，⑦⑧⑨ 衡量了“真正”行业的生产率水平。然而，对于产业间生产率核算的影响的衡量，仍未有相关成果。Wu 衡量了中国工业部门生产率，指出差异可能源自上游行业（能源和基础原材料行业）至下游行业（半成品和成本行业）的“交叉补贴”，⑩⑪ 他的研究首次强调了产业间分析的重要性。

二　行业层面的间接分解

我们在检查中国工业行业自然资本时，由于缺少价格数据，很难估计各行业的自然资源租金率。为简化核算过程，我们假设，在既定年份，各行业

① 雷明：《绿色投入产出核算——理论与应用》，北京大学出版社，2000。

② 雷明：《中国资源·经济·环境：绿色核算（1992～2002）》，北京大学出版社，2011。

③ 廖明球：《绿色 GDP 投入产出模型研究》，首都经济贸易大学出版社，2012。

④ 胡鞍钢：《我国真实国民储蓄与自然资产损失（1970～1998）》，《北京大学学报》（哲学社会科学版）2001 年第 4 期。

⑤ 胡鞍钢：《中国：绿色发展与绿色 GDP（1970～2001 年度）》，《中国科学基金》2005 年第 2 期。

⑥ 胡鞍钢、唐啸、鄢一龙：《中国绿色储蓄率核算：1978～2010》，《中国软科学》2013 年第 8 期。

⑦ 陈诗一：《中国工业分行业统计数据估算：1980～2008》，《经济学》（季刊）2011 年第 3 期。

⑧ 孙广生、向涛、黄祎、杨先明：《效率提高、产出增长与能源消耗——基于工业行业的比较分析》，《经济学》（季刊）2012 年第 1 期。

⑨ 景维民、张璐：《环境管制、对外开放与中国工业的绿色技术进步》，《经济研究》2014 年第 9 期。

⑩ Wu, Harry X., “Measuring and Interpreting Total Factor Productivity in Chinese Industry,” *Comparative Studies* (*in Chinese*) 69 (2013a), pp. 1－28.

⑪ Wu, Harry X., “Measuring Industry Level Employment, Output and Labor Productivity in the Chinese Economy, 1987—2008,” *The Economic Review* 64 (2013b), pp. 42－61.

使用的各单位自然资源的总生产成本（包括固定资本贬值和资本回报）相同。这种假设的后果是，由于生产价格（国际价格）相同，各行业自然资源的租金率也相同。能源消耗被定义为单位资源产品租金与开采能源的物理数量的乘积。结果表明，一个行业的能源消耗占总消耗量的比例实际上是由其能源开采比例衡量的。各行业开采的能源从《新中国六十年统计资料汇编》以及《中国能源统计年鉴》中获得。

二氧化碳排放量为化石燃料消耗量①与碳排放系数和碳氧化系数的乘积，而后者则为水泥生产量和制程排放处理系数的乘积。其中，碳排放系数主要是指矿物燃料消耗产生的碳排放量。我们采用中华人民共和国国家发展和改革委员会能源研究所提供的系数，即 0.67。② 碳氧化系数则是指各单位被汽化的纯碳释放的二氧化碳量，为常数 3.67（44/12）。本报告关于中国的分行业能源消耗结构数据来自《中国能源统计年鉴》。另外，非金属矿制品业还需要考虑水泥生产排放的二氧化碳，因为石灰岩的煅烧会产生平均每吨水泥 0.365 吨的二氧化碳。

矿物消耗的估值要稍复杂些，本报告将矿物消耗定义为“单位资源产出租金与开采的矿物质的物理量”。由于缺少生产数据，我们只能采用世界银行大宗商品价格数据中对八种矿物资源制定的国际价格。根据世界银行的定义，一个国家的自然资本的损失仅限于国内矿物燃料、矿石等的生产。

因此，损失的自然资本 D 的分解仅存在于中期投入模块以及在投入－产出表中最后使用。损失的自然资本的中期“使用”将被分解，然后重新集成到第一步的真实“使用”中，如（1）式所示。

$$D_{\text{产出}} = A^{\mathrm{T}}D + CD = (A^{\mathrm{T}} + C)D \tag{1}$$

其中，D 是在行业损失的自然资本的 $1 \times n$ 矢量，A^{T} 是直接投入系数矩阵的转置，C 是在总中期投入的最后使用与最后使用的比例对角矩阵。

① 更准确的计算方式是将储碳量排除在外。由于数据有限，我们采用的是约计数额。

② 此外常用的碳排放系数还有，美国能源部二氧化碳信息分析中心提供的系数，即 0.68，以及日本能源经济研究所提供的系数，即 0.69。

$$C = \mathrm{diag}(1 - \sum_i a_{ji}) \tag{2}$$

由于上述变量为一般投入－产出模式中的总投入系数，在此需要结合在中期产品循环过程中产生的自然资本间接损失。因此，初始自然资本损失的最终分解与列昂惕夫倒数的衍生产品一致。

$$D'_{产出} = CD + CA^{T}D + CA^{T}A^{T}D + \cdots = C(I - A^{T})^{-1}D \tag{3}$$

本报告在计算数据时，一个行业的自然资本损失分解必须首先合计36个工业行业①中每个行业（根据投入－产出表类别）的总值，在转换后再分开。因此，分解的基础是数据邻近年份的投入－产出表。尽管大多数能源消耗和所有矿物质消耗都计入工业部门，但分解结果发现，近一半的自然资本损失最终用于非工业部门，如建筑业和交通业。与未调整的自然资本消耗相比，调整的损失与总增加值的比例低3～8个百分点，占整体工业部门的总增加值的比例较稳定。

三　真实投资和资本存量

（一）工业真实增加值

工业真实增加值的核算采用与真实储蓄率相同的方法。除天然气生产和供应业外，该行业的真实增加值比重最低，为传统增加值的80%～85%，2004年达到最高值为88.7%。在2000年之前，天然气生产和供应业的真实增加值总是低于其他行业，尤其在1999年，其真实增加值仅为其增加值的71.44%。这主要是该行业在20世纪90年代末的能源消耗和增加值相对较低造成的。

真实增加值比例最高的行业通常是汽油、天然气和烟草行业。这些行业

① 由于缺少连续序列，2003年之前的其他矿石开采、2004年之后工艺品制造和其他物品制造以及废物回收和处理被归为“其他”类。

在传统 GDP 中占比保持在 99% 以上。整体上看，所有行业真实增加值的平均比重从 1995 年的 92.7% 增长到 2010 年的 96.3% 。

（二）工业真实投资

各行业的真实投资是传统固定资产投资减去自然资本损失后的投资。传统固定投资的数据来自历年《中国统计年鉴》。根据工业企业的核算数据，我们将固定资产的原值的连续两年之差作为当年的固定资本形成。然而，由于数据有限，固定资本形成的平减指数采用全国固定资产投资的价格指数，假设各行业均相同。

工业部门的传统固定资本形成平均比例为 16% ~30% 。相比而言，真实的固定资本形成比例波动较大，最大值高于 25% ，最小值低于 7% 。真实固定资本形成比例低于传统值，因为从资本形成中扣除的自然资本损失大于增加值。

然而，自然资本损失对真实固定资本形成和真实增加值的影响是不同的，所以非调整的投入－产出真实固定资本形成比例要高于调整的比例。2004 年其达到了最高值，这是由于国家统计局首次对中国经济调查的性能指标进行了调整。由于缺少适当的基准数据，在调整计算时，本报告不计入此影响。

（三）工业真实资本存量

固定资本形成的差异对利用永续盘存法计算的资本存量产生非常明显的影响。本报告根据公式（4）确定真实的资本存量。

$$K'_{it} = K'_{it-1}(1 - \delta_{it}) + I'_{it} \tag{4}$$

δ_{it}是折旧率，也就是资本折旧占固定资产原始价值的比率。在核算工业企业数据时，累计折旧的变化（固定资产原始价值与固定资产净价值之间的差异）提供一系列的资本折旧。I'_{it}是指真实固定资本形成。

1994 年各行业的资本存量初始值，为其 2000 年不变价格的固定资本净值。由于真实固定资本形成数据有限，真实资本存量实际上从1995年开始。累计自然资源消耗和环境破坏导致真实资本存量相对于传统资本存量下降。2007～2009年全球金融危机后，趋势发生逆转，即真实资本存量的增长率超过了传统资本存量。2006年之前，金属制品业的资本存量最低，而电力机械和设备业次之。这些行业资本存量较低是大量使用非有色金属造成的。

四 核算真实生产率

增长核算被视为分析生产率的经典方法。假设回报恒定，我们可以将GDP增长分解成要素贡献和生产率贡献。在此显示，资本增长和劳动力增长的系数或其产出弹性是在投入方向下其占GDP的比例。最新的世界投入－产出数据库提供了完整系列的工业资本/劳动力比例。对于增加值的调整将影响资本补偿的经营盈余，从而改变资本产出弹性。

$$\alpha' = (\alpha - \rho)/(1 - \rho) \tag{5}$$

α即初始资本产出弹性，ρ即自然资源消耗与环境破坏在原始增加值中的比例。

随着整体劳动力比例的下降，传统和真实劳动力比例之间的差异由0.06缩小至0.02。这表明，资本比例增加，真实资本比例不断提高。差异来自资源消耗和环境破坏的资本补偿损失，而自然资本损失的减少是这一经济趋同背后的驱动力。

假设回报为常数，劳动力产出弹性和资本产出弹性的总和为1，真实全要素生产率的增长率可以用经济合作与发展组织（OECD）生产率手册推荐的广泛使用的迪维西亚生产率指数表示。[①][②]

---

① Jorgenson, Dale, Z. Griliches, "Divisia Index Numbers and Productivity Measurement," *Review of Income and Wealth* 17 (1971), pp. 53－55.

② Star, S., & Hall, R. E., "An Approximate Divisia Index of Total Factor Productivity," *Econometrica* 44 (1976), pp. 63－257.

$$\dot{A}' = \dot{Y}' - \alpha' \dot{L} - (1 - \alpha') \dot{K}' \tag{6}$$

其中，A'是真实全要素生产率，Y'是真实增加值，K'是真实资本存量，α'是调整的劳动力比例。

将投入要素和产出值保持恒定价格，可以发现在估值不同生产率时，投入要素增长对产出增长的贡献是关键因素。尽管真实增加值的水平低于传统水平，不断缩小的差异使前者的平均增长率高于后者。1995～2002年，增长率差异仅为0.4个百分点。2003～2010年，差异缩小为0.3个百分点。

传统资本存量增长估值高于真实资本存量增长估值，是因为自然资源消耗与环境破坏的累计影响大幅降低了真实资本存量的增长率。这一影响导致真实资本存量增长率下降了2.92个百分点。这表明，传统估值高估了资本存量在中国工业部门总增长中的贡献，因为自然资本损失仍计为固定资本形成的一部分。因此，在传统估值中，资本存量的总增长贡献了60.49%以上的增加值，但在真实估值中，该贡献值仅有45.24%。

增长核算最重要的一部分是全要素生产率（TFP）。1995～2002年，在真实估值中，TFP增长率高出传统估值2.52个百分点，其对增加值增长的贡献要高出15.92个百分点。这一新模式从根本上改变了资本存量在中国工业部门增加值增长中占支配地位的传统看法。在此我们发现，全要素生产率发挥着类似的作用。在传统估值中，两个阶段的全要素生产率的增长率存在3.68个百分点的差异。相比而言，在真实估值中，两个阶段之间的全要素生产率增长率差异仅为1.68个百分点。这表明，1995～2002年，其对平均工业增加值增长的贡献要高出很多，为63.92%。这一数字甚至比资本存量增长的平均贡献高11.56个百分点（见表1）。然而，在第二阶段，这一集约型增长模式由更粗放的增长模式替代。全要素生产率增长仅贡献真实增加值增长的1/3，与传统估值没有明显差异。

表 1　真实增加值增长核算

单位：%

	劳动力增长	资本增长	TFP 增长
传统增加值增长率			
1995 ~ 2002 年	-2.01 (-21.69)	13.44 (88.94)	2.69 (28.95)
2003 ~ 2010 年	2.81 (13.44)	14.87 (47.04)	6.37 (30.47)
1995 ~ 2010 年	0.37 (2.47)	14.15 (60.49)	4.51 (30.19)
真实增加值增长率			
1995 ~ 2002 年	-2.01 (-20.77)	8.64 (52.36)	6.20 (63.92)
2003 ~ 2010 年	2.81 (13.31)	13.88 (41.52)	7.88 (37.34)
1995 ~ 2010 年	0.37 (2.41)	11.23 (45.24)	7.03 (46.11)

注：括号中的数字表示贡献比例，由于其平均值高于所有项，所以相加不等于 100%。

五　结语

自然资源消耗和碳损失成本为中国工业总增加值的近 1/10。真实估值表明，中国工业增长更多由生产率驱动，尤其是在 1995 ~ 2003 年。某些与传统估值相比真实增加值增长较低且金属消耗较大的行业，实现了最高的真实全要素生产率增长。

自然资源的过度消耗以及相关污染将大大消耗工业部门的增加值增长和资本存量。与传统估值相比，自然资本损失越大，真实增加值估值越低，并将减缓真实资本存量的增加。采用更集约的方式利用自然资本将加快真实资本存量增长。以集约的方式利用资源、减少碳使用量，以及采取新技术控制资源消耗和排放，将促进全要素生产率的增长。

新估值模式具备的政策意义是，在国家和工业层面采用真实 GDP 核算能帮助政府理解绿色增长的重要性及其环境和资源的限制性。本模式提供了理解不同工业行业的增长模式的新方式，有助于在制定工业政策时，将环境污染、资源的过度消耗和不可更新的不良影响纳入当前的国民经济核算系统中。这将为中国政府的结构转变战略提供一种新的视角。

此外，通过投入－产出系统将各工业行业的资源消耗与环境破坏联系起来，将提供更全面的生产和最终消耗信息，以便于我们能更好地理解生产链中的责任分配。这将协助决策者理解具体工业政策的系统影响，摒弃传统的以 GDP 为导向的高碳和高污染的发展模式，从而采用更全面的决策方式。

参考文献

[1] Atkinson, G., Dubourg, R., Hamilton, K., Munasinghe, M., Pearce, D., & Young, C., *Measuring Sustainable Development: Macroeconomics and the Environment* (Broadheath: Edward Elgar Publishing Ltd., 1997).

[2] Fankhauser, S., *Valuing Climate Change: the Economics of the Greenhouse* (London: Earth Scan, 1995).

[3] Hamilton, Kirk, M. Clemens, "Genuine Savings Rates in Developing Countries," *World Bank Economic Review* 13 (1999).

[4] Hamilton, K., Ruta, G., Tajibaeva L., "Capital Accumulation and Resource Depletion: a Hartwick Rule Counterfactual," *Environmental & Resource Economics* 34 (2006).

[5] Jorgenson, Dale, Z. Griliches, "Divisia Index Numbers and Productivity Measurement," *Review of Income and Wealth* 17 (1971).

[6] Kunte, Arundhati, Kirk Hamilton, John Dixon and Michael Clemens. "Estimating National Wealth: Methodology and Results," *The Environment Department Working Paper* 57 (1998).

[7] Maler, K., "National Accounts and Environmental Resources," *Environmental and Resource Economics* 1 (1991).

[8] Star, "An Approximate Divisia Index of Total Factor Productivity," *Econometrica* 44 (1976).

[9] World Bank, *Expanding the Measure of Wealth: Indicators of Environmentally Sustainable Development* (Washington, D.C.: World Bank, 1997).

[10] Wu, Harry X., "Measuring and Interpreting Total Factor Productivity in Chinese Industry," *Comparative Studies* (*in Chinese*) 69 (2013a).

[11] Wu, Harry X., "Measuring Industry Level Employment, Output and Labor Productivity in the Chinese Economy, 1987 ~ 2008," *The Economic Review* 64 (2013b).

[12] United Nations, "European Commission, International Monetary Fund, Organization for Economic Co-operation and Development," in *Integrated Environmental and Economic Accounting* (World Bank. 2003), http://unstats.un.org/unsd/envAccounting/seea2003.pdf.

[13] United Nations, "European Commission, Food and Agriculture Organization of the United Nations, Organization for Economic Co-operation and Development, International Monetary Fund," in *System of Environmental-Economic Accounting 2012 – Central Framework* (New York: United Nations. 2014).

[14] 陈诗一：《中国工业分行业统计数据估算：1980～2008》，《经济学》（季刊）2011年第3期。

[15] 国家统计局：《中国国内生产总值核算历史资料（1952～2004）》，中国统计出版社，2010。

[16] 国家统计局：《新中国六十年统计资料汇编1949～2009》，中国统计出版社，2010。

[17] 国家统计局、国家发展与改革委员会：《中国能源统计年鉴》，中国统计出版社。

[18] 胡鞍钢：《我国真实国民储蓄与自然资产损失（1970～1998）》，《北京大学学报》（哲学社会科学版）2001年第4期。

[19] 胡鞍钢：《中国：绿色发展与绿色GDP（1970～2001年度）》，《中国科学基金》2005年第2期。

[20] 胡鞍钢、唐啸、鄢一龙：《中国绿色储蓄率核算：1978～2010》，《中国软科学》2013年第8期。

[21] 景维民、张璐：《环境管制、对外开放与中国工业的绿色技术进步》，《经济研究》2014年第9期。

[22] 雷明：《绿色投入产出核算——理论与应用》，北京大学出版社，2000。

[23] 雷明：《中国资源·经济·环境：绿色核算（1992～2002）》，北京大学出版社，2011。

[24] 廖明球：《绿色GDP投入产出模型研究》，首都经济贸易大学出版社，2012。

[25] 孙广生、向涛、黄祎、杨先明：《效率提高、产出增长与能源消耗——基于工业行业的比较分析》，《经济学》（季刊）2012年第1期。

B.4
中国的能源转型与绿色发展

戴彦德*

摘 要: 改革开放以来，中国经历了30余年的高速发展，创造了世界经济发展史的奇迹，同时也带动了对能源需求的快速增长，一次能源消费总量由1978年的5.7亿吨标煤迅速增长到2014年的42.6亿吨标煤。巨大的能源消费总量及长期以煤为主的高碳能源利用模式带来了生态环境恶化，温室气体减排压力加剧，石油、天然气对外依存度不断上升等一系列问题和挑战，严重制约了经济社会的可持续发展。未来中国要实现“两个一百年”的既定经济发展目标，经济仍要持续发展，对能源的需求还将持续增长，如延续过去的高碳能源利用模式，将给生态环境、温室气体减排带来更大压力。因此，未来中国的发展在追求数量增长的同时，需要更加注重质量效益的提升。必须通过加快转变经济发展方式、提高能源利用效率、推进清洁低碳能源利用、引导居民绿色消费等一系列有针对性措施，逐步推动能源向绿色、低碳转型，从根本上减少常规污染物及温室气体排放源，实现经济社会的绿色发展。

关键词: 能源消费 能源供应 能源转型 绿色发展

* 戴彦德，国家发展和改革委员会能源研究所副所长，长期从事能源经济、能源环境、能源发展战略以及节能方面的规划和研究，邮箱：daiyande@ cri. org. cn。

一　中国能源供需现状

（一）中国能源消费现状

1. 经济的高速发展带动了对能源需求的快速增长

改革开放以来，经济的持续发展带动了对能源需求的快速增长，一次能源消费总量由1978年的5.7亿吨标煤快速增长到2014年的42.6亿吨标煤（见图1），年均增长率达到5.75%。进入“十二五”时期以来，中国经济增速的放缓使得对能源需求的增长压力有所缓解，但2010~2014年能源消费年均增速依然达到4.25%，仍远高于同期全球平均1.6%的增长水平；并且，由于能源消费基数高，每年的能源消费增量依然十分巨大，其间年均增量依然达到1.6亿吨标煤。中国已成为世界第一能源消费大国。

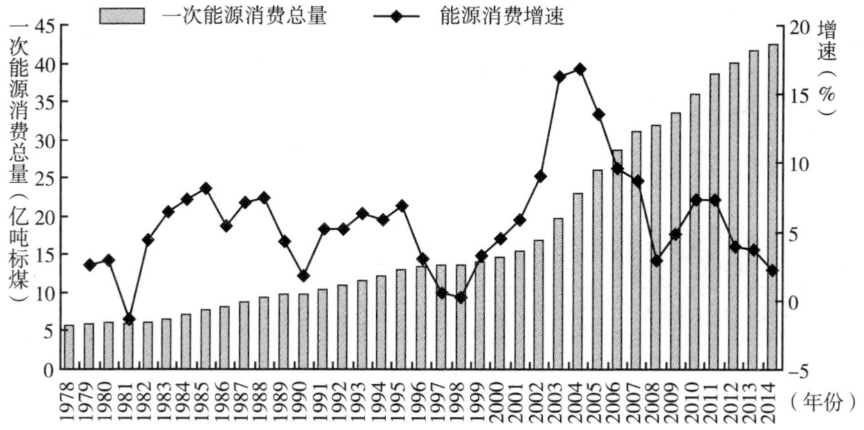

图1　中国一次能源消费现状

资料来源：国家统计局。

2. “富煤、少油、缺气”的资源禀赋导致能源消费结构以煤为主

长期以来，中国一次能源消费结构以煤为主，煤在一次能源消费总量中

的比重一直维持在70%左右，近年来这一比重虽然有所下降，但2014年仍占66%（见表1），而石油、天然气等相对低碳的能源以及核电、水电、风电等绿色能源仅占34%。这种“以煤为主”的一次能源消费结构是中国“富煤、少油、缺气”的资源禀赋决定的，属于明显的“低质型”能源消费结构，这是中国的能源经济利用效率低、污染严重、产品能源成本高、市场竞争能力差的根本原因。

表1　中国一次能源消费结构

年份	一次能源消费量（万吨标煤）	占一次能源消费总量的比重(%)			
		原煤	原油	天然气	水电、核电及其他
2000	145531	69.2	22.2	2.2	6.4
2001	150406	68.3	21.8	2.4	7.5
2002	159431	68.0	22.3	2.4	7.3
2003	183792	69.8	21.2	2.5	6.5
2004	213456	69.5	21.3	2.5	6.7
2005	235997	70.8	19.8	2.6	6.8
2006	258676	71.1	19.3	2.9	6.7
2007	280508	71.1	18.8	3.3	6.8
2008	291448	70.3	18.3	3.7	7.7
2009	306647	70.4	17.9	3.9	7.8
2010	324939	68.0	19.0	4.4	8.6
2011	348002	68.4	18.6	5.0	8.0
2012	402138	66.6	18.8	5.2	9.4
2013	416913	66.0	18.4	5.8	9.8
2014	426000	66.0	17.1	5.7	11.2

资料来源：国家统计局。

3. 快速工业化发展阶段决定了终端能源消费结构以产业为主

中国仍处于快速工业化阶段，能源消费的最终流向与发达国家有着很大的区别。2011年，中国的终端能源消费中54.6%用于产业，而民用①和交通合计仅占36.5%（见图2）。终端用能中一半以上用于钢铁、建材、化工

① 注：这里的民用还包括商用、农业和其他用能。

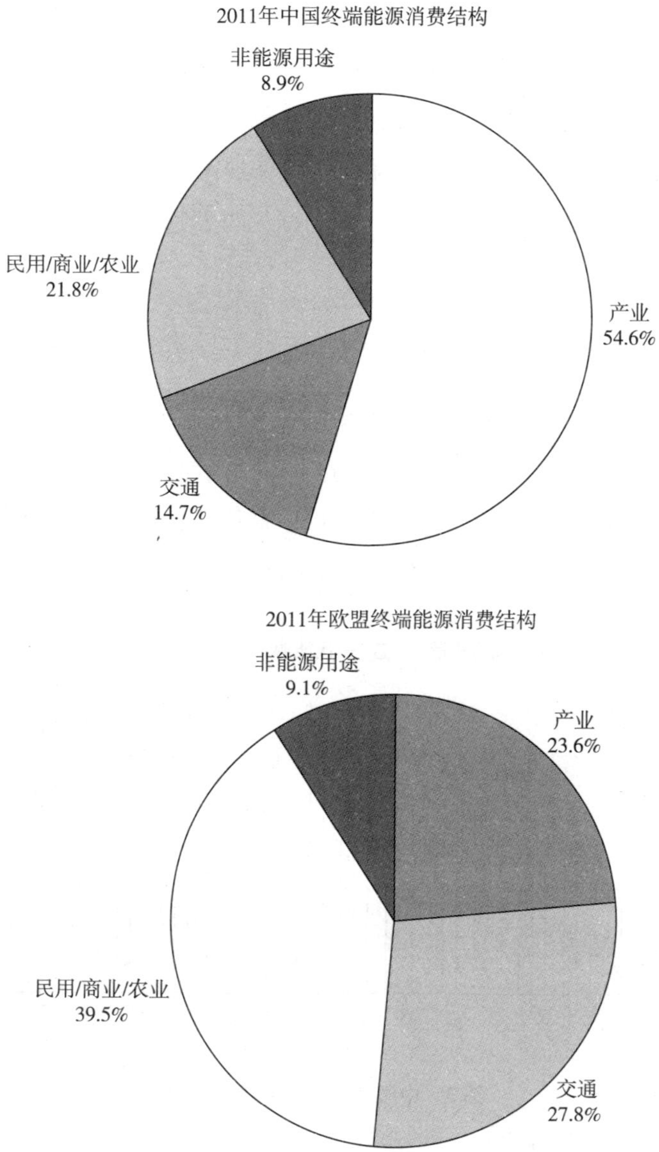

图2　2011年中国与发达国家终端能源消费结构比较

资料来源：EDMC Handbook of Energy & Economic Statistics in Japan。

等基础原材料的加工和制造，用于居民衣、食、住、行的消费还比较少，这是中国所处的“家园建设”发展阶段的客观反映。发达国家则正好相反，经过一百多年的工业化发展，其城市化、工业化的进程已基本完成，终端用能中产业的能耗大为减少，大部分用于民用和交通。2011 年欧盟产业用能仅占终端用能的 23.6%，而民用和交通则分别占到 39.5% 和 27.8%，基本呈产业、交通、民用“三分天下”的局面。与发达国家相比，中国产业用能所占的比重明显偏高。

（二）中国能源供应现状

2014 年，中国一次能源生产总量已达到 36 亿吨标准煤（见图 3），是全球第一能源生产大国。目前中国已在立足国内能源资源的基础上，建立起了较为完善的能源生产和供应体系，初步形成了以煤炭为主体、电力为中心、石油天然气和可再生能源全面发展的能源供应格局。

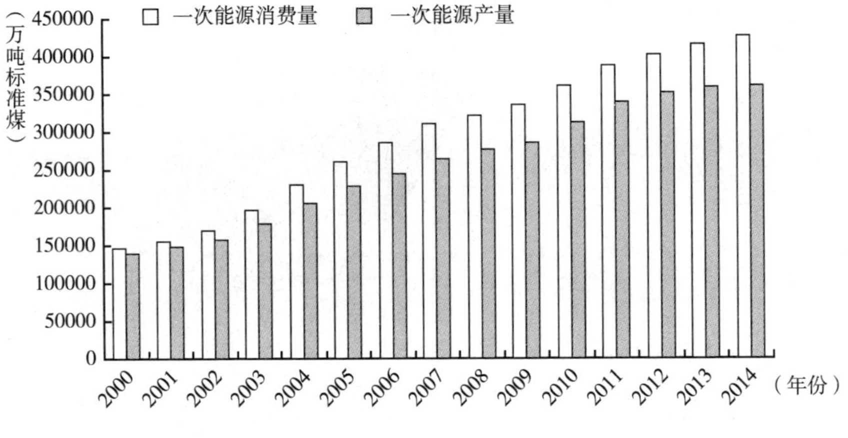

图 3　中国能源生产和消费现状

资料来源：国家统计局。

1. 煤炭生产和消费近十余年来首次下降

进入 21 世纪以来，中国煤炭生产和消费历经 10 余年的快速增长后，于 2014 年首次出现下降。2000～2013 年，中国的煤炭消费量增长了 1.6 倍，由2000年的14.1亿吨迅速增长到2013年的36.1亿吨，年均增速约7.5%，同时，产量也由2000年的13.8亿吨迅速增长到2013年的39.7亿吨（见图4）。2014年，在经济增速放缓，以及国家为应对雾霾实施的一系列“去煤化”措施的影响下，煤炭生产和消费自进入21世纪以来首次双双下降，分别下降了2.5%和2.9%。

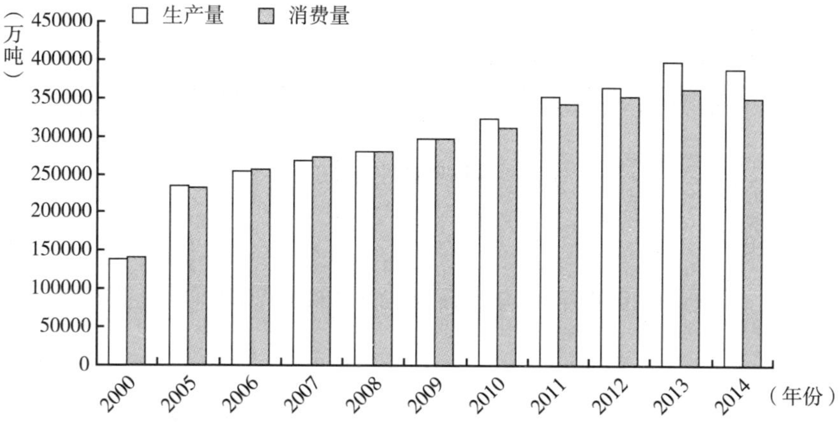

图4　中国原煤生产和消费量

资料来源：国家统计局。

受国内煤炭需求萎靡的影响，煤炭进口也呈现下降态势，2014年煤炭进口量为2.9亿吨，比上年同期下降10.9%；出口量继续延续逐年下降的态势，2014年煤炭出口量仅为574万吨，全年煤炭净进口量2.85亿吨（见图5）。从全球来看，中国依然是世界最大的煤炭生产和消费国，一个国家就消耗了全球一半的煤炭。BP统计数据显示，2014年中国煤炭产量和消费量分别占全球的46.9%和50.1%。

2. 石油对外依存度持续升高

近年来中国对原油需求的增长势头仍然十分强劲。2014年，原油表观消费量为5.18亿吨（见图6），2000～2014年年均增速6.6%，目前中国已成为世界第二大石油消费国。限于国内原油资源较少，原油产量

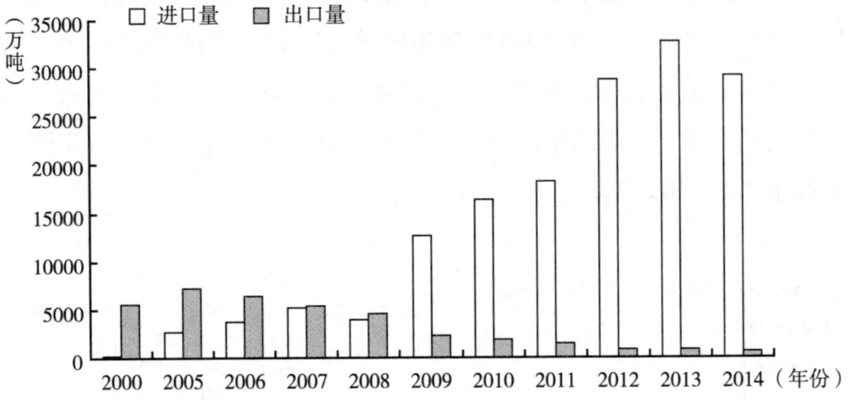

图 5　中国原煤进出口现状

资料来源：国家统计局。

增幅不大，2000～2014 年年均增幅仅为 1.9%，2014 年原油产量 2.1 亿吨。

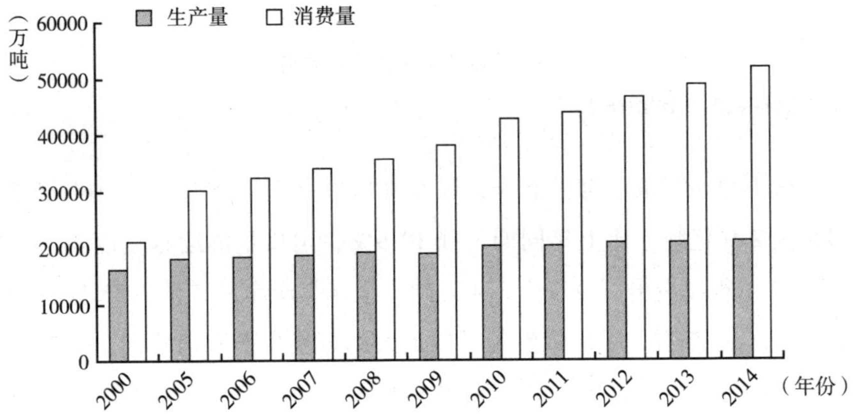

图 6　中国原油生产量和消费量

资料来源：国家统计局。

目前，中国一半以上的石油供应要靠进口，2014 年，原油进口已高达 3.08 亿吨，出口 60 万吨（见图 7），对外依存度已接近 60%。原油的进口地区主要为中东、非洲和俄罗斯，从这些地区进口的总量占全部总进口量的80%以上，石油进口过于集中。

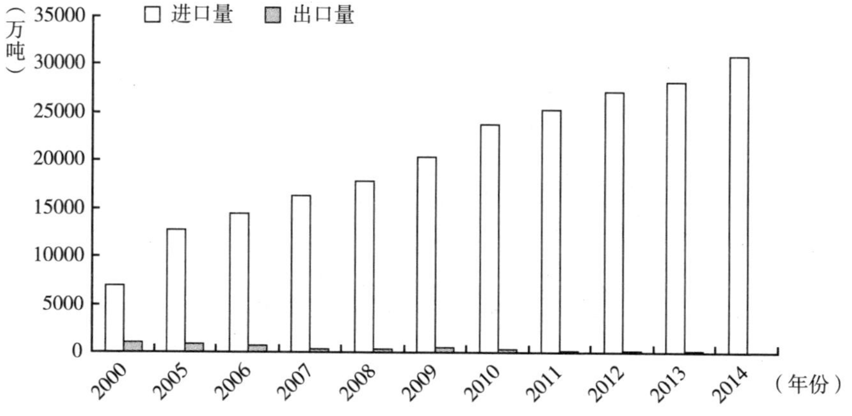

图7　中国原油进出口现状

资料来源：国家统计局；《2014年中国原油进出口大盘点》，http://www.wusuobuneng.com/archives/16440。

3. 天然气供应量持续增高

天然气在中国一次能源消费结构中的比重一直较小，但近年来其利用规模开始出现大幅上升的趋势。2014年天然气消费量约1816亿立方米（见图8），相比于2000年增长了6倍多，但在一次能源消费中所占比例还很小，仅占当年能源消费总量的5.7%。同时，天然气的生产量也在大幅增长，2014年达到1301.6亿立方米，比2000年增长了3.8倍，2000~2014年年均增速9.95%。

近年来，中国天然气进口量也开始逐年增加，截至2014年中国进口LNG 1985万吨，进口管道气313亿立方米，共计583亿立方米[①]（见图9）。目前，中国正逐步形成中亚、中缅、中俄管道气以及海上LNG四大天然气

① 其中LNG进口量按照1吨LNG等于1380立方米天然气的换算关系计算而得。

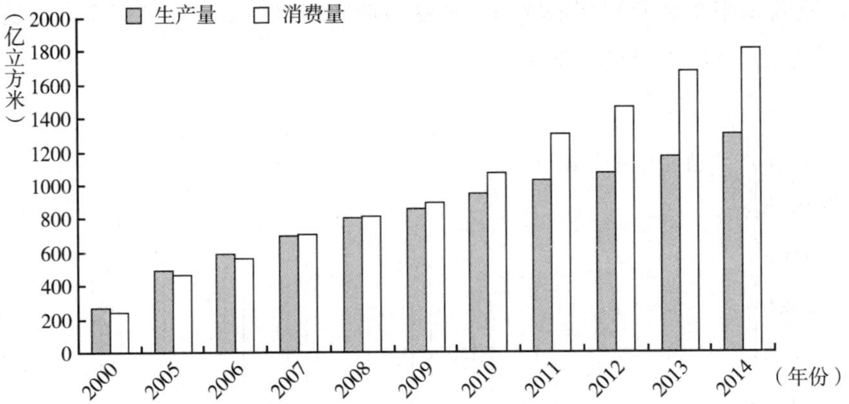

图8　中国天然气生产量和消费量

资料来源：国家统计局。

进口渠道，除中俄天然气管道正在建设外，中亚、中缅天然气管道均已建成通气，海上 LNG 进口国也在不断拓展。

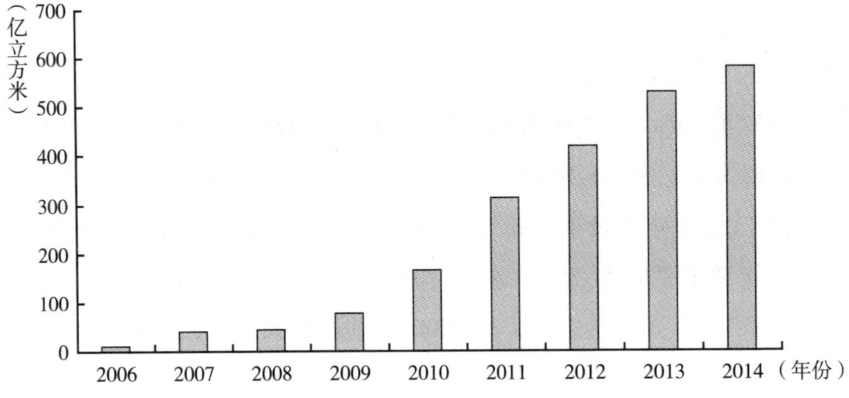

图9　中国天然气进口现状

资料来源：国家统计局；《2014 年中国天然气进口大盘点》，http：//www. wusuobuneng. com/archives/16453。

4. 电力装机容量飞速增长

相比 2000 年，中国电力需求大幅增长，电力消费量由 2000 年的 1. 3

万亿千瓦时迅速增长到2014年的5.5万亿千瓦时（见图10），年均增速10.9%。受到电力需求急剧增长的刺激，中国电力行业飞速发展，电力装机容量从2000年的3.2亿千瓦迅速增长到2014年的13.6亿千瓦，年均增速10.9%，2013年、2014年更是连续两年新增装机容量超过1亿千瓦。

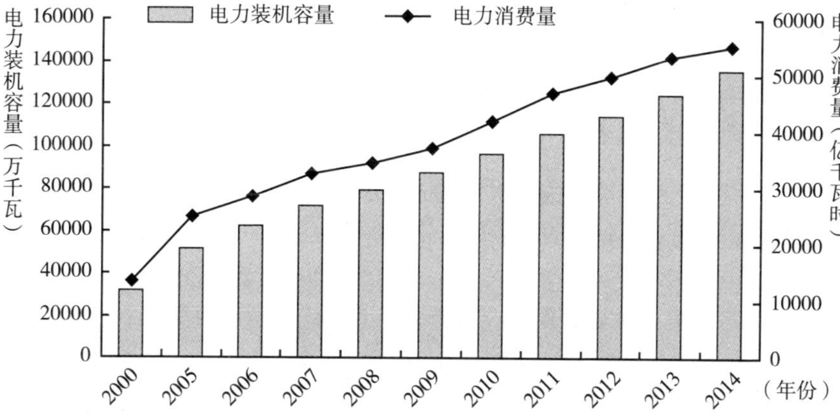

图10　中国电力装机及消费发展现状

资料来源：国家统计局。

（三）中国绿色能源发展现状

近年来，中国绿色能源的发展速度极其惊人，非化石能源利用量已由2000年的9406万吨标煤，迅速增长到2014年的4.8亿吨标煤，2014年其在一次能源消费中所占比例已上升到11.2%。

1. 水电装机容量突破3亿千瓦，位居世界第一

水电是目前中国可再生能源的支柱，占全部可再生能源利用量的近80%。中国河流众多，径流丰沛，落差巨大，水能资源非常丰富。21世纪以来，中国电力体制改革的推进，调动了全社会参与水电开发建设的积极性，水电进入高速发展时期，三峡等大型水电工程陆续建成或投产。截至2014年底，全国水电装机容量已超过3亿千瓦（见图11），比2000年增长了1.8倍，总装机容量稳居世界第一。

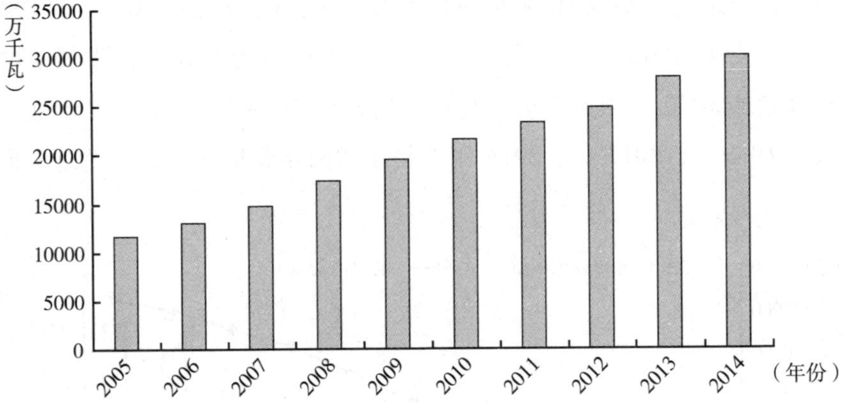

图 11　中国水电装机容量

资料来源：国家统计局，中国电力企业联合会。

2. 风电产业飞速发展，新增、累计装机容量均位居世界第一

进入 21 世纪，特别是 2005 年《中华人民共和国可再生能源法》实施以来，中国风电产业迅速发展，并逐步开始规模化发展。截至 2014 年底，中国大型并网风电累计总装机容量已达到 9637 万千瓦（见图 12），位居世界第一，较 2000 年相比，增长了 290 余倍，年均增长约 50%，尤其是 2005 年以来，装机增速连年位居世界第一。2014 年风发电量超过 1534 亿千瓦时，已成为继火电、水电之后的第三大电源。

3. 太阳能发电快速发展，但利用规模依然较小

在太阳能热利用和太阳能发电两个方面，中国的热利用发展较快，中国是世界上最大的太阳能热水器生产国和使用国。截至 2014 年底，中国累计保有太阳能热水器总集热面积约 4.1 亿平方米，年产量 5240 万平方米，使用量和年产量均占世界总量的一半以上。在太阳能发电方面，近年来其装机容量也在快速增长，截至 2014 年底，全国并网太阳能发电装机容量已达 2805 万千瓦（见图 13），比上年增长 61%。

4. 生物质能利用增速相对较缓，未来仍有巨大潜力

虽然与风能、太阳能利用屡屡超乎想象的高速增长相比，中国生物质能利用发展的速度相对较缓。但中国在生物质发电、生物质制气、生物质

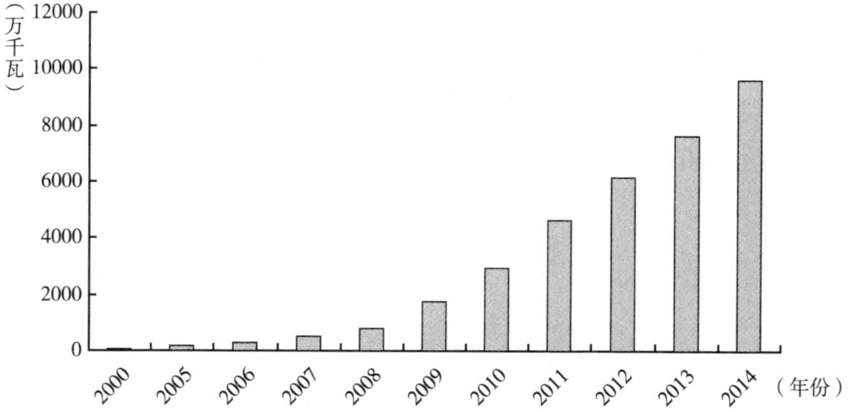

图 12　中国风力发电装机容量

资料来源：国家统计局，国家可再生能源中心。

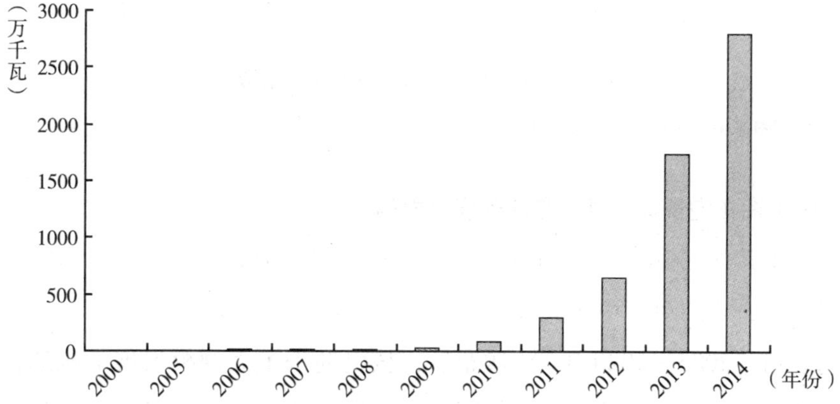

图 13　中国太阳能发电累计装机容量

资料来源：国家可再生能源中心。

液体燃料和生物质固体成型燃料的利用技术以及利用规模等方面均取得了积极进展。

在生物质发电方面，2014 年底，全国生物质发电装机容量约为 948 万千瓦（见图 14）。在生物质制气方面，中国的沼气利用技术比较成熟，发展也较快，特别是户用沼气的市场和产业已初具规模。2014 年底，全国年产沼气总计达到157亿立方米。在生物质液体燃料方面，中国的发展十分迅速，燃料乙醇和生物柴油等作为重要的石油替代能源已在道路交通部门中初步得到规模化应用。截至2014年底，燃料乙醇年产量约为210万吨，生物柴油产量约为40万吨。

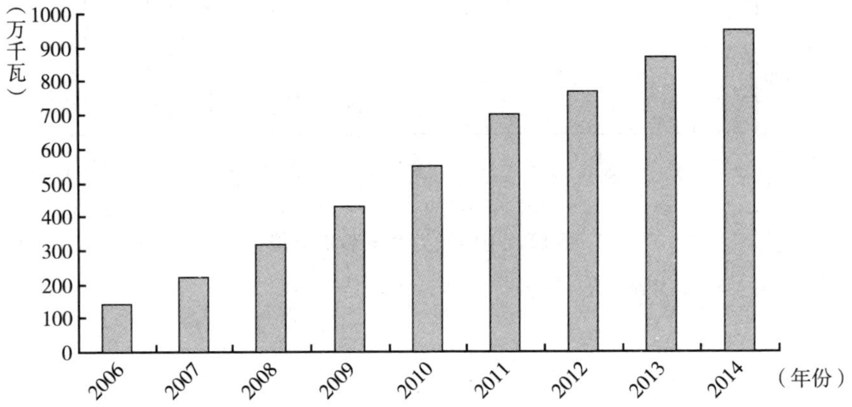

图14　中国生物质发电累计装机容量

资料来源：中国可再生能源学会。

5. 沿海核电快速发展，在建规模世界第一

相比其他国家，中国的核电发展较晚。直到1991年12月秦山核电站并网发电，才结束了中国大陆地区无核电的历史，2007年《国家核电发展专题规划（2005~2020年）》颁布后，核电迎来了大规模发展的机遇，中国一举成为全球在建核电最多的国家。但是，2011年3月日本福岛核事故的发生给全球核电发展带来了巨大冲击，中国也立即暂停相关核电项目的审批，并对核电安全进行充分论证，直至2012年10月，国务院常务会议讨论通过《核电安全规划（2011~2020年）》和《核电中长期发展规划（2011~2020年）》，国内核电项目建设得以重新启动。截至2014年底，中国投运核电机组已达到22台，总装机容量2230万千瓦（见图15），在建核电机组26台，总装机容量2844万千瓦（见图16），中国在建核电机组规模位居世界第一。

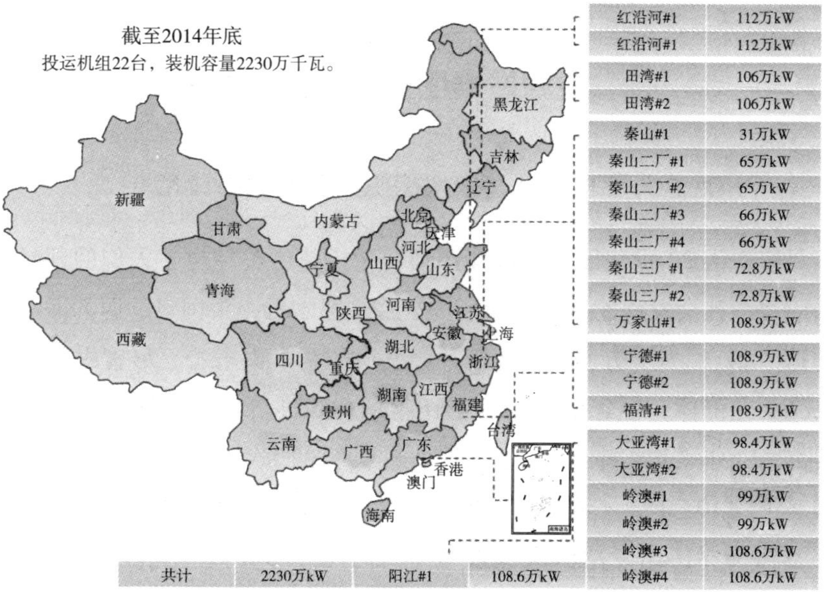

图 15　中国已投运核电机组分布

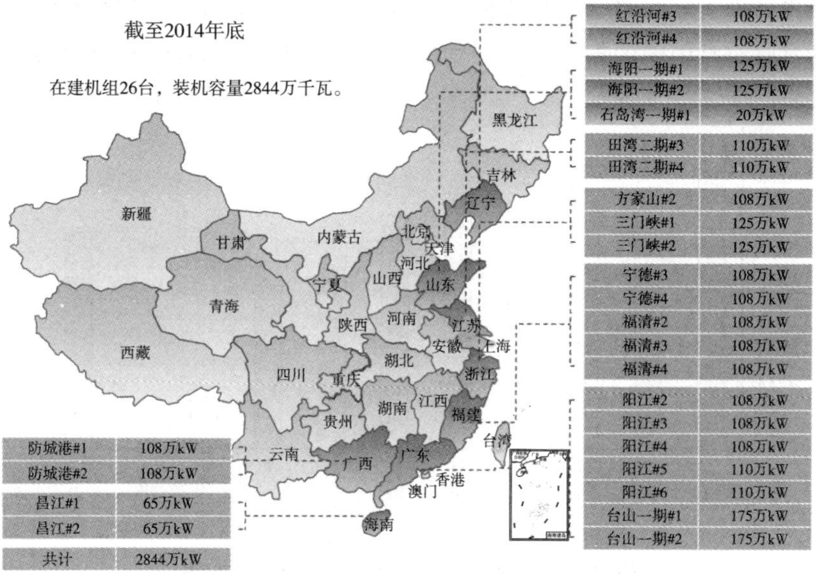

图 16　中国在建核电机组分布

二 能源发展面临的问题和挑战

（一）能源消费水平低，未来能源消费仍要持续增长

尽管进入21世纪以来中国能源消费的快速增长超出了人们的预料，但从当前经济社会发展的基本面及能源消费水平来看，中国对能源的需求还远未到达“拐点”。一方面，从经济社会发展的基本面来看，尽管中国已是世界第二大经济体，但经济发展水平还很低，2014年人均GDP为7591美元（按照2014年平均汇率计算），不到发达国家的1/4（见图17）；每千人汽车保有量约107辆，不到发达国家的1/5，仅占世界平均水平的70%；城镇化率不到55%，比发达国家低近30个百分点。同时，经济发展也很不均衡，中部、西部地区的人均GDP不足东南沿海地区的一半；农村人均可支配收入只有城镇居民的40%；按照世界银行的标准，全国尚有上亿人口处于贫困线以下。因此，在未来相当长的一段时间内，发展经济、消除贫困、走向富强仍是中国的首要任务。党的十八大做出了中国社会经济发展“三

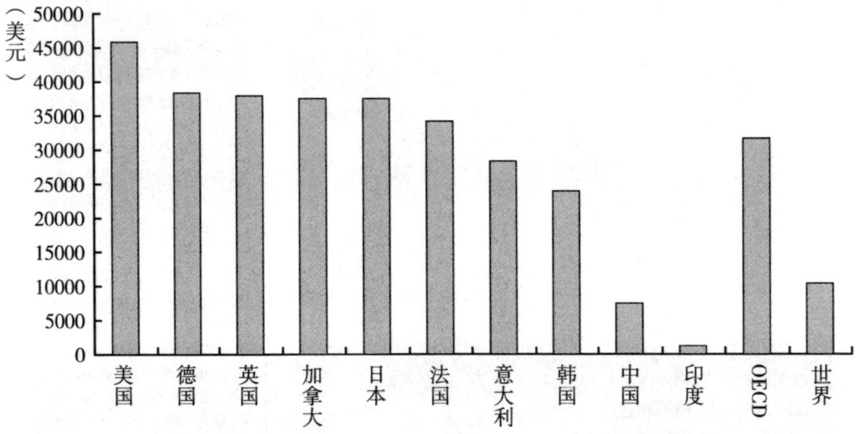

图17 2013年世界主要国家和地区人均GDP

注：中国为2014年数据。

资料来源：国家统计局，EDMC Handbook of Energy & Economic Statistics in Japan。

个不变”（阶段没变、矛盾没变、国际地位没变）的论断，明确提出了以经济建设为中心是兴国之要，发展仍是解决中国所有问题的关键的重要论述，并重申了“两个一百年”的奋斗目标。而要实现这“两个一百年”目标，需要能源强有力的支持。

另一方面，从能源消费水平来看，尽管中国能源消费总量很大，但与西方发达国家相比人均水平还很低，2013 年，中国人均能耗仅为 3.1 吨标煤左右，略高于世界平均水平，不到发达国家的一半（见图 18）；人均电力装机容量仅为 1 千瓦左右，不到美国的 30% 和日本的 50%。而从发达国家走过的历程来看，一国人民生活水平和质量要达到比较高的程度，其人均能源消费量一般不低于 4 吨标煤，人均有效装机容量不低于 1.5 千瓦。中国未来要实现 2050 年既定的经济发展目标，经济仍要持续增长，对能源的需求也将成倍增长。

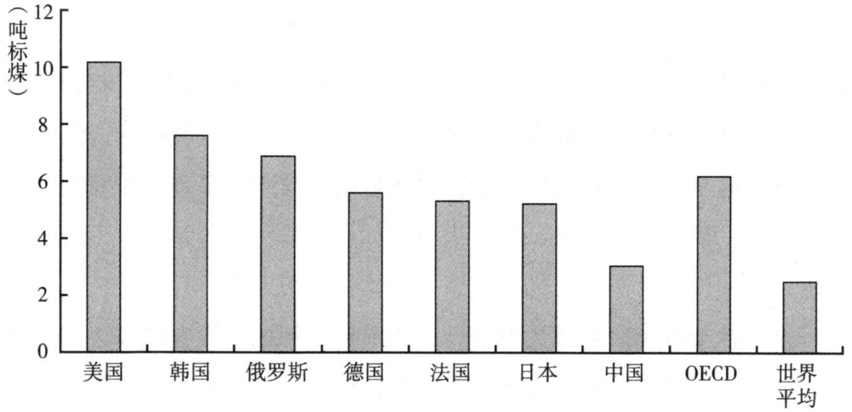

图 18 2013 年世界主要国家和地区人均能耗

资料来源：国家统计局，EDMC Handbook of Energy & Economic Statistics in Japan。

（二）能源消费结构以煤为主，环境不堪重负

中国巨大的能源消费总量以及长期以煤为主的能源消费结构导致能源利用与环境保护之间的矛盾日趋突出，大气、淡水、土壤、海洋等常规污染日

趋严重，整个生态环境面临灾难性的破坏。自2013年以来，席卷整个中东部地区的雾霾问题使仰望蓝天成为一种奢望，2014年全国共出现13次大范围、持续性雾霾天气，在全国开展空气质量新标准监测的161个地级及以上城市中（新标准第一阶段、第二阶段监测实施城市），空气质量超标的城市超过90%。在水污染方面，2014年长江、黄河、珠江、松花江、淮河、海河、辽河等七大流域和浙闽片河流、西北诸河、西南诸河的国控断面中，Ⅳ类、Ⅴ类及劣Ⅴ类水质断面占比分别达到15.0%、4.8%和9.0%。在海洋方面，过去10年流入海洋的污染排放持续增加；在近岸海域，三类及三类以下海水点位已升至33.6%。与20世纪50年代相比，我国红树林面积减少了73%、珊瑚礁面积减少了80%、沿海实地面积减少了57%；在土地方面，全国土壤污染物超标率为16.1%，其中重度污染区比例为1.1%。发达国家200多年工业化进程中分阶段出现的环境问题正在我国集中出现。

目前中国整个生态环境的状况日趋恶化：环境污染正从城市向农村转移，从人口稠密区、经济发达区向人口稀疏、经济欠发达地区转移，从常规性污染向非常规性污染、有毒有害污染转化，从局部向区域扩散，从江河城市段向流域蔓延，从浅层次向深层次的环境问题演变，呈现出压缩型、叠加型、复合型、祸合型的特点。这些生态破坏和环境污染的结果，不仅造成了巨大的经济损失，严重损害人类健康，而且极易引发群体性事件，严重危及公共安全与社会和谐。细数历史变迁，中国生态环境从没有像今天一样令人触目惊心，生态环境问题已经成为整个社会最重要、最迫切需要解决的问题之一。

（三）高碳能源利用模式导致温室气体排放量不断增加，全球气候变化谈判压力日趋增大

不仅是常规环境污染，而且在备受国际社会关注的二氧化碳等温室气体的排放方面，中国虽在工业化过程中的人均累计碳排放量远低于发达国家，但就排放总量而言，目前已接近美国及欧盟的排放总和。中国已成为

世界第一大温室气体排放国，人均排放量已超过世界平均水平，甚至已超过部分欧盟国家的人均排放水平。中国如何减排越来越受到世界各国的重视，要求中国控制温室气体排放总量、承担更大国际责任的呼声也在不断上升。

（四）国内能源资源相对贫乏，从长期看能源资源供应仍较为紧张

从国内能源资源的情况来看，虽然中国煤炭资源比较丰富，但石油、常规天然气资源相对贫乏。截至 2013 年底，中国煤炭探明可采储量为 1145 亿吨，占世界可采储量的 12.8%；石油为 24.7 亿吨，仅占世界可采储量 1%；天然气为 3.27 万亿立方米，仅占世界可采储量 1.8%。而且由于人口基数巨大，中国人均能源资源占有量远比世界平均值要低，2013 年末，中国人均煤炭占有量为 84.1 吨/人，仅约为世界人均水平的 67%；石油为 1.8 吨/人，仅约为世界人均水平的 5.4%；天然气为 2405 立方米/人，仅约为世界人均水平的 9.2%。按目前的产量计算，中国的煤炭还可以开采年数不足 31 年，石油不足 12 年，天然气不足 31 年（见表 2）。

表 2　中国 2013 年化石能源的产量及年末探明可采储量

资源	生产量	世界排名	年末可采储量	世界排名	储采比
煤炭(亿吨)	36.5	1	1145	3	31
石油(亿吨)	2.07	4	24.7	14	11.9
天然气(亿立方米)	1071.5	7	32722	13	30.5

资料来源：国家统计局，*BP Statistical Review of World Energy 2014*。

中国目前的能源消费水平还很低，未来很长一段时间内能源需求的刚性增长将是难以扭转的事实。从长期看，国内能源的供应压力很大，尤其是石油、天然气存在结构性短缺，这对中国能源资源"立足国内"的能源发展战略提出了很大的挑战。

三　中国能源的绿色发展战略

中国巨大的能源消费总量及以煤为主的高碳能源利用结构，给生态环境保护、全球气候变化谈判、能源资源供应等带来了巨大的压力，未来随着经济的持续发展，中国对能源的需求持续上升，如延续过去的高碳能源利用模式，必将给生态环境、气候变化谈判、能源供应带来更大压力。因此，中国未来必须通过提高能源利用效率、推进清洁低碳能源利用、加快转变经济发展方式、引导居民绿色消费等一系列有针对性措施，走出一条绿色能源发展之路。

（一）在消费模式上，必须大力提高能源利用效率，控制能源消费总量

随着经济社会的持续发展，中国对能源需求持续增长的势头短时期内仍难以转变。虽然近年来经济形势下滑导致工业增长缓慢，对能源需求的增速放缓，但从发达国家走过的历程来看，工业能源消费达到顶峰后，建筑、交通和民生部门的能源消耗将快速增长，未来尽管我国工业部门的能源需求增速不会像前十年那样快速强劲，但建筑部门、交通部门和民生部门的能源需求将呈现快速增长态势，这“一消三涨”，最终使能源需求的增量同以往相比，不会有大的改变。

到2050年，我国人口数量将超过14亿，若实现既定经济发展目标，届时如果按照OECD国家的人均能耗水平（2011年人均6.2吨标煤），我国能源需求将接近90亿吨标煤，即使按照世界上能源经济效率较高的日本人均能耗水平（2011年日本人均5.6吨标煤），也要接近80亿吨标煤，这一需求无疑将给生态环境带来更大压力。在当前可再生能源难以等量替代化石能源的情况下，必须采取有效措施，对能源消费总量进行控制。因此，提高能源利用效率、控制能源消费总量是重塑能源消费模式的关键。

在过去的十几年中，尽管我国节能工作已经取得了显著成效，能源利用

效率大幅提升，但总体来说，全社会仍有较大的节能空间。相关研究表明，到 2020 年仅钢铁、水泥、石化和化工、有色、电力及通用领域既有产能技术可行的节能潜力就有 4 亿吨标煤以上。而全国技术上可行、经济上合理的节能潜力高达 6 亿吨标煤。未来中国应加大节能减排力度，采取针对性的节能措施，把节能作为继石油、天然气、煤炭和非化石能源之后的第五大“能源”来开发，通过推广先进节能技术、提高能源效率、挖掘节能潜力来减缓未来能源需求的快速增长，控制能源消费总量，推进生态文明建设。

（二）在供应模式上，必须加快推进能源供应模式向清洁低碳化发展，提高清洁能源消费比重

2050 年，在实现既定经济发展目标的情况下，若能源消费结构不加改变，即使大幅控制能源消费总量，低质、高碳能源消费仍将持续增加，常规污染物及温室气体排放将有增无减。因此，未来必须大力加大化石能源中相对清洁、低碳的天然气，以及低碳、无碳的核能和可再生能源的供应，提高清洁能源消费比例，这是重塑能源供应的根本。

近年来，虽然我国一直在大力推进能源供应模式向清洁、低碳发展，但天然气、核电、水电、风电、太阳能发电等清洁、低碳能源在一次能源消费中所占比例还很低，2014 年仅占 16.9%，未来极具发展潜力。从资源上看，我国可再生能源资源极为丰富，在大幅控制能源消费总量情况下，发展高比例清洁低碳能源是完全有可能的。未来完全可以在控制能源消费总量的基础上，发展高比例可再生能源，从根本上减少常规污染物和温室气体的排放，推进生态文明的建设。

（三）在发展模式上，必须尽快转变经济发展方式，减少能源间接性出口及周期性浪费

改革开放以来，我国粗放式的经济发展方式造成了大量不必要的能源资源浪费。首先，过去 30 多年里经济发展高度依赖出口造成大量的能源间接性出口，初步测算，每年直接、间接出口的能源占全国能源消耗总量的

20%以上。其次，改革开放以来，我国在快速发展的过程中，走了一条建设、淘汰、再建设、再淘汰的路子，这种“重速度、轻质量、只顾眼前”的发展模式，不仅导致财富积累缓慢，还造成周期性能源浪费。未来中国必须加快转变经济发展方式，提高经济发展质量，减少能源间接性出口及周期性浪费，这是重塑能源的前提条件，否则能源需求将是填不满的漏斗，周而复始，无穷无尽。

目前我国正处于经济转型的关键时期：一方面外汇储备世界第一，经济总量世界第二，已具备经济转型的物质基础和综合实力；另一方面能源资源、环境、劳动力、土地等方面的优势正在逐渐消失，出口市场面临发达国家和发展中国家的双向挤压，出口导向型发展方式已难以为继。未来中国应注重发展知识经济、品牌经济、创意经济，大力调整出口结构，从根本上扭转“能源消费留给自己、污染留给自己、世界消费我买单”的发展模式，同时，在城市化建设过程中，更加注重规划的合理性、科学性，杜绝“大拆大建”，延长建筑使用寿命，努力减少和避免周期性能源浪费。

（四）在生活模式上，必须引导居民消费模式转变，推动绿色、低碳消费

近年来，随着居民生活水平的日益提高，越来越多的消费者开始追逐大排量汽车、大住宅等“浪费式消费”模式，这无疑造成资源的极大浪费。不仅如此，为迎合消费者的这种高消费心理，大量消费品存在过度包装现象。然而，我国人口基数大，人均资源占有量并不高，多数矿产的人均资源占有量还不到世界平均水平的一半，人均煤炭、石油、天然气可采储量仅分别为全球平均水平的67%、5%和9%。我国目前以全球7%的耕地、6%的淡水资源养活了全球20%的人口。若未来“浪费式”的消费、生产理念成为主流，势必给资源供应带来更大压力。

一方面我国应未雨绸缪，建立长效节能环保公众宣传机制，强化公众节能意识转变，利用能效标准、标识、认证等手段，引导居民消费模式升级换代，促使人们生活消费方式向可持续的能源消费方式转变，减缓能源需求的

快速增长。另一方面要大力推广绿色供应链管理，以消费品生产链中大型采购企业为纽带，依托其在整个产业链中的资金优势、信誉优势，带动上游供货企业共同参与节能，整合供应链中各环节企业的节能资源，实现整个产业链的系统化节能及绿色化管理。

总之，能源引起的生态环境恶化已成为威胁中华民族生存与发展的重大问题。更令人担忧的是，未来要实现既定的经济发展目标，经济仍要持续发展，对能源的需求还将成倍增长，若延续传统的高碳能源发展路径，将对生态环境保护、全球气候变化谈判带来更大压力。因此，未来必须大力推动能源向绿色、低碳转型，逐步减少对高碳能源的依赖，从根本上减少常规污染物及温室气体排放，保障经济社会的可持续发展。能源转型与绿色发展是一个长期的过程，并非一朝一夕可以完成，必须全面、系统地予以推动。首先，在消费模式上，必须大力提高能源利用效率，控制能源消费总量，减少终端能源需求；其次，在供应模式上，必须加快推进能源供应模式向清洁低碳化发展，提高清洁能源消费比重，降低经济发展对高碳能源的依赖；再次，在发展模式上，必须尽快转变经济发展方式，减少能源间接性出口及周期性浪费；最后，在生活模式上，必须引导居民消费模式转变，推动绿色、低碳消费。最终以更加绿色、低碳的能源体系，支撑起经济社会的绿色发展。

参考文献

[1] 戴彦德、白泉：《中国“十一五”节能进展报告》，中国经济出版社，2012。

[2] 国家统计局：《中国统计年鉴 2014》，中国统计出版社，2014。

[3] 国家统计局：《中国能源统计年鉴 2013》，中国统计出版社，2014。

[4] 国家发改委能源研究所：《中国 2050 年低碳发展之路——能源需求暨碳排放情景分析》，科学出版社，2009。

[5] 国家统计局：《中华人民共和国 2014 年国民经济和社会发展统计公报》，2015，http：//www. stats. gov. cn/tjsj/zxfb/201502/t20150226_ 685799. html。

[6] 环境保护部：《中国环境状况公报（2014）》，《中国环保产业》2015 年第 6 期。
[7] 卢安武：《重塑能源》，湖南科学技术出版社，2014。
[8] 戴彦德、朱跃中：《重塑能源　实现可持续发展》，《中国科学院院刊》2013 年第 2 期。
[9] 杰里米·里夫金：《第三次工业革命》，张体伟、孙豫宁译，中信出版社，2012。
[10] 魏伯乐、查理·哈格罗夫斯：《五倍级——缩减资源消耗，转型绿色经济》，程一恒译，上海人民出版社，2010。
[11] BP，*Statistical Review of World Energy 2015*，2015.
[12] 庞名立：《2014 年中国原油进出口大盘点》，2015 年 1 月 24 日，http：//www. wusuobuneng. com/archives/16440。
[13] 戴彦德、吕斌、冯超：《“十三五”中国能源消费总量控制与节能》，《北京理工大学学报》（社会科学版）2015 年第 1 期。
[14] 中国风能协会：《2014 年中国风电装机容量统计》，http：//www. 360doc. com/content/15/0320/15/20625606_ 456712643. shtml。
[15] 庞名立：《2014 年中国天然气进出口大盘点》，2015 年 1 月 24 日，http：//www. wusuobuneng. com/archives/16453。

对 策 篇

Strategy Reports

B.5

碳排放权交易对企业节能减排理念和行动的作用及影响

朱齐艳　陈卫斌　陈远新*

摘　要：　碳排放权交易是一个能够衍生出多品种、多层次的交易市场体系，是服务于温室气体限排的系列金融活动，包括直接碳排放权、碳期货交易、投融资和银行绿色贷款等。目前，国际上对碳排放权交易及其碳衍生品市场的经济、金融层面的事情研究关注较多，多数专家认为碳排放权交易在给交易机构、银行和投资者带来较大商机的同时，也会对交易企业产生倒逼机制，促使企业大多从经济层面思考应对措施。但学者对企业节能减排技术、行动上的影响研究较少，我们认为

* 朱齐艳，中国质量认证中心武汉分中心，低碳能效部副部长，低碳技术研究与碳核查；陈卫斌，中国质量认证中心武汉分中心，副主任，质量认证、低碳技术研究与碳核查；陈远新，中国质量认证中心武汉分中心，低碳能效部部长，低碳技术研究与碳核查。

这个问题不容忽视，本报告旨在对碳排放权交易对企业节能减排行动的作用和影响进行系统研究，提出企业发展思路和应对策略。

关键词：节能减排　碳交易　能源管理

一　碳排放权交易发展现状

气候变化的问题，通过经济学层面分析，是环境外部性问题，有三种手段较为常用：命令控制手段，如制定排放标准；价格调节手段，如征收环境税；数量控制手段，如建立碳排放权交易体系。第一种为通常所说的行政手段，后两者是经济或市场手段。在应对气候变化的实践中，各国越来越青睐通过经济手段实现温室气体减排目标，因为市场配置资源的方式更有效、灵活，有利于企业的长期发展，对经济发展的冲击也较小。

中国2020年控制温室气体排放行动目标和国家发布的“十二五”规划纲要明确提出：建立完善温室气体排放统计核算制度，逐步建立碳排放交易市场。这是中国政府首次在正式文件中提出建立中国国内碳排放权交易市场。文件指出，要发展环保市场，推行碳排放权、排污权、水权交易制度，随着市场机制的引入，碳排放权的交易市场空间将继续扩大。

碳排放权交易在全社会范围内形成节能减排的倒逼机制，其运行机制主要是对高能耗、高污染、高排放的企业进行初始减排责任（排放权配额）的分配，超额排放企业需要借助碳排放权交易平台购买碳排放权或者促使排放企业通过节能改造等手段降低二氧化碳排放量，并把富余的碳排放权配额售出，形成碳资产。

这种碳排放市场交易行为，可以直接带来两个方面的好处。一方面，深化企业低碳管理理念。过去企业减少碳排放，只是单纯从履行社会责任或降低企业成本角度考虑，现在通过碳排放权交易平台，富余的排放权配额可以进行交易，结余越多，企业获益越大，可以直接平抑生产成本甚至带来直接的收益。另一方面，对于一些超额排放企业而言，过去超额排放带来的经济损失并不明显，而碳排放权交易机制启动后，超额排放将给企业带来更大的生产成本和社会舆论压力，这种链接成本的方式，将直接促进企业加大减排投入，并通过技术创新，加快推动产业结构的转型升级和发展方式转变。

二　碳排放权交易企业理念误区

2014 年 4 月 2 日，湖北省碳排放权交易正式启动。在过去近两年的筹备过程中，企业对配额如何分配的问题极为敏感，许多企业对于碳排放权交易存在认识上和实际执行上的偏差，希望获取更多的配额，在企业正常增速发展的同时保证在履约期结束时能够有富余的量，不需要花额外的成本来购买配额或其他抵消品种。这种理念与政府推行碳排放权交易的初衷是矛盾的。

（一）碳排放权交易并不限制企业发展

碳排放权交易是一种市场机制，是应对气候变化的工具和手段之一，[①] 完成中国政府承诺的 2020 年碳排放强度下降目标，需要充分发挥市场机制的作用。在碳排放权交易机制下，企业可通过三种方式实现减排目标：一是降低产量；二是采用新技术；三是在市场上购入配额或中国经核证的减排量（CCER）等其他抵消品种，来缓解自身所受的约束。第一种方式是企业为完成减排目标采用的最为消极的应对方式，不仅会损害企业利益，也未体现节能减碳的实际意义，而采用第二种和第三种则会激励清洁技术的发展，对低碳经济的实现具有长期的价值。因为碳排放权交易的主要目的一方面是为

① 刘莎莎：《碳排放权交易的法律问题研究》，硕士学位论文，山东大学，2012。

了引导资金进入碳排放权交易市场，企业可通过碳金融手段盘活碳资产用于日常的生产经营管理；另一方面，企业通过自身的低碳发展和节能技术改造，可实现配额的盈余或产生可用以抵消的自愿减排量，企业通过配额或减排量的出售获得经济效益，以此来进一步引导和鼓励企业开展更多的减排和技改的项目，推进企业的绿色低碳发展。

（二）碳排放权交易并不鼓励“花钱买配额完成任务”

湖北省针对电力行业采用历史排放法与基准线法结合的配额分配方式，其他行业均使用历史排放法完成分配，大多数企业反映此种分配方式对于企业要求过严，企业必须每年进行节能减碳才能免受责罚，在减排技术改造与“花钱买配额完成任务”两种履约方式中，部分企业会因减排技术改造成本高或者周期长而选择后者。

盈利指标是企业生存和发展的主要因素，对于一些生产技术已经比较先进、节能技改空间相对较小的企业而言，通过技术手段实现减排会给企业增加巨大的成本，因此，可以理解其为“花钱买配额完成任务”，但是，此种选择也体现了企业发展模式上存在的短视和误区。碳排放权交易旨在通过市场手段倒逼企业采用引用先进生产技术、调整生产结构、利用新能源等途径实现节能减排和低碳发展，同时，企业也可通过国家温室气体自愿减排项目，如碳汇林和可再生能源利用等 CCER 项目来抵偿企业的部分排放，达到减少排放压力的目的。

三　碳排放权交易企业行动建议

（一）端正碳排放权交易行动理念

各控排企业作为碳排放权交易的行动主体，其对交易内涵的了解和重视程度直接影响企业参与其中的积极性，关系碳排放权交易市场的运行。因此，正确树立企业的碳排放权交易行动理念，纠正“花钱完成任务”、“多分配额少花钱”等思想误区，建立长效管理机制，使得企业低碳节能管理不流于形式或者敷衍了事，关注企业低碳节能长足发展，方能体现国家推行碳排放权交易的真正意义，实现企业与经济的良性发展。

（二）建立能源与温室气体管理双体系

企业能源与温室气体管理体系是建立收集与核算企业的能源消耗和温室气体排放数据的一系列政策、规定和措施，通过完善企业的管理，为企业有关能源管理和低碳发展的决策提供参考。

碳排放交易企业的温室气体量化方法主要包括直接排放和能源间接排放，其中直接排放主要包括固定设施化石燃料燃烧排放、工艺过程排放和服务于生产的移动源产生的排放。湖北省高排放、高耗能行业主要包括电力、化工、水泥和钢铁等，依据现场调研数据，本报告选取电力、钢铁、化工和水泥行业典型企业的各类别排放量数据进行计算分析，详见表1。

表1　典型高排放、高耗能企业各类别排放量

单位：万吨，%

排放类别	电力	钢铁	化工	水泥
固定设施排放量	2963431.6	335743.5	1378490.1	281287.3
工艺过程排放量	37620.7		921054.3	370881.5
服务于生产的移动源排放量	650.7	1724.1	1366.3	516.7
直接排放量	3001703.0	337467.6	2300910.7	652685.5
能源间接排放量	193361.0	183249	1227344.5	70166.0
总排放量	3195064	520717	3528255	722852
固定设施排放量占直接排放量比例	99	99	60	43
固定设施排放量占总排放量比例	93	64	39	39

资料来源：企业实地调研数据。

从表1的统计数据可以看出，电力和钢铁企业的固定设施化石燃料消耗产生的排放量占企业直接排放量比例超过99%，考虑因外购电产生的能源间接排放量后，电力行业固定设施排放量占总排放量比例依然高达93%，钢铁行业为64%。化工行业固定设施化石燃料消耗产生的排放量占企业直接排放量比例为60%，报告中调研的化工企业在工艺过程中使用无烟煤和褐煤等化石燃料做成原料制焦，由此可知，该企业使用化石能源作为燃料和原料产生的排放量比例占总排放量比例实际高达39%。水泥行业由于在工艺过程中主要使用碳酸盐原料，因此工艺过程产生的排放占比较大，固定设施化石燃料消耗产生的排放量仅占企业直接排放量的43%。

由于高耗能企业的温室气体排放量与其能源（化石燃料、外购电）消耗量高度相关，2011年起，国家发改委等部门先后印发《关于印发万家企业节能低碳行动实施方案的通知》（发改环资〔2011〕2873号）、《国家发展改革委国家认监委关于加强万家企业能源管理体系建设工作的通知》（发改环资〔2012〕3787号）、《关于印发湖北省万家企业能源管理体系建设工作推进计划的通知》（鄂发改环资〔2013〕822号）、《关于组织开展重点企业（事）业单位温室气体排放报告工作的通知》（发改气候〔2014〕63号）等文件，要求企业按照各通知建立能源管理体系和温室气体管理双体系，完善企业节能减排建立制度，通过双体系建设工作梳理企业能源和温室气体管理流程，对重点用能设备、重点排放设备、计量器具及设备进行有效管理。同时，双体系的建设有助于整合统计系统、环保系统和节能减排系统，符合相关主管部门的数据报送要求，实现多口径数据共享，相互采信，减少过去因各上报途径和责任部门的要求不一致导致的企业数据统计形式混乱、数据品质不稳定、交叉验证困难等现象。

（三）进行能源审计和能源诊断，锁定企业高排点，引入低碳节能技术

能源审计是指审计单位依据国家有关的节能法规和标准对企业和其他用能单位能源利用的物理过程和财务过程进行的检验、核查和分析评价，是集企业能源核算系统、合理用能评价体系和能源利用状况审核考察机制为一体的科学方法。

企业能源审计规范地对用能单位能源利用状况如利用效率、消耗水平等

进行定量分析，不仅要找出问题，而且要提出解决问题的途径。其目的在于优化能源供应与合理配置，以便降低单位产值或单位产品的能源资源消耗，提高能源资源的利用水平。其全面性主要体现在研究企业整体的生产经营活动，研究分析企业的生产组织、能源技术与装备、能源成本与使用效果等全面情况；综合性体现在对使用的全部能源品种的考察、研究相互替代效果；系统性主要体现在对能源使用全过程的分析、对整个生产流程的考察。

企业的生产或服务过程与能源利用相关的内容可概括为能源、过程控制、技术工艺、设备、管理、员工、产品和余热余能等 8 个方面，任何一个环节存在问题都会导致生产或服务过程整体的能源效率偏低。因此，企业通过实施能源诊断、能源审计、能效评估等手段措施，全面准确地了解企业自身的用能现状和高耗能设施，对比行业及国内外先进水平，挖掘企业潜在的节能减排空间，借鉴市场上成熟节能技术，有针对性地实施节能技改措施，实现企业节能减排。

对于部分工艺和设备已处于世界领先水平的生产企业，可通过加强企业系统管理、开发国家政策鼓励范围内的自愿减排项目和碳排放权交易等技术和金融手段提升企业低碳节能意识，以达到湖北省和我国现阶段以及中长期节能和温室气体双减排目标。

四 结语

我国的温室气体的排放量现已居世界首位，基于“共同但有区别”的原则，短期内我国无须在国际社会承担强制性减排任务，但从可持续发展的角度考虑，中国主动承诺到 2020 年单位 GDP 二氧化碳排放比 2005 年下降 40% ~45%，并且强调中国政府确定这一目标不附加任何条件，也不与任何国家的减排目标挂钩。碳排放权交易是完成上述减排目标的方式之一，且此种方式在全球范围内运行和实践效果可达到“可监测、可报告、可核查”的原则要求。我国确定的 7 个碳排放权交易试点省市现已全部启动，各试点的运行各有特色，但都遵循同一个宗旨：碳排放权交易并非一味地降低二氧化碳排放和约束企业的正常发展，而是一种新型的环保模式，有助于促进企业形成新的经济发展模式，在减碳的同时提高企业管理水平，提升经济效益或市场竞争力，促进企业低碳转型和节能改造，进而实现经济社会的绿色可持续性发展。

B.6
我国重污染行业上市公司碳会计信息披露的影响因素研究

李 谦　靳梦婕*

摘　要： 全国碳交易市场在2017年将全面启动，重污染行业进入强制交易，研究重污染行业上市公司碳会计信息披露水平有利于政府科学合理地制定碳排放权配额，并通过影响因素快速锁定碳减排监管重点对象。本报告通过对国内环境信息披露的相关法规进行梳理，并结合重污染行业在年报、社会责任报告、环境报告中披露的碳会计信息整理出碳会计信息披露的要求，以我国188家重污染行业上市公司为样本，在确定其碳会计信息披露指数基础上，通过多元回归分析，得出企业规模、发展能力和公司治理结构与重污染行业上市公司碳会计信息披露水平正相关，且对公司治理结构的影响程度较大等结论。

关键词： 重污染行业　碳会计信息披露　影响因素

披露碳信息是碳减排管理的第一步。在全球发展低碳经济的大背景下，碳排放披露项目（CDP）应运而生，2008 年开始的 CDP 项目也向中国企业发

* 李谦，西南林业大学经济管理学院副教授，副院长，硕士生导师，研究方向为会计理论与实务，邮箱是 qian3132411@ aliyun. com；靳梦婕，西南林业大学经济管理学院硕士研究生，研究方向为碳会计，邮箱是 79620918@ qq. com。

出了问卷调查和披露请求，中国企业的参与积极性和披露质量呈现上升的趋势。全国碳交易市场在2017年将全面启动，该市场将涵盖近1万家企业，覆盖的6个工业部门（电力、钢铁、水泥、化工、有色和石化）均为重污染行业。研究重污染行业的碳会计信息披露水平及影响因素对碳减排具有较大的现实意义。首先，有利于政府掌握重污染行业二氧化碳历史排放强度，最终有利于政府在第三方核查后科学合理地制定碳排放权配额。其次，通过碳会计信息披露内部影响因素的研究，有利于政府快速锁定监管和核查的重点。最后，有利于债权人、投资者和社会公众了解重污染企业为碳减排做出的努力和贡献，形成强大的社会压力，促使企业管理者做出有利于经济效益和社会效益的经营决策。

一 文献综述

国外学者对于碳会计信息披露影响因素的研究主要集中在公司规模和公司治理结构等内部方面。Eng 和 Mark（2003）研究结果显示，公司规模与企业环境信息披露水平呈正相关，同时也得出企业负债程度越大，公司披露环境信息水平越低的结论。Peters 和 Romi（2013）研究得出了公司治理与企业披露温室气体相关的会计信息之间的关系，并且在研究中提出企业设立环境委员会和首席可持续发展官职位会使企业披露碳会计信息更加透明。在外部因素方面，学者们也做了大量研究工作。Stanny（2010）通过对2006～2008年美国标准普尔500家企业关于碳排放项目的自愿披露情况的研究，得出企业前期碳排放信息披露水平会影响企业当期的碳排放项目披露水平。Reid 和 Toffel（2009）认为股东决议和强制监管与公司参与 CDP 的倾向正相关。Chen 和 Jaggi（2000）认为企业独立董事比例与环境会计信息披露水平呈正相关。

国内外学者对碳会计领域的研究显示，碳会计主要侧重于对碳排放权的授予、取得或者购买时的会计确认、计量、记录和碳会计信息披露等的研究。在碳会计信息披露影响因素的研究方面，国内学者以不同样本进行研究，在公司规模、盈利能力、负债规模、发展能力和公司治理等方面进行了一定的探讨，得出了不同的结论。郑春美、向淳（2013）在对沪市170家上市公司的实证研究后认为规模相对较大的企业会自愿披露更多的环境信息。陈琦、何素帆、苟建华（2013）以浙江52家上市公司作为研究对象进行实证分析，结果表明企业规模影响其碳会计信息披露水平并呈正相关。阳静、张彦（2008）以重污染行业46家企业为样本，结果显示企业盈利能力越强就会披露更多的碳信息。付浩玥、王军会（2014）对100家重污染行业企业进行研究，发现盈利能力没有通过与环境信息披露水平的显著性检验。熊婷、程博（2013）分析我国钢铁类上市企业数据，得到了负债程度与碳信息披露呈正相关关系。刘洋、赵伟（2012）以山东省的重污染行业企业为研究对象，得出企业负债程度与碳信息披露水平关系不显著的结论。在成长能力的影响方面，也有一些结论。张俊瑞、郭慧婷（2008）认为公司的成长能力与环境会计信息披露呈负相关关系。简丽霞（2012）以2007～2010年沪深股市包含重污染行业和非重污染行业共341家上市公司为样本，在参考环境会计信息披露指数和样本企业碳会计信息披露内容基础上，建立碳会计信息披露水平指数，经过多元回归得到公司规模、管理层持股比例和负债水平与碳会计信息披露水平正相关，发展能力与披露水平负相关。

综上所述，我国碳信息披露影响因素领域的研究与北美、西欧等发达国家相比，起步相对较晚，总体研究成果较少，选取不同的样本得到了不同的结论，且在研究上多侧重于碳环境信息披露影响因素的研究，属于环境会计的范畴。而碳会计是环境会计中的一个分支，侧重于节能投资、低碳固定资产、应交环保费、低碳收入、低碳节能奖励、低碳成本等方面的研究，其信息与环境会计信息也存在一定的区别。由于目前国内尚没有统一的碳会计信息披露标准，本报告在梳理环境信息披露的相关法律法规与样本企业碳会计有关内容的基础上，建立考量重污染行业碳会计信息披露的参照标准，并研究影响其碳会计信息披露的因素。

二　碳会计信息披露的相关要求

碳会计信息披露主要针对企业关于二氧化碳排放等方面的内容，环境会计信息披露不仅包括碳会计信息披露内容，还包括披露环境管理、循环经济、环境投资等相关信息。基于碳会计与环境会计之间的这种关系，由于目前国内针对碳会计信息披露的法律法规几乎没有，本报告通过梳理环境信息披露的相关法律法规中与碳会计相关的内容，作为考量重污染行业碳会计信息披露的参照。

目前国内对环境信息披露的要求主要来自证监会、环保部和证券交易所，会计准则方面暂时缺乏相关规范。根据国内陆续颁布的《公开发行证券的公司信息披露内容与格式准则第 1 号——招股说明书》、《环境信息公开办法（试行）》、《企业环保书编制导则》、《深圳证券交易所上市公司社会责任指引》和《上海证券交易所上市公司环境信息披露指引》对环境信息披露的要求，公司年报、社会责任报告和环境报告是目前国内主要披露环境信息的载体。本报告从上述相关法规中梳理出碳会计披露的相关内容，主要有：企业面临的相关环保政策法规、企业提出在发展低碳经济方面预计达到的目标、企业在节能减排方面的计划、企业发展低碳经济而进行的技术改造及研发的成果、企业面临的来自气候问题的风险、企业在节能减排方面的固定资产的投入、企业发展低碳经济成果突出获得政府奖励或补助、企业对已取得的减排成果的量化统计等。

三　样本选择与资料来源

本报告依据环保部公布的《上市公司环境信息披露指南》（征求意见稿）中指定的重污染行业，结合证券市场对行业的分类，确定火电、钢铁，煤炭、采掘业，化工、石化和纺织，水泥、建材，金属、冶金，造纸印刷 6 类为本报告所研究的重污染行业，从沪、深两市 A 股上市公司中选取连续 2 年披露了碳会计信息的上市公司作为研究样本，并做出以下筛选。①剔除 ST、*ST、暂停上市及停市的公司，为避免出现异常的数据。②剔除新上市的公司，为保证所选取上市公司数据的稳定性和连贯性。③剔除数据缺失的上市公司。经过以上条件的筛选之后，得到了 188 家样本公司的数据，具体行业分布见图 1，研究时间为 2012 ~ 2013 年。

本报告资料源于国泰安数据库和巨潮资讯网，对企业的碳会计信息披露的内容是主要是通过手工搜集，从企业的年报、社会责任报告和企业环境报告中整理获得。

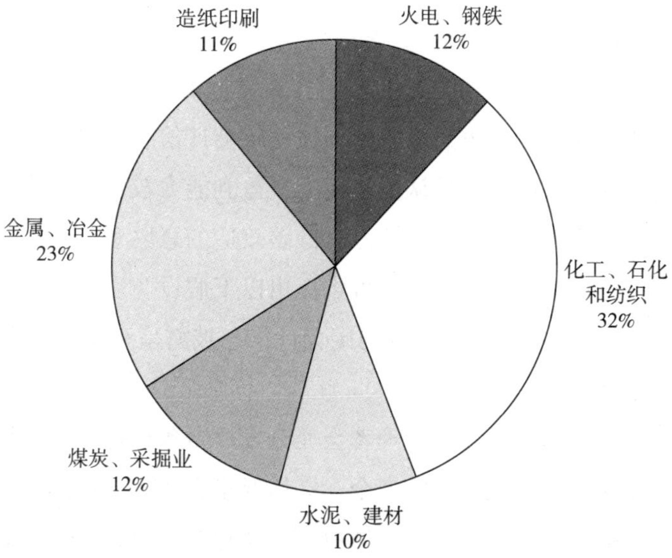

图1　样本企业行业分布比例

四　研究假设

本报告侧重从企业内部寻求影响碳会计信息披露的影响因素，考虑财务和非财务指标的影响，从企业规模、盈利能力、负债程度、发展能力、公司治理结构五个方面进行分析。

1. 企业规模

重污染行业企业规模影响其披露碳会计信息，主要基于以下几点考虑。第一，重污染行业上市公司的规模越大，在企业生产经营活动中消耗的自然资源和排放二氧化碳的量也势必相对更多。因而本报告认为规模越大的重污染企业受到政府和社会公众等的外部舆论压力就越大。第二，规模较大的企业的结构相对复杂，业务量较大，所以公司的外部相关利益者群体较广泛，为吸引投资者投入资本，规模较大的企业会更主动地向外部披露碳会计信息来树立企业良好的形象、提高企业信誉。因此，本报告提出以下假设。

假设1：重污染行业上市企业规模与碳会计信息披露呈正相关关系。

2. 盈利能力

盈利能力越强的企业有能力投入更多的资金治理污染和开展节能减排。同时，盈利能力强的企业更愿意向外部披露碳会计信息，树立良好的企业形象，以获得外部利益相关者的认同。相反，盈利能力较弱的企业可能把主要精力放在改善企业的经营业绩方面，对低碳改造的意愿和能力不强，相对会披露较少的碳会计信息。因此，本报告提出以下假设。

假设2：重污染行业企业盈利与碳会计信息披露呈正相关关系。

3. 负债程度

基于委托代理理论，企业管理者会充分发挥财务杠杆的作用获得更多的负债，而企业债权人关注资金的安全，必然要求企业充分披露会计信息。因此，企业披露资金详细支出的可能性更大，这包括企业投入节能减排和治理污染环境等方面的信息披露。因此，本报告提出以下假设。

假设3：重污染行业上市公司的负债程度与碳会计信息披露呈正相关关系。

4. 发展能力

企业的发展能力指的是企业扩大再生产的能力。在发展低碳经济的背景下，重污染行业是全社会关注的焦点，在节能减排方面取得突破和进展将提高该企业的后续发展能力，而发展能力强的企业向外界充分披露碳会计信息将赢得更多的信赖和支持，产生社会公众对企业发展能力的良好预期，吸引更多的投资者投资。因此，本报告提出以下假设。

假设4：重污染行业企业发展能力与碳会计信息披露呈正相关关系。

5. 公司治理结构

公司治理结构是公司所有权与经营权基于信托责任而形成相互制衡关系的结构性制度安排。完善的治理结构有利于缓解公司管理层和股东之间的利益冲突，也有利于向外部披露可靠的碳会计信息。本报告选取独立董事比例指标体现公司的治理结构。基于委托代理理论，如果企业董事会中的独立董事比例高，可能促使企业向外部披露更多的碳会计信息。本报告提出以下假设。

假设 5：重污染行业企业独立董事比例与碳会计信息披露呈正相关关系。

五 重污染行业上市公司碳会计信息披露影响因素的实证分析

（一）自变量设计

根据上述研究假设，本报告的自变量设计如下。

1. 企业规模（*SIZE*）

本报告选取上市样本公司的总资产来表示企业的规模大小。为了减小企业之间总资产的差距过大产生的影响，本报告选择总资产对数作为研究的数据，并定义企业规模为变量 *SIZE*。

2. 盈利能力（*ROEP*）

净资产收益率能充分体现企业运用资产的收益水平。因此，本报告选取净资产收益率来代表企业盈利能力，并将其定义为变量 *ROEP*。

3. 负债程度（*LEV*）

代表企业负债程度的财务指标有资产负债率和产权比率，二者的经济意义是一样的，所以本报告在研究中选取资产负债率来代表企业负债程度，并定义为 *LEV*。

4. 发展能力（*GROWTH*）

本报告选择上市样本公司的主营业务收入增长率代表企业的发展能力，并将其定义为变量 *GROWTH*。

5. 公司治理结构(*RIND*)

本报告选择独立董事比例来解释公司治理结构，定义为 *RIND*。

（二）因变量设计

本报告借鉴国内外学者对于企业环境信息披露影响因素实证研究方法，

将被解释变量碳会计信息披露指数定义为*CDI*。

根据上文梳理出的相关碳会计信息的披露要求，并结合重污染行业样本企业在年报、社会责任报告、环境报告中披露的碳会计信息，按照定量与定性两个维度得到重污染行业企业披露碳会计信息的要求共16项（见表1）。考虑到企业披露碳会计信息的全面性及衡量企业披露碳会计信息的整体水平，对16项指标均赋予相同的分值（每项1分）。用企业实际披露的条目与全部应披露条目的比值作为*CDI*。即：

$$CDI = 实际披露条目数之和 / 总披露条目数$$

表1　碳会计信息披露条目评分标准

分类	项目描述	分值
描述性信息	①企业面临的相关环保政策、法规	0,1
	②企业响应国家环保政策及相关规定的号召	0,1
	③企业承诺低碳生产，减少碳排放	0,1
	④企业参与节能减排完成情况评价	0,1
	⑤企业的生产经营活动中污染物排放达到国家规定标准	0,1
	⑥企业面临的来自气候问题的风险	0,1
	⑦企业提出在发展低碳经济方面预计达到的目标	0,1
	⑧企业在节能减排方面的计划和战略	0,1
量化信息	①企业发展低碳经济成果突出获得政府奖励或补助	0,1
	②企业参与进行碳排放权交易活动的信息	0,1
	③企业参与清洁发展机制项目	0,1
	④企业在节能减排方面的固定资产的投入	0,1
	⑤企业为发展低碳经济而进行的技术改造及研发成果	0,1
	⑥企业积极参与发展低碳经济而发生的相关费用	0,1
	⑦企业对已取得的减排成果的量化统计	0,1
	⑧企业发展低碳经济获得的效益	0,1

（三）模型构建

借鉴国内外学者对企业环境信息披露水平研究，本报告对样本公司碳会计信息披露水平影响因素进行实证分析。构建模型如下。

$$CDI = a_0 + a_1 SIZE + a_2 ROEP + a_3 LEV + a_4 GROWTH + a_5 RIND + e \quad (1)$$

其中 a_0 是常数，$a_1 \sim a_5$ 是自变量的偏回归系数，e 是干扰因子。

（四）描述性统计分析

1. 因变量描述性统计分析

按照年度划分，对因变量进行描述性统计分析。本报告汇总得到样本公司 2012 ~2013 年的碳会计信息披露情况（见表 2）。从披露均值和最大值来看，碳会计信息披露指数总体呈上升趋势。这说明我国重污染企业的节能减排意识不断提高，向外部披露碳会计信息的意识不断增强，但标准差呈扩大趋势，说明企业间披露水平的差距在加大。

表 2　*CDI* 年度描述性统计分析结果

	样本量	最小值	最大值	均值	标准差
2012 年	188	0.00	0.75	0.3308	0.16434
2013 年	188	0.00	0.81	0.3900	0.18042
合计	376	0.00	0.81	0.3604	0.17486

2. 自变量描述性统计分析

表 3 中列出了多元回归模型中的自变量描述性统计信息，具体包括企业规模（*SIZE*）、公司治理结构（*RIND*）、发展能力（*GROWTH*）、盈利能力（*ROEP*）、负债程度（*LEV*）五个自变量。

表 3　自变量描述性统计分析结果

影响因素	变量	代码	样本量	最小值	最大值	均值	标准差
企业规模	总资产相对数	*SIZE*	188	14.924	26.953	22.357	1.493
公司治理结构	独立董事比例	*RIND*	188	0.00	0.67	0.3671	0.07154
发展能力	主营业务收入增长率	*GROWTH*	188	-62.38	319.49	9.8129	30.762
盈利能力	净资产收益率	*ROEP*	188	-30.79	56.25	6.9070	8.466
负债程度	资产负债率	*LEV*	188	1.40	85.48	44.992	19.609

表3各自变量最大值与最小值之间的差距较大，说明样本数据的多样性和代表性较好，标准差在发展能力和负债程度两因素上较大，说明这两组数据较离散，其均值代表性不强。

（五）相关性分析

为了多元回归分析结果的正确性，本报告先检验自变量之间是否存在显著的相关性。变量相关性系数检验的结果见表4。

表4　Pearson相关性系数检验

	企业规模（*SIZE*）	公司治理结构（*RIND*）	发展能力（*GROWTH*）	盈利能力（*ROEP*）	负债程度（*LEV*）	碳会计信息披露指数（被解释变量）（*CDI*）
企业规模（*SIZE*）	1	0.011	-0.020	0.082	0.450**	0.204**
		0.832	0.701	0.111	0.000	0.000
	376	376	376	376	376	376
公司治理结构（*RIND*）	0.011	1	-0.053	0.036	0.003	0.103*
	0.832		0.309	0.486	0.961	0.046
	376	376	376	376	376	376
发展能力（*GROWTH*）	-0.020	-0.053	1	0.109*	-0.010	0.096
	0.701	0.309		0.034	0.851	0.064
	376	376	376	376	376	376
盈利能力（*ROEP*）	0.082	0.036	0.109*	1	-0.163**	-0.013
	0.111	0.486	0.034		0.002	0.799
	376	376	376	376	376	376
负债程度（*LEV*）	0.450**	0.003	-0.010	-0.163**	1	0.153**
	0.000	0.961	0.851	0.002		0.003
	376	376	376	376	376	376
碳会计信息披露指数（被解释变量）（*CDI*）	0.204**	0.103*	0.096	-0.013	0.153**	1
	0.000	0.046	0.064	0.799	0.003	
	376	376	376	376	376	376

注：**表示在0.01水平（双侧）上显著相关；*表示在0.05水平（双侧）上显著相关。

从表4对各变量之间的相关性进行初步分析发现，对于因变量*CDI*而言，企业规模（*SIZE*）、公司治理结构（*RIND*）和负债程度（*LEV*）与因变量具有显著相关性，而发展能力（*GROWTH*）、盈利能力（*ROEP*）与因变量之间的相关性未通过显著性检验。下面将进一步进行多元回归拟合模型。

（六）多元回归分析

本报告使用 SPSS20.0 软件对样本数据进行处理，采用逐步回归剔除不显著因素，得到最终多元回归模型如下。

$$\hat{CDI} = -0.278 + 0.024SIZE + 0.26_5RIND + 0.01LEV$$
$$(-2.004)(4.088) \quad (2.117) \quad (2.093) \tag{2}$$
$$R^2 = 0.063, R_a^2 = 0.055, F = 8.331, DW = 1.765$$

以上回归结果显示，该模型 R_a^2 值为 0.055，F 值为 8.331，F 值显著性为 0.000，显著性水平小于 0.01，说明模型在 0.01 置信水平下通过 F 检验。从回归结果看，公司规模（*SIZE*）、负债程度（LEV）和公司治理结构（*RIND*）三个影响因素所对应的 t 值通过了显著性检验。DW 值位于［du，4 - du］，表明残差序列不存在自相关性。在多重共线性检验中，所有自变量的方差扩大因子均小于 2，表明该模型各影响因素不存在多重共线性。回归结果具有稳健性。

观察式（2），模型的三个影响因素与碳会计披露指数之间存在正相关关系，但不同因素的影响程度不一，公司治理结构（*RIND*）对碳会计披露指数的影响最大，而负债程度（LEV）的影响最小。

六　结论与建议

（1）基于上文对我国重污染行业上市公司碳会计信息披露影响因素的实证分析，企业规模（*SIZE*）、负债程度（LEV）和公司治理结构（RIND）影响重污染企业披露碳会计信息，且公司治理结构的影响最大。

（2）发展能力和盈利能力不会驱动重污染企业披露碳会计信息。一方面可以在一定程度上说明重污染企业举债进行低碳改造的需求很小，同时该支出可能在企业支出中所占比例较小，债权人对该支出的相关信息关注程度不高，导致信息提供者——重污染企业提供相关信息的动力不足；另一方面，从样本数据看，盈利能力与社会责任履行目前不存在正相关关系，重污染企业对于环境效益关注度较小，表明社会公众对碳会计信息不敏感，未形成对重污染企业披露信息的压力。

基于上述研究结论，笔者认为，提高重污染企业碳会计信息披露水平是我国发展低碳经济的必然要求，还有很长的路要走。从制度建设方面看，首先要尽早出台碳会计信息披露标准，特别是在会计准则中对相关信息披露进行规范，其次依据相关法规和准则加强外部对碳会计信息披露的监管，例如通过碳会计审计迫使重污染企业披露碳会计信息，最终实现从强制性披露到自愿性披露的过渡。从政策层面看，国家应加大对小规模、发展能力较弱的重污染企业对相关信息披露的引导和监督，并在国家相关财政和金融政策上加大倾斜力度，培育重污染行业企业清洁发展的能力，引导企业实施低碳改造，履行社会责任，提高碳会计信息披露水平，接受公众监督。从企业层面看，进一步构建合理的董事会结构，不断完善公司治理结构，走集约化经营的道路，提高自身发展的竞争力，同时，加强内部控制审计，提高碳会计信息披露水平。

参考文献

[1] Eng L. L., Mark Y. T., "Corporate Governance and Voluntary Disclosure," *Journal of Accounting and Public Policy* 22 (2003).

[2] Peters G. and Romi A., "Does the Voluntary Adoption of Corporate Governance Mechanisms Improve Environmental Risk Disclosures? Evidence from Greenhouse Gas Emission Accounting," *Journal of Business Ethics* 11 (2013).

[3] Stanny E., "Voluntary Disclosures of Emissions by US Firms," *SSRN* 22 (2010).

[4] Reid E. and M. Toffel, "Responding to Public and Private Politics Corporate Disclosure of Climate Change Strategies," *Strategic Management Journal* 30 (2009).

[5] Chen J. P., Charles Jaggi B. L., "The Association between Independent Nonexecutive

Directors Family Control and Financial Disclosures," *Journal of Accounting and Public Policy* 12 (2000).

[5] 郑春美、向淳：《我国上市公司环境信息披露影响因素研究——基于沪市 170 家上市公司的实证研究》，《科技进步与对策》2013 年第 6 期。

[6] 陈琦、何素帆、苟建华：《企业碳会计信息披露影响因素研究——以浙江 52 家上市公司为例》，《生物技术世界》2013 年第 7 期。

[7] 阳静、张彦：《上市公司环境信息披露影响因素实证研究》，《会计之友》2008 年第 11 期。

[8] 付浩玥、王军会：《上市公司环境信息披露的影响因素研究》，《会计之友》2014 年第 29 期。

[9] 熊婷、程博：《环境信息披露影响因素分析——来自我国钢铁类上市公司的经验数据》，《财会通讯》2013 年第 7 期。

[10] 刘洋、赵伟：《企业环境会计信息披露影响因素研究》，《山东农业大学学报》2012 年第 4 期。

[11] 张俊瑞、郭慧婷：《企业环境会计信息披露影响因素研究——来自中国化工类上市公司的经验数据》，《统计应用研究》2008 年第 5 期。

[12] 简丽霞：《我国上市公司碳会计信息披露影响因素实证分析》，硕士学位论文，北京交通大学，2012。

B.7

天津碳交易试点的经济环境影响评估研究

——基于中国多区域一般均衡模型 $TermCO_2$

刘 宇 温丹辉 王 毅 孙振清*

摘 要： 在7省市碳交易试点中，天津市对能源和资源的依赖程度较高，其产业结构和碳排放来源均以工业部门为主，具有很强的代表性和影响力。为此，本报告严格依据天津市碳交易试点制度要素设置情景，模拟其对全市的经济环境影响，并深入分析行业以及行业之间的相互影响。结果显示：2014年天津市碳交易试点推动碳排放下降0.63%（103万吨二氧化碳），均衡碳价格为14.2元/吨；全市GDP轻微下滑0.04%（6.2亿元），GDP对碳减排量的弹性系数为0.07，平均GDP损失为599元/吨；42个行业中有40个行业受负面影响，平均影响为-0.068%。因此，总体而言，天津市碳交易试点的减排效果较为明显，而且负面经济影响有限。

关键词： 天津市 碳交易试点 CGE模型 经济环境影响

---

* 刘宇，博士，中国科学院科技政策与管理科学研究所副研究员；温丹辉，天津科技大学经济管理学院博士；王毅，中国科学院科技政策与管理科学研究所所长，研究员；孙振清，天津科技大学经济管理学院博士。

基金项目：国家自然科学基金面上项目“区域碳交易试点的运行机制及其经济影响研究——基于 $TermCO_2$ 模型”（编号：71473242）；国家重点基础研究发展计划973项目“气候变化对社会经济系统的影响与适应策略”（编号：2012CB955700）；中国科学院战略性先导科技专项“应对气候变化的碳收支认证及相关问题”（编号：XDA05140300）。

气候变化是当今人类社会面临的共同挑战，我国始终以积极的态度应对气候变化，努力控制温室气体排放，提高适应气候变化的能力。2009年，中国承诺到2020年单位GDP碳排放比2005年下降40%～45%。2011年，为推动运用市场机制以较低成本实现上述目标，我国宣布开展7省市碳排放权交易试点。2013～2014年，7省市碳交易试点相继启动，覆盖温室气体排放量约为12亿吨，成为继欧盟排放交易体系（EU－ETS）之后的第二大碳交易市场。2015年，我国发布《强化应对气候变化行动——中国国家自主贡献》，提出二氧化碳排放2030年左右达到峰值并争取尽早达峰、单位GDP碳排放比2005年下降60%～65%的自主行动目标。为实现上述目标，我国已着手准备逐步建立全国碳排放权交易市场，预计将于2016～2020年进入运行完善阶段。为此，现阶段有必要对碳交易试点进行定量评估，尤其是经济环境影响的评估，这将为全国碳市场的建立提供科学决策依据。

天津市是全国重要的工业城市，也是中国当前经济增长方式的代表城市之一。在过去较长时期，在快速工业化背景下，天津市经济高速发展，但对能源和资源的依赖程度也较高，其产业结构和碳排放来源均以工业部门为主。当前，天津市正处于产业转型的关键时期，2015年，天津市第三产业总产值首次追平第二产业，成为第一大经济部门，工业占国民生产总值的比重下降到50%以下，为49.4%；第三产业上升到49.3%，与第二产业持平，如何突破环境约束，实现区域跨越式发展，是摆在城市管理者面前的一个重要问题。碳约束是目前天津市面临的最重要的环境约束之一，2013年12月26日，天津市碳市场正式启动，天津市成为中国7个碳排放权交易试点之一。因此，天津市碳交易试点的经济环境影响评估，不仅有助于自身总结经验教训，而且对建立全国碳排放权交易市场具有重要启示。基于此，本报告将建立中国多区域一般均衡模型 $TermCO_2$，严格按照天津市交易试点的各项制度要素设置情景，模拟其2014年的经济环境影响。

一　文献综述

由于碳排放与经济活动密切相关，开展碳排放权交易将会影响社会经济的方方面面。因此，对于碳排放权交易的定量评估，大多数文献都采用了可计算一般均衡（Computable General Equilibrium，CGE）模型，以便能够反映全社会经济活动与所有要素的投入－产出关系。按照研究的侧重点，这些研究碳排放权交易经济环境影响的文献大致可以分为三类：比较碳排放权交易、碳税等措施，评估碳排放权交易不同机制影响，预测碳排放权交易的经济影响及减排效果。

对不同碳税税率情景下减排效果和经济影响的研究，是CGE模型评价节能减排政策的开端，并不断出现了新的研究成果。在研究碳税模型的基础上，大量文献利用CGE模型评估碳排放权交易，并对这两种政策的经济环境影响进行比较。Abrell（2010）研究欧盟交通减排政策时发现，将交通行业纳入EU－ETS比碳税效果更好；汪鹏等（2013）比较了可再生能源政策、碳排放权交易和碳税三种政策，结果显示减排效果和经济影响各有优劣；石敏俊等（2013）研究结果显示，应将碳税和碳排放权交易两种政策相结合，既可以确保实现减排目标，又可以降低碳排放权交易覆盖行业的减排压力。部分学者则强调碳排放权交易的成本节约效应，Böhringer和Welsch（2004）通过全球动态CGE模型发现，碳交易可以使长期减排成本减少50%以上；Fujimori等（2015）也发现建立碳交易将使减排的全球福利净损失从0.7%～1.9%下降到0.1%～0.5%。此外，吴力波等（2014）模拟了我国各省市的边际减排成本曲线，并通过曲线的动态特征说明碳排放权交易更适用于现阶段，但随着减排力度加强需要考虑引入碳税。

利用CGE模型评估碳排放权交易不同机制设计的效果也是研究的焦点。配额分配是碳排放权交易的关键机制，Böhringer和Lange（2005）模拟了EU－ETS分配方案的影响，结果表明不可能在免费分配、企业无国别歧视的情况下保证经济效率，为此建议放宽免费分配的要求；袁永娜等（2012）模拟了行业强度标准和区域发展水平标准两种分配方式，前者可能加剧区域经济不平衡，后者则对高排放行业冲击较大。碳市场之间的链接也颇受关注，Babiker 等（2004）研究认为，国际碳交易链接并非总有益，整个国家的福利可能下降，其原因类似于国际贸易的贫困化增长；Lokhov 和 Welsch（2008）评估了欧盟和俄罗斯建立碳市场链接的影响，结果显示欧盟减排成本下降，俄罗斯 GDP 和福利显著增长；刘宇等（2013）和崔连标等（2013）关注国内碳市场，前者发现广东和湖北两省碳交易试点链接可以有效降低碳减排成本，后者发现 7 省市试点链接和全国范围链接分别可以节约成本 4.5% 和 23.67%。还有学者关注碳价格，孙睿等（2014）分析了不同碳价格对经济产出、能源消费和碳减排的影响，并提出合理的碳价格区间；Tang 等（2015）模拟中国碳市场发现，二级市场价格在 40 元左右时能达到较好的减排效果。

随着世界范围内碳排放权交易体系方案的提出和建立，大量文献预测和评估了这些碳排放权交易对该地区或国家的影响。EU - ETS 是最大也是最具影响力的碳市场，相关影响评估的文献层出不穷。Klepper 和 Peterson（2004）模拟 EU - ETS 的经济影响发现，相比 BAU 情景产出下降 0.3%；随后 Peterson（2006）发现，EU - ETS 不仅会直接影响覆盖行业的成本结构和竞争力，而且会通过能源需求和价格变动产生间接影响；COWI（2004）也发现 EU - ETS 将会导致产出下降约 0.36%，但 JI 和清洁发展机制（CDM）项目有助于缓解负面影响。还有许多文献专注于国别影响，Edwards、Graichen 和 Loisel 等聚焦于英国、德国、罗马尼亚等欧盟成员国；美国、日本等虽暂未建立全国性碳市场，但 Richard、Allen 和 Sugino 等也对提议方案的影响进行了模拟。而在我国启动 7 省市碳交易试点后，学者对碳交易试点的影响评估也已陆续出现。周晟吕（2015）模拟了五种碳排放权交易情景对上海市的影响，若劳动力能及时转移则 GDP 的整体影响为正，反之上海市 2020 年 GDP 损失为 1.5% ~2.4%。汪鹏等（2014）、任松彦等（2015）和 Cheng 等（2015）研究了不同情景下广东碳交易试点的影响，前两者发现虽然减排会导致 GDP 损失，但碳交易试点可以减少损失、降低减排成本；而 Cheng 等（2015）还发现碳交易试点不仅能减少碳排放，还能推动 SO_2 和 NO_x 的减排。

上述文献利用 CGE 模型从不同角度分析了碳排放权交易的影响，但是这些研究也存在着一些不足：首先，假设情景的设置大多依据主观判断，与实际制度安排存在一定差距，因此难以准确衡量碳排放权交易的影响；其次，部分文献中行业覆盖范围并不明确，这容易高估碳排放权交易的经济环境影响；最后，多数文献未将配额的束紧程度细分到行业，这既会导致影响评估不够准确，也不便于分析行业间的相互影响。鉴于此，本报告严格按照天津市碳交易试点的相关规定设置模拟情景，不仅明确了行业覆盖范围的比例，而且将配额的束紧程度细分到行业，以此获得更准确的经济环境影响评估，并深入分析行业及其之间的影响。

二　模型方法

（一）模型简介

本报告基于澳大利亚莫纳什大学 Cops（Centre of Policy Studies）中心的 TERM（The Enormous Regional Model）模型①，开发了中国多区域一般均衡模型（$TermCO_2$）。该模型是自下而上（Bottom-Up）结构的多区域一般均衡模型，它将我国每个省级行政单位都当成一个单独的经济体，然后通过相互间的贸易、投资和劳动力流动将区域间的经济活动有机地连接起来。与其他 Bottom-Up 结构的区域间模型不同的是，该模型允许区域间转口现象的存在。

① 标准 TERM 模型是由澳大利亚莫纳什大学 Cops 中心的 Mark Horridge 教授和 Glyn Wittwer 教授共同开发和研制的区域间 CGE 模型。与 MMRF（Monash Multi Regional Forecasting）模型相比，TERM 模型数据库构建更加方便，而且求解速度更快，所以在世界很多地区都得到广泛应用。目前，TERM 模型已经开发出了不同国别的版本，其中包括巴西、芬兰、中国、印度尼西亚、南非、波兰和日本。

也就是说，一个省份的直接进口并不意味着在这个省份最终使用，也可能再出口到其他省份；同样，一个省份的出口也不一定来自本省的生产，也有可能来自其他省份。而与通常的自上而下（Top-Down）结构的区域模型相比，该模型的优势在于不仅能分析区域需求侧的冲击，还能模拟区域供给侧的冲击。

为评估天津市碳交易试点的经济环境影响，本报告对 $TermCO_2$ 模型还做了进一步的改进，主要集中在以下两点。第一，更新模型数据库。原始模型采用 2002 年分省投入－产出表，但是随着经济的发展和产业结构的变化，这样的数据显然不能满足现实研究工作的需要。因此，我们利用国家统计局最近出版的 2007 年分省的投入－产出表对所有核心数据库进行了全面系统的更新。第二，加入碳排放权交易模块。一般的能源环境模型通常只是加入能源产品之间的替代品和碳排放账户，所以只能模拟碳税或排放量变化的影响。与这些模型不同，本报告的模型还加入了碳排放权交易模块，可以用来分析碳交易市场的影响。

（二）碳排放权交易模块

在 $TermCO_2$ 模型中，碳排放来自各种化石能源的燃烧，行业排放量（E）通过化石能源消费量（X）、排放系数（α）及氧化率（O）计算获得，即 $E_i = X_{ni} \times \alpha_{ni} \times O_{ni}$，其中 i 表示第 i 行业，n 表示第 n 种能源。碳排放引起的成本被加总到能源成本中，也就是说，行业 i 的能源投入（C）不仅包括能源购入成本 $X_{ni} \times Pe_n$，还包括相应碳排放产生的成本 $E_i \times P$，即：

$$C_i = X_{ni} \times Pe_n + E_i \times P \tag{1}$$

为应对碳排放引起的能源成本上升，$TermCO_2$ 模型假设短期内存在三种减排机制：能源替代，将单位热值碳排放量较高的能源替换成其他清洁能源，如将煤替换成天然气；要素替代，通过资本、劳动力和能源的相互替代，采用总成本更低的要素投入组合；减少产出，生产成本上升引起消费减少、利润下降，间接导致产出减少。在上述假设基础上，CGE 模型可以模拟出整个经济体或某个部门的边际减排成本曲线（MAC），并获得碳税下的减排量或碳排放权交易下的均衡碳价，由此可进一步评估经济环境影响。

CGE 模拟 MAC 曲线可从碳税和碳排放权交易两个角度来理解。若通过外生引入一定水平的碳税（T），CGE 模型便可以内生出受冲击后的碳排放水平（E）。如图 1（a）所示，如此模拟一组碳税，便可获得相应一组碳排放量，进而可得到碳排放的 MAC 曲线。相反的过程便可模拟碳排放权交易的影响，TermCO$_2$ 模型通过引入碳排放量控制上限（Q），便可以获得配额的影子价格（P），该影子价格与碳排放量等于控制上限时的碳税水平，也就是给定地区给定时间段内碳排放总量限制所导致的配额价格。如图 1（b）所示，模拟一组碳排放总量控制上限也可以获得碳排放 MAC 曲线，总量限制越严格边际减排成本越高，相应的配额价格也越高。

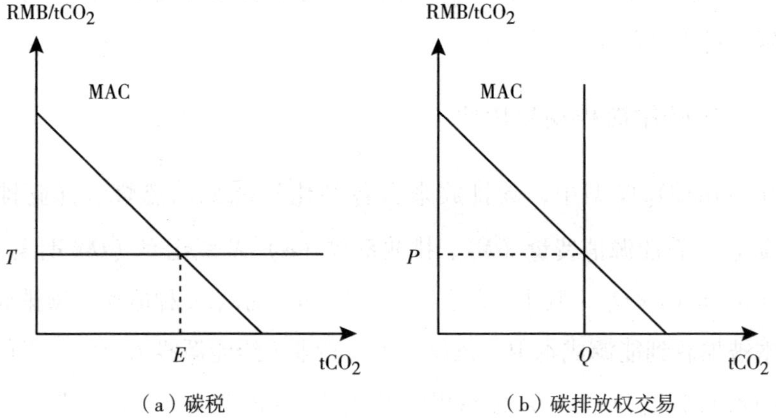

图 1　CGE 模拟 MAC 曲线

碳排放权交易一般覆盖多个行业，不同行业面临的配额束紧程度大多存在差别。而且，不同行业由于碳排放结构、减排潜力不同，其 MAC 曲线也不一样。因此，在不考虑配额交易的情况下，不同行业的边际减排成本也不一致。如图 2 所示，假设存在行业 1 和行业 2，分别获得配额 Q_1 和 Q_2，TermCO$_2$ 模型可以模拟出两个行业的 MAC 曲线，在不存在配额交易时，行

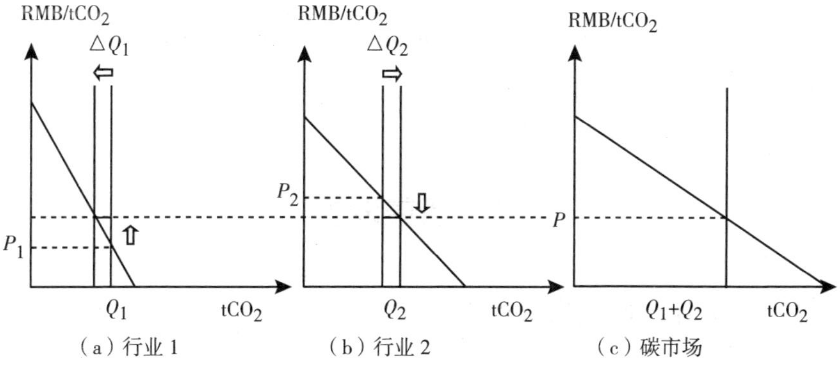

图 2　碳交易机制

业 1 和行业 2 的边际减排成本分别为 P_1 和 P_2。当允许配额交易时，行业 1 与行业 2 存在配额交易（ΔQ），直到配额价格 P 与各自的边际减排成本相等。此时，TermCO$_2$ 模型可以模拟碳排放权交易对不同行业的冲击，并考虑行业相互之间的影响，从而获得所有覆盖行业合成的 MAC 曲线。[①] 而碳排放权交易中均衡碳价的求解，便可以表达为如下优化问题：

$$\min \sum i\ C_i = \sum i\ (\sum n X_{ni} \times Pe_n + E_i \times P)$$
$$\text{s.t.} \sum i\ Q_i = \sum i\ E_i \qquad (2)$$

这样 TermCO$_2$ 模型便可内生出均衡价格 P，使得碳市场出清，如图 2，行业 1 出售配额 ΔQ_1，行业 2 购买配额 ΔQ_2，且 $\Delta Q_1 = \Delta Q_2$。在此基础上，模型便可以模拟出碳排放成本对宏观经济、碳排放量以及行业产出等的影响。

（三）数据及软件说明

本报告资料源于国家统计局 2007 年中国 30 个省份 42 个部门的投入 - 产出表和中国海关公布的分省贸易和关税数据。本报告采用的模拟软件是 Cops 中心开发的 Gempack（General Equilibrium Modelling PACKage），该软件

① 由于考虑了行业相互之间的影响，合成的 MAC 曲线并非不同行业 MAC 曲线的简单相加。

的优点是直接求解线性方程组，这样可以运行非常庞大的系统，且求解时模型方程系统非常稳定。因此，对于涉及多区域多部门的复杂模型而言，Gempack 有着一般软件无法比拟的优势。

三　情景设置

（一）天津市碳交易试点简介

2013 年底至 2014 年初，天津市人民政府先后公布《天津市碳排放权管理和交易暂行办法》、《天津市碳排放权交易试点工作实施方案》。其关键制度要素归结如下。

（1）覆盖范围：将天津市钢铁、化工、电力、热力、石化、油气开采等重点排放行业和民用建筑领域中 2009 年以来排放二氧化碳 2 万吨以上的企业或单位纳入试点初期市场范围，共计企业 114 家，覆盖 2011 年全市碳排放企业总数的 50% 以上。

（2）控排系数：主要依据历史法确定控排系数。根据天津市经济发展、产业结构调整和减排政策要求，确定 2014 年各行业控排系数：钢铁、化工行业控排系数为 0.98，石化、油气开采行业的控排系数为 0.99。

（3）配额发放：2014 年配额分两次发放。第一次配额发放时间为 2014 年 8 月，主管部门通过登记注册系统向纳入企业免费发放 2014 年度应发配额总量的 80%。第二次配额发放时间为 2014 年纳入企业碳排放核查结束后，配额发放量为剩余的 20%。

（二）政策冲击设定

本报告模拟 2014 年天津市碳交易试点的经济环境影响，使结果更准确而力图与相关制度设计保持一致。为此，本报告按照以下步骤设定政策冲击。

（1）计算覆盖企业的行业占比（a）。114 家企业分布在 5 个行业，若假定5个行业100%纳入减排显然会高估影响，因此需明确覆盖企业的行业占比。由于 $TermCO_2$ 模型主要基于能源成本变动模拟碳排放权交易的影响，因此，本报告以二氧化碳排放占比来确定覆盖企业的行业占比（结果见表1）。

（2）确定覆盖企业配额的束紧程度（b）。在天津市碳交易试点中，政府预留和新增预留配额仅在特定条件下发放，事后调整机制的触发条件也非常苛刻，因此覆盖企业真正面临的配额约束是初始配额量。由于电力、热力企业的特殊性，目前暂时没有配额的限制，政府给予其100%的免费配额，而其他行业都有1%或2%的配额限制。

（3）计算覆盖行业配额的缩减比例（c）。10个覆盖行业配额的缩减比例即是天津市碳交易试点的政策冲击，可以根据前两者的值计算获得，具体计算公式为 $c = a \times (1 - b)$，结果见表1。

表1 覆盖企业的行业占比及配额束紧程度

单位：%

覆盖行业	覆盖企业在行业中占比(a)	覆盖企业配额束紧程度(b)	覆盖行业配额缩减比例(c)
石油和天然气开采	100	99	1.00
石油加工、炼焦及核燃料加工	93.9	99	0.94
化学工业	42	98	0.84
金属冶炼及压延加工	94.6	98	1.89
电力、热力的生产和供应业	90.2	100	0.00

（三）模型其他假设

宏观闭合条件的选择是模型设置的关键，因为即便同样一个冲击，在不同的闭合条件下也会产生不同的影响。本报告评估天津市碳交易试点主要考虑短期内的经济环境影响，因此，采用短期闭合条件更为合适。$TermCO_2$ 模型短期闭合条件包括：区域的行业资本存量保持不变、实际工资保持黏性（Sticky Wage）；同时，区域的资本回报率和劳动力存在变化，行业投资水平取决于行业资本回报率。一般而言，上述假设可以准确捕获到碳排放权交易导致的短期经济环境影响。

根据碳排放权交易理论，初始配额分配不会影响市场均衡结果，但会产生收入分配效应，因此，配额收入的归属也是一个重要的问题。在天津市碳交易试点中，初始配额采用免费分配的方式，即政府部门放弃了配额收入，因此模型假设配额收入归属覆盖企业的所有者，即居民部门。此外，还有两项关于消费需求的假设：①关于区域消费，模型假设区域总消费取决于区域劳动者报酬，且消费倾向保持不变；②关于区域政府需求，由于政府支出通常需要提前规划，短期冲击很难影响其预算支出，因此，模型假设政府支出短期内固定不变。

四 结果分析

（一）经济环境影响

本报告运用 $TermCO_2$ 模型对 2014 年天津市碳交易试点的经济环境影响进行了模拟分析（见表 2）。按照覆盖企业配额约束的设置，2014 年天津市碳排放量下降了 0.62%，约合 103 万吨二氧化碳。此时，模型显示均衡碳价格为 14.2 元/吨，即在完成上述减排目标时的边际减排成本为 14.2 元。结果还显示，天津市的经济确实会在一定程度上受到冲击，不过 GDP 下降幅度较小，仅为 0.04%，约合 6.2 亿元。GDP 下降的原因是配额约束导致被覆盖行业生产下降，而覆盖行业都是资本密集型，短期资本存量无法迅速调整，所以，下降的产出直接减少了劳动力就业（-0.09%），从而对 GDP 造成一定程度的负面影响。根据以上数据计算可知，在当前天津市碳交易市场制度下，GDP 对二氧化碳减排量的弹性系数为 0.07，即减排量下降 1% 会引起 GDP 下降 0.07%；从绝对值的角度，平均 GDP 损失为 599 元/吨，即平均每减少 1 吨碳排放会造成天津市 GDP 损失 599 元。

表 2 2014 年天津碳市场试点的宏观经济和排放的影响

	2014 年宏观变化(%)	2013 年宏观数据	2014 年宏观变化
碳排放	-0.62	16703(万吨)	103(万吨)
GDP	-0.04	14442(亿元)	-6.2(亿元)
就业	-0.09	847(万人)	-0.76(万人)
消费	0.22	5635(亿元)	12.4(亿元)
投资	-0.15	11047(亿元)	-15.6(亿元)
资本回报率	-0.25	—	—
CPI	0.05	—	—
外国出口	-0.02	490(亿美元)	-0.15(亿美元)
国内流出	-0.08		—
外国进口	-0.03	795(亿美元)	-0.64(亿美元)
国内流入	-0.04	—	—
出口价格	0.01	—	—

资料来源：宏观变化百分比来自 $TermCO_2$ 模型模拟，2013 年天津市二氧化碳排放数据根据《中国能源统计年鉴 2014》计算获得，其余的 2013 年经济数据来自《2014 天津市统计年鉴》。

从表 2 可知，天津市碳市场试点导致 2014 年全市就业下降 0.09%，波及约 0.76 万人。就业下降会降低居民收入，进而导致居民消费下降，但模型显示天津市居民消费上涨了 0.22%（12.4 亿元）。这是因为天津市在碳市场试点中初始配额免费分配给企业，而实际上这部分配额在交易市场中是具有价值的，免费分配相当于政府直接补贴了企业所有者，从而直接刺激居民消费支出扩张，这部分可以看成碳排放权交易的收入分配效应。结果还显示，2014 年天津市投资下降 0.15%（-15.6 亿元），其原因在于短期内资本存量保持不变，就业下降导致资本相比劳动力更加充裕，资本回报率下降 0.25%，投资需求减少。

从物价水平看，天津市碳市场推高了 2014 年物价水平，CPI 上涨 0.05%。其中，房地产价格上涨贡献了 CPI 上涨的 90%，数据库显示，房地产是天津市居民消费中占比最大的一项支出（15%），而且，居民消费需求扩张导致住房需求增加，但是房地产部门的供给弹性比较小（高度的资本密集型行业，资本在增加值中的份额达到87%），因此，扩张的需求增加刺激了住房价格，从而导致其对CPI的贡献最大。另外，电力和教育分别贡献了4.4%和2.9%，这两个行业同时受消费份额和价格上涨两方面的影响。因为电力行业是被覆盖减排的行业，配额约束增加了能源成本，价格的上涨进而推高了产品价格（成本推动型）；而教育是因为居民消费需求增加拉动其产出扩张，拉高了行业的产出价格（需求拉动型），同时，教育在居民消费中占有较高的消费份额。总的来说，房地产、电力和教育三个行业贡献了CPI上涨的97.3%。

从天津市贸易看，无论是国际贸易还是国内贸易都表现为一定程度的收缩，但两者的具体表现存在差异。国际贸易方面，对外国出口下降0.02%（－0.15亿美元），从外国进口下降0.03%（－0.64亿美元），出口降幅小于进口的降幅；而国内贸易正好相反，对国内其他省份流出下降0.08%，而从国内其他省份流入仅下降0.04%，流出降幅大于流入降幅。外国出口和国内流出下降都是因为天津市整体出口价格上涨（0.01%），而外国进口和国内流入的下滑则是因为GDP下降和投资需求的收缩。同时，国际贸易比国内贸易的降幅更大是因为国内省际竞争比国际贸易竞争更为激烈。

（二）行业影响

天津市碳试点对行业产出和价格影响见表3，结果显示几乎所有的行业产出都受到微弱的负面影响，行业产出变化幅度为－0.5%～0.5%（除了电力行业）。具体而言，在42个行业中有40个行业受负面冲击（平均影响为－0.068%）。其中，负面影响最大的前五个行业分别为电力（－0.98%）、金属冶炼及压延加工业（－0.31%）、化学工业（－0.26%）、煤炭开采业（－0.10%）和农业（－0.10%），其中，电力、金属冶炼及压延加工业和化学工业均为碳交易体系覆盖行业，而煤炭开采业和农业为非覆盖行业。而房地产业是受益行业，其产出扩张为0.024%。

表 3　天津市碳市场行业产出和价格的影响

单位：%

行业名称	产出	价格	行业名称	产出	价格
电力行业	-0.98	0.21	非金属矿物制品业	-0.03	0.00
金属冶炼及压延加工业	-0.31	0.07	石油和天然气开采业	-0.03	0.00
化学工业	-0.26	0.06	仪器仪表机械制造业	-0.03	0.00
煤炭开采业	-0.10	-0.08	工艺品及其他制造业	-0.02	0.01
农业	-0.10	0.02	造纸印刷制造业	-0.02	0.00
建筑业	-0.09	-0.01	纺织业	-0.02	0.00
公共管理和社会组织	-0.07	0.02	卫生和社会保障业	-0.02	0.02
邮政业	-0.07	0.01	水利和公共设施管理业	-0.02	0.01
石油加工和炼焦业	-0.06	-0.02	燃气生产和供应业	-0.02	-0.01
金属制品业	-0.05	0.00	租赁和商务服务业	-0.02	0.00
通用专用设备制造业	-0.04	0.00	通信设备制造业	-0.02	0.01
批发零售业	-0.04	-0.06	纺织服装及其制品业	-0.02	0.01
研究与试验发展业	-0.04	0.00	居民服务和其他服务业	-0.01	0.01
水的生产和供应业	-0.04	0.00	金融业	-0.01	0.00
综合技术服务业	-0.04	0.00	信息传输计算机软件业	-0.01	0.00
交通运输设备制造业	-0.04	0.00	交通运输及仓储业	-0.01	-0.01
电气机械及器材制造业	-0.04	0.00	食品制造及烟草加工业	-0.01	0.01
非金属矿采选业	-0.04	0.00	住宿和餐饮业	-0.01	0.01
文化、体育和娱乐业	-0.03	0.00	教育	-0.01	0.03
木材加工及家具制造业	-0.03	0.00	废品废料	0.00	-0.03
金属矿采选业	-0.03	0.00	房地产业	0.02	0.30

注：由于本报告保留了2位小数，所以，显示上很多数据在第二位小数是一样的，但是实际的数据都是不一样。

资料来源：TermCO_2 模型模拟。

虽然这些行业的产出变动幅度有限，但导致其产出变化的原因大不相同，大致可以分为以下四种。

（1）配额约束的直接冲击（直接效应）。这类主要是碳试点覆盖的行业，如电力行业、金属冶炼及压延加工业、化学工业、石油加工和炼焦业以及石油和天然气开采业五个行业。这些行业由于配额约束引起成本上涨，电力行业、金属冶炼及压延加工业、化学工业以及石油和天然气开采业的价格分别上涨0.21%、0.07%、0.06%和0.002%，成本和价格上升最终导致产出下降。其中，一个例外是石油加工和炼焦业的价格没有上升，反而下降了0.02%。这是因为该部门的最重要的中间投入品煤炭的价格大幅下降，而煤炭的价格下降是因为下游的电力行业和金属冶炼及压延加工业产出下降直接减少了对煤炭的需求。总的来看，煤炭中间投入价格下降效应超过了直接的配额成本约束效应，所以，石油加工和炼焦业的价格出现小幅下降。

（2）宏观经济需求变动的影响（收入效应）。这主要是指宏观需求变化对与宏观需求密切相关的行业产出的影响。如建筑业，因为建筑业主要用作投资品，所以区域总体投资下降的同时也减少了对建筑业的需求。同样，房地产业主要是用来满足居民消费需求，所以，总消费扩张的同时也刺激了住房消费。还有一些其他居民消费品虽然产出下降，但是总消费需求的扩张使得这些行业降幅减小。这些行业包括：水的生产和供应业、卫生和社会保障业、水利和公共设施管理业、燃气生产和供应业、居民服务和其他服务业、金融业、食品制造及烟草加工业、住宿和餐饮业、教育等。对于公共管理和社会组织及卫生和社会保障业而言，区域相对价格发生变化，从而导致天津市政府支出需求的区域结构发生变化。

（3）行业上下游之间的关联影响（联动效应）。行业间的关联影响是指由于行业的下游行业产出下降从而减少了对上游行业的需求所带来的影响。总的来说，大部分行业产出下降都是上述五个直接受冲击的行业需求下降所致。如煤炭开采业产出下降主要是由于下游的电力行业和金属冶炼及压延加工业产出下降，石油加工和炼焦业产出下降是由于电力行业、化工行业和金属冶炼及压延加工业的产出下降，金属制品业产出下降是由于下游的金属冶炼及压延加工业和建筑业需求下降，通用专用设备制造业产出下降是由于金属冶炼及压延加工业产出和投资下降，研究与试验发展业产出下降是由于金属冶炼及压延加工业和化工行业的产出下降，水的生产和供应业产出下降是由于金属冶炼及压延加工业和化工行业及电力行业的产出下降。

此外，还有一类行业属于流通行业，比如交通运输设备制造业和批发零售业，这些行业主要在国际或区域间进行贸易流动，正如前文所述，无论是国际还是国内贸易的产出都出现不同程度的下降，所以这两个行业产出也下降。一个例外是金融业，虽然该行业也属于流通行业，但该行业产出下降并不是由于贸易下降，而是由于下游行业金属冶炼及压延加工业和电力行业产出下降。

（4）其他省份同类行业的替代（替代效应）。该效应是指天津市的一些行业的流出比例很大，大部分满足外省需求（外向型行业），碳试点的实施导致天津市产品的竞争力下降，从而天津市受其他省份相同行业的替代影响。这类行业包括：金属冶炼及压延加工业、化学工业、农业、电力行业、金属矿采选业、纺织服装及其制品业、食品制造及烟草加工业、工艺品及其他制造业、木材加工及家具制造业等。模型数据库显示，这些行业国内流出部分占行业总产出的份额均超过40%。碳市场的实施导致这些产品出现不同程度的价格上涨（见表3），所以，其他省份同类行业产品的竞争力增强，从而替代了天津市的产品。

五　结论

本报告建立了中国多区域一般均衡模型 TermCO_2，并严格按照天津市交易试点现行的制度要素设置情景，模拟其对天津市的经济和环境影响。主要结论如下。

第一，天津市碳交易试点使 2014 年全市碳排放量减少 0.63%，约合 103 万吨二氧化碳，均衡碳价格为 14.2 元/吨。同时，GDP 约下降 0.04%，约合 6.2 亿元，这意味着 GDP 对碳减排量的弹性为 0.07，平均 GDP 损失为 599 元/吨。

第二，2014 年天津市就业和投资分别下降 0.09% 和 0.15%，不过由于配额免费分配引起的收入分配效应，天津市居民消费上涨 0.22%。物价水平也出现上升，CPI 轻微上涨约 0.05%。此外，天津市对外国出口下降 0.02%，从外国进口下降 0.03%；而对国内其他省份流出下降 0.08%，从国内其他省份流入下降 0.04%。

第三，行业产出受负面冲击，但是影响幅度相对较小，行业产出变化幅度为 -0.5% ~0.5%（除了电力行业）。42 个行业中有 40 个行业受到负面冲击，简单平均影响为 -0.068%；还有 1 个行业（房地产行业）受益，影响幅度为 0.024%。不同行业产出变化的原因差异较大，主要原因包括直接效应、收入效应、联动效应和替代效应。

因此，总体而言，天津市碳交易试点的减排效果明显，而负面经济影响相对有限，可见碳排放权交易是一项有效减排工具。

参考文献

[1] Abrell, Jan. Regulating, " CO_2 Emissions of Transportation in Europe: A CGE-analysis Using Market-based Instruments," *Transportation Research Part D Transport & Environment* 15 (2010).

[2] 汪鹏、成贝贝、赵黛青:《基于两区域动态 CGE 模型的广东碳减排政策综合评估》,《生态经济》(学术版) 2013 年第 2 期。

[3] 石敏俊、袁永娜、周晟吕等:《碳减排政策: 碳税、碳交易还是两者兼之?》,《管理科学学报》2013 年第 9 期。

[4] Böhringer C., Welsch H., " Contraction and Convergence of Carbon Emissions: an Intertemporal Multi-region CGE Analysis," *Journal of Policy Modeling* 26 (2004).

[5] Fujimori S., Masui T., Matsuoka Y., " Gains from Emission Trading under Multiple Stabilization Targets and Technological Constraints," *Energy Economics* 48 (2015).

[6] 吴力波、钱浩祺、汤维祺:《基于动态边际减排成本模拟的碳排放权交易与碳税选择机制》,《经济研究》2014 年第 9 期。

[7] Böhringer C., Lange A., " Mission Impossible!? On the Harmonization of National Allocation Plans under the EU Emissions Trading Directive," *Journal of Regulatory Economics* 27 (2004).

[8] 袁永娜、石敏俊、李娜等:《碳排放许可的强度分配标准与中国区域经济协调发展——基于 30 省区 CGE 模型的分析》,《气候变化研究进展》2012 年第 8 期。

[9] Babiker M., Reilly J., Viguier L., " Is International Emissions Trading Always Beneficial ?," *The Energy Journal* 25 (2004).

[10] Lokhov R., Welsch H., "Emissions Trading between Russia and the European Union: a CGE Analysis of Potentials and Impacts," *Environmental Economics and Policy Studies* 9 (2008).

[11] 刘宇、蔡松锋、王毅等:《分省与区域碳市场的比较分析——基于中国多区域一般均衡模型 $TermCO_2$》,《财贸经济》2013 年第 11 期。

[12] 崔连标、范英、朱磊等:《碳排放交易对实现我国"十二五"减排目标的成本节约效应研究》,《中国管理科学》2013 年第 1 期。

[13] 孙睿、况丹、常冬勤:《碳交易的"能源–经济–环境"影响及碳价合理区间测算》,《中国人口·资源与环境》2014 年第 7 期。

[14] Tang L., Wu J., Yu L., "Carbon Emissions Trading Scheme Exploration in China: A Multi-agent-based Model," *Energy Policy* (2015).

[15] Klepper G., Peterson S., "The EU Emissions Trading Scheme: Allowance Prices, Trade Flows, Competitiveness Effects," *European Environment* 14 (2004).

[16] Peterson S., "The EU Emissions Trading Scheme and its Competitiveness Effects upon European Business — Results from the CGE Model DART", *Emissions Trading and Business* (2006).

[17] COWI, Competitiveness and EU Climate Change Policy. Report for UNICE, Copenhagen.

[18] 周晟吕:《基于 CGE 模型的上海市碳排放交易的环境经济影响分析》,《气候变化研究进展》2015 年第 2 期。

[19] 汪鹏、戴瀚程、赵黛青:《基于 GD_ CGE 模型的广东省碳排放权交易政策评估》,《环境科学学报》2014 第 11 期。

[20] 任松彦、戴瀚程、汪鹏等:《碳交易政策的经济影响:以广东省为例》,《气候变化研究进展》2015 年第 1 期。

[21] Cheng B., Dai H., Wang P., "Impacts of Carbon Trading Scheme on Air Pollutant Emissions in Guangdong Province of China," *Energy for Sustainable Development* (2015).

B.8

中国省际碳排放差异的多维测度和检验

孙永平　程 玲*

摘　要：　各省份在经济发展阶段、资源禀赋、产业结构、能源结构、人口数量等方面的差异，对建立全国统一的碳排放权交易市场提出巨大的挑战。本报告运用 Theil 指数，按照经济发展水平、地理区位、人均碳排放水平三种分组方法，基于 1997 ~ 2012 年的省际面板数据，研究全国、区域内和区域间碳排放的差异性及其时序变化。研究结果表明：随着经济发展水平的快速增长，各省份的碳排放也相应增加；经济发展水平高的省份碳排放强度比经济发展水平低的省份要小；各省份之间碳排放强度存在很明显的差异，并且这种差异在不断地扩大。因此，要推进全国统一碳市场的建立，既要从宏观上把握中国应对气候变化的紧急形势，也要从微观上注意区分各省之间的差异，制定符合各省实际情况的配额分配制度和减排政策。

关键词：　区域差异　碳排放　Theil 指数

* 孙永平，经济学博士，副教授，碳排放权交易湖北省协同创新中心常务副主任，《环境经济研究》常务副主编，主要从事资源与环境经济学方面的研究；程玲，湖北大学硕士研究生，专业为国际贸易学。

资助项目：碳排放权交易湖北省协同创新中心团队项目（项目名称："碳交易与行业市场竞争力"）；湖北省社会科学联合会项目（项目名称："中国碳市场调查"）；英国全球繁荣基金项目（项目名称："碳排放权交易对行业市场竞争力的影响研究"）。

近年来，人类过度排放温室气体所引发的全球气候变化问题，以及气候变化问题所引发的自然灾害问题正成为全球关注的热点。《联合国气候变化框架公约》及《京都议定书》为缔约方中的发达国家设定了温室气体排放额度及减排义务，迫于国际碳减排的压力，许多国家纷纷探索有效的市场经济手段来控制碳排放。2015 年 12 月 12 日，各缔约方达成了《巴黎协议》，指出各方将加强气候变化威胁的全球应对，把全球平均气温较工业化前水平升高控制在 2℃之内，并把升温控制在 1.5℃，全球尽快实现温室气体排放峰值，21 世纪下半叶实现温室气体净零排放。这是应对气候变化的新起点，为全球各方减排指明了新的方向。我国一方面作为负责任大国积极履行大国义务，始终保持大国形象，另一方面我国的碳排放量居于世界首位，应努力探索适合本国的碳减排制度。在巴黎气候大会上习近平对中国应对气候变化的承诺做出了详尽阐述，指出中国将于 2030 年左右，使二氧化碳排放达到峰值，并争取尽早实现。2030 年单位国内生产总值二氧化碳排放比 2005 年下降 60% ~65%，非化石能源占一次能源消费比重达到 20%，森林蓄积量比 2005 年增加 45 亿立方米。自 2013 年以来中国先后建立了深圳、上海、北京、广州、天津、湖北、重庆 7 个碳交易试点，从整体来看，制度设计充分结合了各地区经济、社会和排放的特点，在碳减排方面各有特色，取得了一定的减排效益。但是碳交易平台分布零散，且处于封闭阶段，排放配额缺乏跨地区的认可及流动，对于参与碳交易的大型跨区域企业集团，将面对各试点地区采取的不同交易规则，这将导致碳交易的不稳定性。因而急需建立一个完整的统一碳市场，增强碳交易的稳定性和流动性，进而及时地发现价格，合理地规避市场风险。

在试点市场贡献的大量经验基础上，全国碳市场建设也在加快推进之中，2015 年为全国碳市场的前期准备阶段，注重完善法律法规、技术标准和基础设施建设，而全国碳市场拟于 2016 ~2019 年全面启动实施。全国统一碳市场建设是各碳试点发展的必然趋势，但也面临巨大挑战。我国地域辽阔，人口众多，资源分布有着极强的地域性，分布不均衡。各省在经济水平、能源结构和产业结构等方面的不同致使各省在经济发展过程中的碳排放强度有着显著的差异。这种差异性正是全国统一碳市场建立所面临的重要问题。目前推进全国统一碳市场的建立就需要从各省的差异性出发，旨在针对这种差异制定更为合理的碳配额分配政策。这就需要我们从中发现这一差异，并研究这一差异产生的原因，以及该如何应对这一问题，合理地实现配额分配，积极有效地推动全国统一碳市场的建立，从而更有效地实现碳减排。

一　Theil 指数机理说明及数据选取

Theil 指数最早用来衡量不同地区间经济发展水平的差异性，它既可以反映区域内经济发展水平的差异，又可以反映区域间经济发展水平的差异。本报告将 Theil 指数运用于碳排放强度的测算，不仅可以明显地测算出全国碳排放强度的差异性变化，而且能够将该指数分解为两个部分，即同一区域内部各省份间的排放差异和不同省份之间的排放差异。通过指数的测算和分解，可以反映不同省份对全国碳排放的贡献度，从而因地制宜，制定和实施符合各省份实际的碳减排政策。

Theil 指数表达式为：

$$T_p = \sum_i \sum_j \left(\frac{Y_{ij}}{Y_i}\right) \log\left(\frac{Y_{ij}P}{YP_{ij}}\right) \tag{1}$$

在此表达式中，Y_{ij}，P_{ij} 分别表示第 i 区域内第 j 个地区的收入和人口；Y，P 分别表示样本的总收入和总人口。由于 T_p 衡量的是各地区间经济发展水平的差异，因此 T_p 越大，就表明各地区之间的经济发展水平存在的差异越大。

对式（1）进行分解，得到：

$$\begin{aligned} T_p &= \sum_i \left(\frac{Y_i}{Y}\right) \sum_j \left(\frac{Y_{ij}}{Y_i}\right) \log\left(\frac{Y_{ij}P_i}{Y_iP_{ij}}\right) + \sum_i \left(\frac{Y_i}{Y}\right) \log\left(\frac{Y_iP}{YP_i}\right) \\ &= \sum_i \left(\frac{Y_i}{Y}\right) T_{pi} + T_{br} \\ &= T_{wr} + T_{br} \end{aligned} \tag{2}$$

其中 $T_{pi} = \sum_j \left(\frac{Y_{ij}}{Y_i}\right)\log\left(\frac{Y_{ij}P_i}{Y_iP_{ij}}\right)$ 表示特定区域内不同省份之间经济发展水平差异，$T_{wr} = \sum_i \left(\frac{Y_i}{Y}\right)T_{pi}$ 表示区域内不同地区经济发展水平差异，$T_{br} = \sum_i \left(\frac{Y_i}{Y}\right)\log\left(\frac{Y_iP}{YP_i}\right)$ 表示不同区域之间发展水平的差异。

根据公式（1）和公式（2），本报告将 Theil 指数引入碳排放领域，由于不同的分组依据会得到相应的区域，则可得到相同原理的表达式：

$$\begin{aligned} T_{pc} &= \sum_i \sum_j \left(\frac{C_{ij}}{C_i}\right)\log\left(\frac{C_{ij}\cdot GDP}{C\cdot GDP_{ij}}\right) \\ &= \sum_i \left(\frac{C_i}{C}\right)\sum_j \left(\frac{C_{ij}}{C_i}\right)\log\left(\frac{C_{ij}\cdot GDP_i}{C_i\cdot GDP_{ij}}\right)+ \sum_i \left(\frac{C_i}{C}\right)\log\left(\frac{C_i\cdot GDP}{C\cdot GDP_i}\right) \\ &= \sum_i \left(\frac{C_i}{C}\right)T_{pi} + T_{br} \\ &= T_{wr} + T_{br} \end{aligned} \tag{3}$$

其中，C_{ij}, GDP_{ij} 表示第 i 个区域内第 j 个地区的碳排放量和地区生产总值；C, GDP 表示样本总的碳排放量和总的生产总值。$T_{pi} = \sum_j \left(\frac{C_{ij}}{C_i}\right)\log\left(\frac{C_{ij}\cdot GDP_i}{C_i\cdot GDP_{ij}}\right)$ 表示区域 i 内不同省份之间的碳排放强度差异，$T_{wr} = \sum_i \left(\frac{C_i}{C}\right)T_{pi}$ 表示区域内不同地区间的碳排放强度差异，$T_{br} = \sum_i \left(\frac{C_i}{C}\right)\log\left(\frac{C_i\cdot GDP}{C\cdot GDP_i}\right)$ 表示区域间碳排放强度差异。$T_{pc} = T_{wr} + T_{br}$ ，且 T_{pc} 越大，表明各地区间碳排放强度差异越明显。

由上述可见，运用 Theil 指数能够深入地分析各省份之间碳排放强度的差异性。将 Theil 指数分解为两个部分，一方面既能分析各区域内部不同省份之间的碳排放强度差异，另一方面又能展现各区域间的碳排放强度差异，从而衡量全国范围内各地区之间碳排放的差异性，并通过这一差异性分析来实施高效可行的政策，提高配额分配的有效性。

由于部分地区（西藏、香港、澳门和台湾）数据的不完整性，本报告选取是 30 个省份的数据。直辖市重庆设立于 1997 年，为了实现样本数据的精确化，因而时间跨度选取为 1997 ~2012 年。主要数据指标为各省历年的生产总值、人口数量和碳排放量。地区生产总值和人口数量均来自《中国统计年鉴》。根据《中国能源统计年鉴》的统计方法，碳排放量主要由每个地区九大能源（煤炭、焦炭、原油、汽油、煤油、柴油、燃料油、天然气和电力）消耗量乘以各自的碳排放系数。

以往的研究大多数是将我国各省份按照传统东部、中部、西部地区进行划分，测算三个区域的碳排放，并运用 Theil 指数算出三个区域之间碳排放强度所存在的差异，但是他们并没有反映各省之间碳排放差异和区域内部的差异。本报告在区域分组方面主要有三种分组方法。第一，经济的发展是一个国家发展的核心，经济基础决定上层建筑。一个地区在经济发展过程中必然要进行社会生产，同时要消耗大量的能源，这一过程就会存在碳排放。因而碳排放强度在很大程度上取决于经济发展水平的高低。第二，由于各省份在地理位置上的差异，资源禀赋有着显著的差异性，因此按照地理位置、资源状况、产业结构等要素的相似性将其分为 8 个区域。第三，人口在经济社会发展过程中是一个很重要的因素。我国人口众多，但是人口分布极为不平衡。各省在碳排放方面的问题不仅要从整体上分析，而且应对个体水平进行更为具体的研究，人均碳排放水平能很好地反映了一个省份的平均水平。这三种分区域方法能够从不同角度来研究我国区域间碳排放的差异。

二　以经济发展水平划分的区域

根据环境库兹涅茨曲线，二氧化碳排放与经济增长之间存在着密切的联系，即随着经济的增长，二氧化碳排放呈现出先增加后改善的趋势，但是这一改善的转折点很难达到。我国目前处于工业化的发展阶段，经济增长是二氧化碳排放的主要驱动因素，因此碳排放强度的大小与经济发展水平的高低有着紧密的联系。本报告将全国各省按照经济发展水平的差异进行分组，进而测算出各省之间的碳排放强度差异。该划分方法用人均 GDP 来衡量经济发展水平。

（一）分组方法

将 1997～2012 年每个省份的人均 GDP 根据式（4）分别加总，进行升序排列。

$$\sum_t \sum_j \frac{GDP}{POP} \tag{4}$$

其中 $t = 1997, \cdots, 2012$，j 为省份，GDP 为各省每年的生产总值，POP 为各省每年的人口数量。

根据各省份的人均 GDP 进行平均分组，将 30 个省份平均分为六组，每组包含 5 个省份（低水平组：贵州、云南、甘肃、安徽、广西；中低水平组：青海、湖南、江西、四川、河南；中等水平组：海南、新疆、宁夏、陕西、山西；中高水平组：黑龙江、重庆、吉林、河北、湖北；高水平组：内蒙古、辽宁、福建、山东、广东；发达水平组：江苏、上海、浙江、天津、北京），且组内 5 个省份的经济发展水平是相当的。

（二）碳排放的差异性分析

图 1 将 2012 年六个组的 GDP 份额和碳排放份额进行了比较，表明不同经济发展水平的区域在碳排放方面存在显著的差异。

如图 1 所示，六个组碳排放所占份额和 GDP 所占份额存在很大的差异，且 GDP 份额越高的区域其碳排放份额也相对偏高。这表明各区域间经济发展水平的差异导致碳排放强度的差异。由于我国经济发展仍未能摆脱高能耗、高排放的路径，因而经济发展水平越高的地区，产出越高，所排出的二氧化碳相应会越多，碳排放就会增加。图 1 中碳排放份额较高的区域集中在高水平组、中高水平组和发达水平组。从横向比较碳排放份额和 GDP 份额，各组也呈现出显著的差异。根据公式 $T_{br} = \sum_i \left(\frac{C_i}{C}\right)\log\left(\frac{C_i \cdot GDP}{C \cdot GDP_i}\right)$ 可知，当

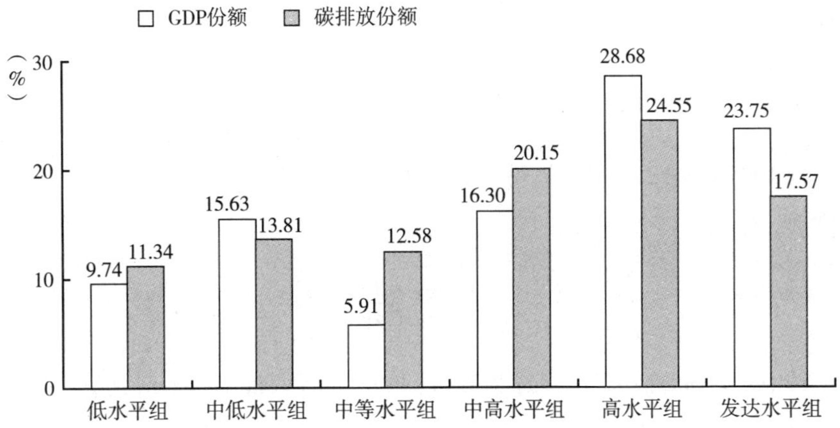

图1　2012 年六个组 GDP 份额和碳排放份额

资料来源：《中国统计年鉴 2013》和《中国能源统计年鉴 2013》。

碳排放份额小于 GDP 份额时，该组的碳排放强度为负值，表明该组的碳排放强度较小，反之，若碳排放份额大于 GDP 份额，则该组的碳排放强度较大。中等发展水平组主要是西北几个省份，GDP 份额比较低，碳排放份额相对较低，但是碳排放份额明显高于 GDP 份额，这表明该区域在经济技术条件方面比较落后，对资源的利用效率比较低，这对碳排放具有极大的贡献率。高水平组和发达水平组 GDP 份额很高，碳排放份额也较高，但是碳排放份额小于 GDP 份额。这主要是经济发展阶段较高的区域在技术创新、能源结构与产业结构调整、对外贸易等方面占有巨大优势，因而对碳排放的贡献较小。

（三）Theil 指数测算及碳排放强度差异分解

运用 Theil 指数来衡量不同区域间的碳排放强度，并分析区域内不同省份之间的碳排放强度差异。通过 Theil 指数的运算以及对相关数据的处理，得到如下结果，见表 1。

表 1 1997～2012 年中国区域间碳排放强度差异分解

年份	低水平组	中低水平组	中等水平组	中高水平组	高水平组	发达水平组	组内差异 Twrl	组间差异 Tbrl	全国差异 Tp
1997	0.0124	0.0011	0.0202	0.0032	0.0064	0.0037	0.0469	0.0517	0.0986
1998	0.0130	0.0011	0.0201	0.0016	0.0109	0.0030	0.0497	0.0502	0.0998
1999	0.0111	0.0023	0.0184	0.0012	0.0090	0.0026	0.0446	0.0452	0.0898
2000	0.0100	0.0020	0.0192	0.0010	0.0054	0.0021	0.0398	0.0474	0.0872
2001	0.0092	0.0020	0.0221	0.0021	0.0075	0.0021	0.0449	0.0488	0.0937
2002	0.0088	0.0020	0.0257	0.0023	0.0122	0.0019	0.0530	0.0538	0.1068
2003	0.0103	0.0016	0.0215	0.0033	0.0161	0.0017	0.0544	0.0592	0.1136
2004	0.0103	0.0019	0.0166	0.0034	0.0122	0.0015	0.0459	0.0566	0.1025
2005	0.0081	0.0015	0.0160	0.0041	0.0104	0.0014	0.0416	0.0593	0.1009
2006	0.0101	0.0020	0.0154	0.0039	0.0088	0.0019	0.0421	0.0623	0.1044
2007	0.0081	0.0021	0.0118	0.0041	0.0143	0.0023	0.0427	0.0642	0.1069
2008	0.0064	0.0026	0.0094	0.0041	0.0145	0.0017	0.0387	0.0627	0.1014
2009	0.0062	0.0025	0.0092	0.0053	0.0160	0.0018	0.0410	0.0611	0.1021
2010	0.0056	0.0029	0.0082	0.0051	0.0142	0.0020	0.0380	0.0615	0.0995
2011	0.0054	0.0038	0.0095	0.0057	0.0115	0.0027	0.0385	0.0651	0.1035
2012	0.0051	0.0039	0.0099	0.0068	0.0149	0.0027	0.0431	0.0718	0.1149

资料来源：各年《中国统计年鉴》。

根据表 1，从横向比较，处于不同经济发展阶段的区域在碳排放强度方面存在很显著的差异，经济发展水平低的区域碳排放强度差异较大，经济发展水平高的区域则碳排放强度差异较小。为了分析不同发展水平组组内的碳排放强度差异对总体排放差异的影响，本报告计算出各组在组内差异中所占的份额，来衡量不同发展水平组碳排放差异对组内碳排放总差异的贡献率，结果如图 2 所示。从图 2 中可以看出：发达水平组和中低水平组对组内碳排放差异的贡献率较小，基本处于 10% 以下；而中等水平组的贡献率则比较高，最高时为 50% 左右。这主要是经济发展水平高的区域在技术创新和能源利用方面占有优势，能够在优化产业结构的基础上采用新能源技术，这大大提高了其能源利用效率，减少了碳排放。从近期来看，中等水平组和高水平组的贡献率较高，这主要与它们的产业结构紧密相关，处于该组的省份大多正处于产业升级阶段，产出较高，因而碳排放强度也相应偏高。但是，从整体来看，不同经济发展水平组的碳排放强度贡献率基本上呈下降趋势，说明随着经济的发展，科技的进步，尤其是新能源技术的推广，以及各省份产业结构的优化，碳排放轻度下降是一种必然趋势。

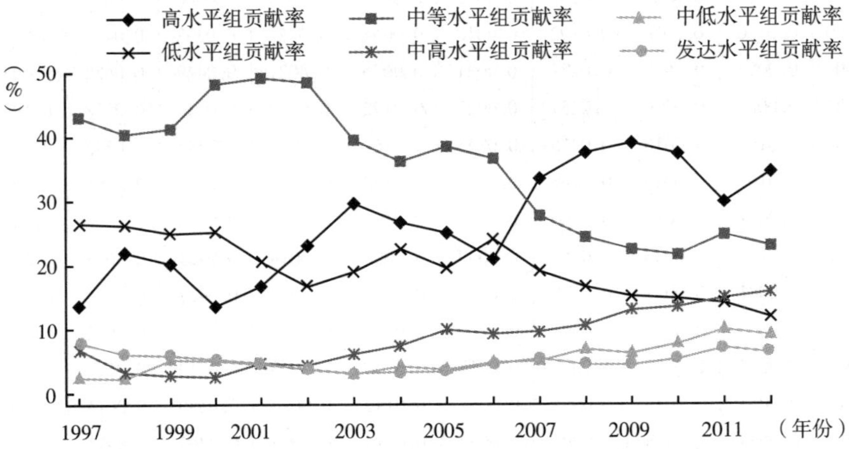

图2　六个组碳排放强度差异对总差异的贡献率

资料来源：《中国能源统计年鉴》。

根据表1，从纵向来看，组内差异变化较小，表现出下降趋势，由1997年的0.0469下降到2012年的0.0431，表明区域内部各省份之间碳排放强度差异正在逐步减小。然而，组间差异变化较大，且呈现明显上升趋势，由1997年的0.0517上升到2012年0.0718，表明区域间碳排放强度的差异性逐步扩大。1997～2012年全国范围内Theil指数逐年增大（个别年份除外），表明我国各省之间碳排放强度差异呈现出扩大趋势，而且这种增大的趋势主要是区域间的差异性导致的。这表明经济、技术、产业结构等的发展，使得各省份之间碳排放强度差异显著性增强。

表1主要分析了1997～2012年区域间历年的碳排放强度的变化以及区域间碳排放差异，未能展现出区域内部各省份之间碳排放强度的变化。虽然此次分组是按照经济发展阶段划分的，同一个区域内部的省份经济发展状况

在很大程度上具有一致性，但是每个省份之间还是存在差异。对这种差异的分析有利于政府部门根据各省的经济发展实际来进行合理的排放配额分配。表 2 列示了 1997 年和 2012 年各区域内部各省份的碳排放强度。

表 2　1997 年和 2012 年六个水平组内部各省对组内差异的贡献

分组	1997 年	2012 年	分组	1997 年	2012 年
低水平组	0.0124	0.0051	中高水平组	0.0032	0.0068
贵州	0.006	0.0025	黑龙江	0.0056	0.0159
云南	-0.0015	-0.0067	重庆	-0.0003	-0.0165
甘肃	0.0060	0.0025	吉林	-0.0045	-0.0024
安徽	0.0027	0.0065	河北	0.0056	0.0161
广西	-0.0008	0.0003	湖北	-0.0032	0.0063
中低水平组	0.0011	0.0039	高水平组	0.0064	0.0149
青海	-0.0012	-0.0028	内蒙古	0.0062	0.0151
湖南	0.0015	0.0125	辽宁	0.0001	0.0075
江西	0.0013	-0.0138	福建	-0.0025	-0.0057
四川	-0.0045	-0.0103	山东	0.003	0.007
河南	0.0040	0.0183	广东	-0.0004	-0.009
中等水平组	0.0202	0.0099	发达水平组	0.0037	0.0027
海南	-0.0006	-0.0043	江苏	0.0003	0.0014
新疆	0.0014	0.0053	上海	0.0008	-0.0089
宁夏	0.0008	-0.0041	浙江	-0.0019	-0.0078
陕西	0.0035	-0.0085	天津	0.0032	0.0072
山西	0.0151	0.0215	北京	0.0013	0.0108

资料来源：《中国统计年鉴》。

由表 2 可见，各区域内部各省份间碳排放强度存在着显著的差异，绝大部分省份的贡献是正的，也有少数省份的贡献率为负。这种负数表明该省的碳排放占全国的碳排放份额相对较小，即碳排放强度相对较弱。出现这种显著的差异主要是由于各省之间在经济发展水平上存在着较大的差异，经济发展水平较高的省份经济产出也相应较多，经济活动所产生的碳排放也会增加，因而碳排放强度也较高。但部分发达省份随着经济发展水平的进一步提高，人民生活质量的改善，对社会生活环境有更高的要求，因而在技术水平、创新能力、产业结构等方面进行调整，碳排放强度会相应偏低。比如，广东、上海等发达省份因在技术革新、新能源利用、产业结构以及对外贸易等方面的优势，表现出较低的碳排放。

三　以地理位置划分区域

地理位置在一定程度上决定了一个区域的资源拥有状况，这种资源既包括能源矿产资源，也包括了与周边地区的地缘资源。我国国土面积辽阔，地形地貌较为复杂，资源分布极不均衡。山区矿产资源丰富，如北方的煤、石油、天然气等；南方地势较为崎岖，水力资源占优势；东部主要是沿海发达城市，沿海港口较多，对外贸易较为发达等。我国各省份地理位置的差异性决定了各省在资源禀赋方面也存在着显著的差异。经济活动需要消耗大量的能源资源，经济产出越多，消耗的资源也相对较多，排放的二氧化碳也会增加，这致使碳排放强度存在明显的差异。

（一）区域划分方法

按照地理位置的相似性将所有省份分为八个区域：东北地区（包括黑龙江、吉林、辽宁）、北部沿海地区（包括北京、天津、河北、山东）、东部沿海地区（包括上海、江苏和浙江）、南部沿海地区（包括福建、广东和海南）、黄河中游地区（包括陕西、山西、河南、内蒙古）、长江中游地区（包括湖北、湖南、江西、安徽）、西南地区（包括云南、贵州、四川、重庆、广西）和大西北地区（包括甘肃、青海、宁夏、新疆）。

（二）八个区域碳排放比较

一般来说，能源资源（主要是化石能源）越丰富的地区碳排放相对较高。我国2/3煤炭资源分布在北方，依据地理位置和资源禀赋状况，黄河中游地区、北部沿海地区在化石能源方面占有绝对优势，其中包括煤炭大省山西、陕西等。如图3所示，碳排放比例最高的区域主要集中在北部沿海地区和黄河中游地区。碳排放最低的是大西北地区，这主要是由于西北地区地广人稀，地势较高且平坦，有着较为丰富的太阳能和风能等清洁能源，对化石能源的依赖并不是很明显。东部沿海地区和南部沿海地区能源较为匮乏，碳排放比例较北部沿海地区和黄河中游地区偏低，但东部能源需求量大，全国2/3以上的能源需求集中在此，因此碳排放比例也较高。

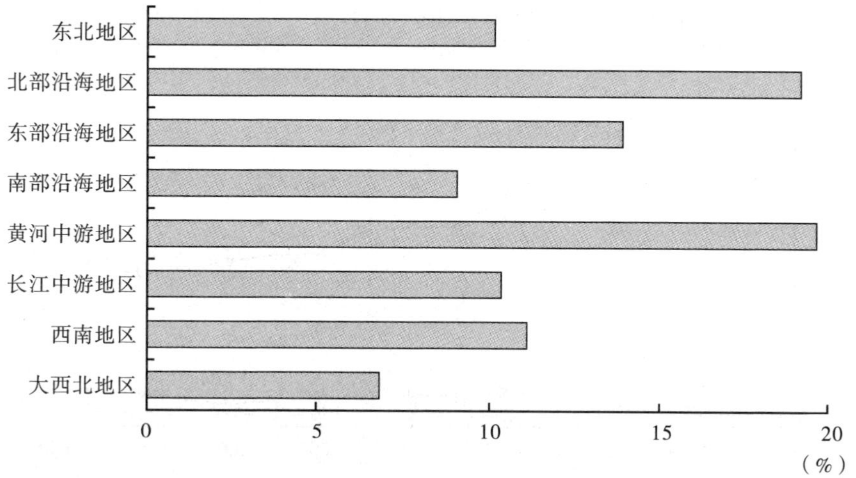

图3　2012年八个区域碳排放份额

资料来源：《中国能源统计年鉴2013》。

（三）Theil指数测算及碳排放强度分解

1997～2012年，区域内各省份对碳排放强度差异指数的贡献基本上呈下降趋势，表明区域内部各省份之间碳排放强度差异在逐年缩小。图4将各区域内部省份碳排放强度差异对区域内差异的贡献率用折线图进行了表示。贡献率最高的区域主要集中在黄河中游地区、北部沿海地区，这与该地区所拥有的能源状况紧密相关，全国绝大部分煤炭集中于此对其高贡献率起了决定性作用。黄河中游地区贡献率虽高，但出现下降趋势，表明黄河中游的几个能源大省通过对产业结构的调整，改善对能源的利用效率，节能减排工作展现出良性效果。北部沿海地区的贡献率一路攀升，体现该区域内部的排放差异对区域内差异的影响较大，主要是由于该区域的几个省份的资源分布、需求和利用并不是很均衡。例如北京、天津对能源的需求量大，但是资源并不丰富，而河北、山东却有相对的资源优势，因而表现出较强的差异性。其他六个区域排放强度差异变化较小，基本处于平稳态势。

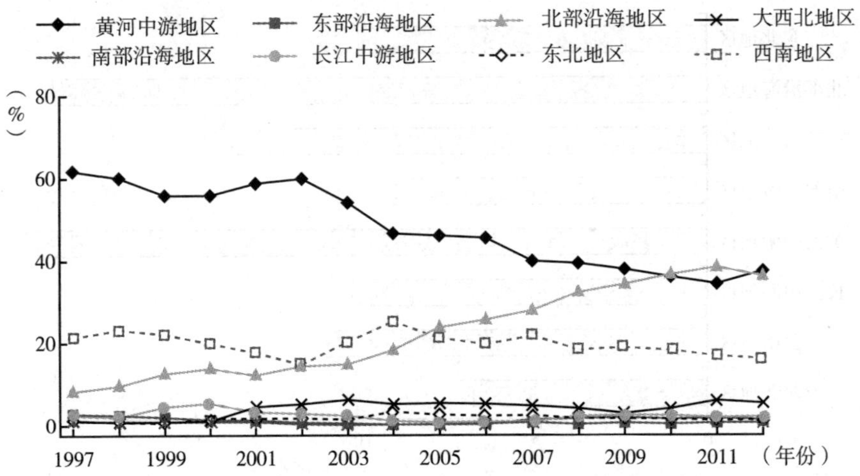

图4　八个区域内部碳排放强度差异对区域内差异的贡献率

资料来源：各年《中国能源统计年鉴》。

各区域在地理位置上存在差异，所面临的自然因素有所不同，在资源禀赋方面也存在很大差异，部分省份是能源大省，如全国绝大多数煤炭资源聚集在黄河中游地区、北部沿海地区、东北地区，而部分省份资源匮乏。这种地理位置和资源的不平衡导致各区域之间碳排放存在显著的差异，而且这种差异性在不断增大。从整体上来看，全国碳排放强度差异指数呈现出扩大的趋势，表明各区域间碳排放强度差异逐渐增大（见表3）。我国各省在地理位置、资源禀赋、能源结构、产业结构和技术条件等方面存在显著差异。北部的能源资源充裕，但受产业结构、能源结构的限制，碳排放强度比较高。东部能源资源较为缺乏，但是经济活动产出多，需求量大，碳排放强度偏高。但是由于东部地区生产技术和能源利用效率较其他地区高，因而在一定程度上削减了碳排放强度。西部和南部拥有一定的资源，但是经济活动对能源的需求并不大，因而表现出较低的碳排放。

表 3　八个区域碳排放强度差异指数分解

年份	东北地区	北部沿海地区	东部沿海地区	南部沿海地区	黄河中游地区	长江中游地区	西南地区	大西北地区	区域内差异 Twr2	区域间差异 Tbr2	全国差异 Tp
1997	0.0006	0.0040	0.0014	0.0005	0.0298	0.0012	0.0103	0.0006	0.0483	0.0503	0.0986
1998	0.0004	0.0047	0.0012	0.0005	0.0293	0.0010	0.0113	0.0004	0.0488	0.0510	0.0998
1999	0.0003	0.0056	0.0009	0.0004	0.0248	0.0020	0.0098	0.0004	0.0444	0.0454	0.0898
2000	0.0008	0.0062	0.0006	0.0004	0.0250	0.0024	0.0089	0.0005	0.0448	0.0424	0.0872
2001	0.0008	0.0057	0.0006	0.0004	0.0273	0.0015	0.0082	0.0021	0.0465	0.0472	0.0937
2002	0.0009	0.0075	0.0004	0.0002	0.0313	0.0015	0.0077	0.0027	0.0523	0.0545	0.1068
2003	0.0008	0.0081	0.0003	0.0001	0.0296	0.0013	0.0111	0.0034	0.0547	0.0589	0.1136
2004	0.0015	0.0081	0.0001	0.0002	0.0207	0.0005	0.0112	0.0023	0.0444	0.0581	0.1025
2005	0.0011	0.0102	0.0001	0.0001	0.0198	0.0003	0.0091	0.0023	0.0430	0.0579	0.1009
2006	0.0010	0.0112	0.0002	0.0001	0.0199	0.0004	0.0086	0.0023	0.0438	0.0606	0.1044
2007	0.0010	0.0118	0.0003	0.0006	0.0169	0.0004	0.0092	0.0020	0.0424	0.0645	0.1069
2008	0.0006	0.0118	0.0001	0.0006	0.0144	0.0008	0.0067	0.0015	0.0366	0.0648	0.1014
2009	0.0006	0.0129	0.0002	0.0007	0.0143	0.0009	0.0071	0.0011	0.0378	0.0644	0.1021
2010	0.0005	0.0127	0.0001	0.0005	0.0125	0.0008	0.0063	0.0014	0.0348	0.0647	0.0995
2011	0.0004	0.0142	0.0002	0.0006	0.0127	0.0007	0.0062	0.0022	0.0371	0.0664	0.1035
2012	0.0005	0.0144	0.0002	0.0005	0.0149	0.0008	0.0064	0.0021	0.0399	0.0751	0.1149

资料来源：各年《中国能源统计年鉴》。

综合上述，对于各区域内部而言，随着经济的发展、技术的进步、资源的互补和产业机构的调整，区域内部各省份的碳排放强度差异在减小；对于区域间而言，各区域间地理位置的差异导致了各自资源禀赋的显著差异性，而且产业结构的显著差异，能源利用技术的创新层次截然不同，以及各区域间节能减排政策的不一致性，这些都促使区域间碳排放强度的差异性呈现扩大趋势。这就需要政府各部门合理调整碳配额分配的相关政策，根据各省份的实际能源状况、科技水平和产业结构等的差别，来具体落实减排措施，在建立全国统一碳市场的前提下实施差异化的减排政策。

四　以人均碳排放水平划分区域

我国人口众多，而且人口分布不均衡。全国绝大部分人口分布在东部、中部和北部地区，而西部和南部则人口较为稀少。各省份由于存在经济、能源和产业等的差异，因而在碳排放总量方面也截然不同。但是排放总量是一个整体观念，并不能反映在这个区域的个体的排放水平。而在反映个体排放水平时，人口就是一个很重要的因素。对于总体碳排放水平较高的地区，其人均碳排放水平未必会很高，反之也成立。即总体碳排放水平与人均碳排放水平并非完全一致。当前我国各省人口密集度差异明显，流动人口比例较高，因此用人均碳排放水平来衡量区域差异具有一定的合理性。

（一）划分方法

将 1997 ~2012 年 30 个省份人均碳排放量根据公式（5）加总，按照升序排列。

$$\sum_{t}\sum_{j}\frac{CO_2}{POP} \tag{5}$$

其中 $t = 1997,\cdots,2012$ ，j 为各省份，CO_2 为各省每年总的碳排放量，POP 为各省每年的人口数量。计算出历年人均碳排放水平，平均分为六组，每组包含 5 个省份，依次设定为低排放组（包括海南、四川、广西、湖南、江西），中低排放组（包括云南、重庆、湖北、河南、安徽），中等排放组（包括陕西、广东、福建、甘肃、贵州），中高排放组（包括浙江、黑龙江、山东、吉林、江苏），较高排放组（包括新疆、北京、河北、青海、辽宁），高排放组（包括宁夏、内蒙古、天津、上海、山西）。

（二）人均碳排放比例分析

图 5 是 2012 年这六个组人均碳排放比例和总的碳排放比例。

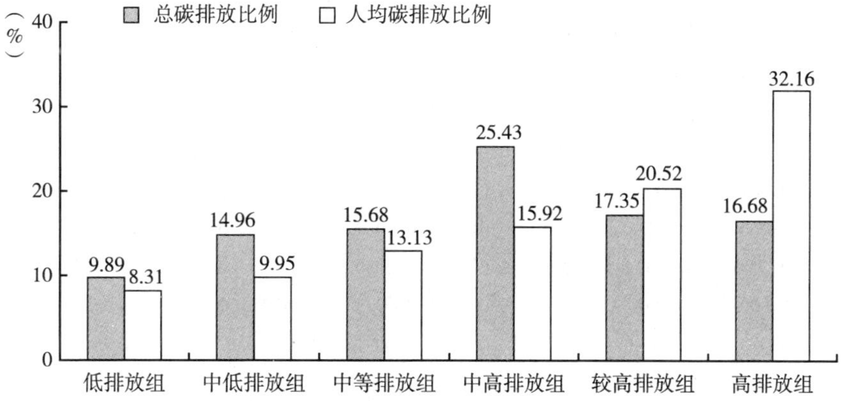

图 5　2012 年六个区域人均碳排放比例和总碳排放比例

资料来源：《中国统计年鉴 2013》和《中国能源统计年鉴 2013》。

如图 5 所示，六个区域总的碳排放比例差异和人均碳排放比例差异并不是一致的。例如中高排放组总的碳排放比例较高，而人均碳排放水平却不是很高。这是由于该区域主要集中在北方重工业基地和东部经济发达省份，这些省份在产业结构和能源结构转型方面还存在一定的压力，因而碳排放量比较高。但是这里也是人口比较密集的区域，因而人均碳排放比例就不会很高。高排放组包括了能源大省（山西、内蒙古）和经济发达的省份（上海），因而资源消耗量很大，从而导致总的碳排放比例偏高。但是其中的天津、内蒙古和宁夏人口相对比较少，因而该区域人均碳排放就会凸显出较高水平。

（三）Theil 指数测算及碳排放强度差异分解

由此看来，各区域人均碳排放水平的高低在一定程度上影响着该区域的碳排放强度。本报告运用 Theil 指数计算出各区域对全国 Theil 指数的贡献，以此来衡量各区域间的碳排放强度差异。各区域对 Theil 指数贡献的加总即为全国 Theil 指数，反映全国整体碳排放强度的变化。表 4 反映的是 1997 ~ 2012 年六个区域对 Theil 指数的贡献及全国 Theil 指数。

表 4　1997 ~ 2012 年六个区域对 Theil 指数的贡献及历年 Theil 指数

年份	低排放组	中低排放组	中等排放组	中高排放组	较高排放组	高排放组	组内差异 Twr3	组间差异 Tbr3	全国差异 Tp
1997	0.0016	0.0007	0.0090	0.0138	0.0036	0.0100	0.0386	0.0600	0.0986
1998	0.0013	0.0002	0.0099	0.0107	0.0039	0.0099	0.0359	0.0639	0.0998
1999	0.0007	0.0003	0.0055	0.0108	0.0047	0.0130	0.0350	0.0548	0.0898
2000	0.0007	0.0004	0.0031	0.0081	0.0060	0.0161	0.0343	0.0529	0.0872
2001	0.0006	0.0004	0.0024	0.0072	0.0073	0.0177	0.0356	0.0581	0.0937
2002	0.0007	0.0004	0.0013	0.0060	0.0091	0.0206	0.0381	0.0687	0.1068
2003	0.0005	0.0014	0.0051	0.0062	0.0104	0.0094	0.0330	0.0807	0.1136
2004	0.0004	0.0018	0.0043	0.0048	0.0115	0.0039	0.0267	0.0757	0.1025
2005	0.0005	0.0018	0.0004	0.0049	0.0123	0.0039	0.0238	0.0771	0.1009
2006	0.0002	0.0018	0.0016	0.0043	0.0132	0.0022	0.0235	0.0809	0.1044
2007	0.0002	0.0017	0.0009	0.0042	0.0140	0.0004	0.0214	0.0855	0.1069
2008	0.0003	0.0014	0.0007	0.0043	0.0131	0.0010	0.0208	0.0805	0.1014
2009	0.0004	0.0018	0.0002	0.0022	0.0148	0.0008	0.0200	0.0821	0.1021
2010	0.0003	0.0017	0.0005	0.0026	0.0146	0.0005	0.0200	0.0795	0.0995
2011	0.0003	0.0016	0.0006	0.0037	0.0164	0.0001	0.0228	0.0807	0.1035
2012	0.0006	0.0017	0.0001	0.0039	0.0182	0.0003	0.0248	0.0902	0.1149

资料来源：《中国能源统计年鉴》。

表 4 中数据反映了 1997 ~ 2012 年四个区域内部各省份碳排放强度差异对区域内差异的贡献呈现出下降的趋势。各省对碳排放强度差异的贡献有着极大的差异，既有正的部分，也有负的部分，且贡献的正负情况主要与各省份碳排放份额和生产总值份额之间的大小有关系。正的贡献主要分布在能源消耗大省或是人口相对较少的省份，大部分在中部省份，比如山西、内蒙古、辽宁、吉林等。而负的贡献主要出现在人均碳排放水平较低的省份，这些省份大致分为两类，一方面为碳排放总量较低的省份，比如海南、重庆、广西等，而另一方面为人口众多导致人均碳排放相对较低的省份，比如人口集聚的北京、上海等。从整体上来看，各省份在碳排放方面的贡献存在显著差异，这在很大程度上受各省份人均碳排放水平的影响，人口因素在其中也

起着巨大作用。图 6 将各区域内各省份排放强度差异对区域内差异的贡献率用折线图来展示。较高排放组中的北京、河北、辽宁总的碳排放强度偏高，但是人口密集度高，导致其人均碳排放强度偏低，同时，该组中的新疆、青海总的碳排放强度较低，由于人口稀少，其人均碳排放强度较高。因而较高排放组组内各省碳排放差异明显，表现出对组内碳排放差异较高的贡献率。其他各组组内各省的碳排放强度差异对组内差异的贡献率呈下降趋势，表明区域内部各省份之间的碳排放强度差异有所缩小，这在很大程度上与区域内部人均碳排放水平有关。

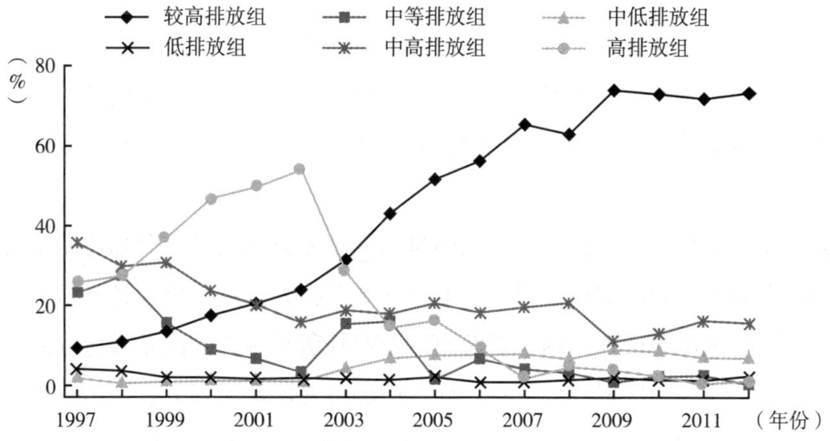

图 6　六个组内部碳排放强度差异对组内差异的贡献率

资料来源：《中国能源统计年鉴》。

组内各省份在人均碳排放水平上比较接近，而且一定时间内各省的人口变化差别并不大，人均碳排放水平差异的缩小，就会导致人均碳排放水平相当的省份碳排放强度差异的减小，因而组内碳排放强度差异表现出下降趋势。从表 4 可以看出，组内碳排放强度差异指数由 1997 年的 0.0386 下降至 2012 年的 0.0248。但是，不同排放水平的组间的差异性在不断增加，由 1997 年的 0.06 上升至 2012 年的 0.0902，表明组间的差异是很明显的，这主要是各组间人均排放水平的差异造成的。另外，从全国碳排放强度来看，全国碳排放强度差异指数呈现出波动上升的趋势。这主要是各省份在经济结构、能源消耗以及社会条件等方面越来越差异化，从而导致碳排放强度的差异性扩大。因而，在进行各省份排放配额分配时应充分考虑其人均碳排放水平，将人口视为一个不可缺少的因素。

五　结论与建议

综合上述三种区域划分方法，可以得出一致结果：1997～2012 年区域内部各省对碳排放强度差异的贡献逐渐下降，表明区域内部各省份之间碳排放强度差异在逐年减小。各区域内部随着经济发展水平的提高和产业结构的调整，它们在一定程度上具有相似性，因而碳排放强度的差异性逐渐缩小；由于在经济发展水平、地理位置、人口、资源等因素上的不平衡性，区域之间碳排放强度差异呈现出上升趋势，而且区域间的差异性显著地大于区内部各省份之间的差异性；从整体上看，全国碳排放强度差异指数呈现出上升的趋势，而且这种上升趋势与区域间碳排放强度差异指数的上升趋势基本是一致的，表明各区域间碳排放强度的差异在不断扩大，这主要是各省份在经济发展、技术进步、产业结构、资源禀赋及对外贸易等方面的差异造成的。

根据上述三种区域划分方法，即按照经济发展水平划分、按照地理位置划分和按照人均碳排放水平划分，得出全国 1997～2012 年的碳排放强度差异的变化。由于划分方法的不同，每个区域所包含的省份也不尽相同，因而区域内的碳排放差异和区域间的碳排放差异截然不同，但是对全国范围的总体差异并没有影响。从中可以得出 Theil 指数是呈波动上升的趋势，即表明全国各省份碳排放强度的差异在不断扩大，这主要是受各省份经济发展水平、技术水平、能源和产业结构、地理位置、资源禀赋、对外贸易条件等因素的影响。

因此，要推进全国统一碳市场的建立需要从宏观上把握经济发展阶段，同时也要从微观上注意区分各省份之间的差异，进而制定符合各省实际情况的配额分配制度。各省份之间的差异性是一些具体的因素造成的，既有经济因素，又有自然因素和社会因素等。因而要进行差异性配额分配就需要考虑到影响各省份的经济发展阶段、资源禀赋、产业结构等因素。为此，我们提出了一些建设性意见，从而更好地促进全国统一碳市场的建设。

第一，在设定各省份碳排放约束目标时应当充分考虑其经济发展状况，在中央政府部门“自上而下”制定约束目标时，省级部门也应当“自下而上”对本地区的经济发展水平、人口状况、产业结构、资源及区位状况等进行评估和预测，科学合理地设置差异化的调整系数。

第二，针对经济发达省份、资源大省以及落后省份等实施灵活减排政策。东部省份经济较为发达，但是资源主要依赖西部能源大省，应承担更多的减排责任，设置更为严格的减排标准。在节能减排形势下，经济发达省份应该积极开发和利用新能源、可再生能源等。而煤炭资源充裕的省份应当改变能源结构，提高能源利用效率。

第三，全国统一碳市场需要包容不同省份之间的各种差异性，这就需要省份之间的通力合作，进一步完善碳排放权交易机制。碳排放较少的省份可以通过统一碳市场将配额卖给碳排放较多的省份，从而实现碳排放权这一资源的优化配置。

参考文献

[1] Duro, J. A. , E. Padilla, “International Inequalities in Per Capita Emissions: a Decomposition Methodology by Kaya Factors,” *Energy Economics* 4 (2006).

[2] Duro, J. A. , E. Padilla, “Inequality Across Countries in Energy Intensities: an Analysis of the Role of Energy Transformation and Final Energy Transformation,” *Energy Economics* 11 (2011).

[3] 孙耀华、仲伟周、庆东瑞：《基于 Theil 指数的中国省际间碳排放强度差异分析》，《财贸研究》2012 年第 3 期。

[4] 郑佳佳：《基于 Theil 指数的区域排放强度差异分析》，《低碳与发展》2013 年第 8 期。

[5] 孙传旺、刘希颖、林静：《碳强度约束下中国全要素生产率测算与收敛性研究》，《金融研究》2010 年第 6 期。

[6] 李国志、李宗植：《中国二氧化碳排放的区域差异和影响因素研究》，《中国人口·资源与环境》2010 年第 5 期。

[7] Matias Piaggio, Emilio Padilla, Carolina, "The Long-run Relationship between Emissions and Economics Activity in a Small Open Economy: Uruguay 1882 ~ 2010," *Departament d'Economia Aplicada Edifici B, Campus de Bellaterra* (2015).

[8] 周建、易点点：《中国碳排放省级差异及其影响因素与减排机制研究》，《上海经济研究》2012 年第 11 期。

[9] 薛俊宁、吴佩林、李岩、高健：《我国碳排放强度的影响因素分析：基于 1998 ~ 2013 年的面板数据》，《价格理论与实践》2014 年第 11 期。

[10] Humberto Llavador, John E. Romemer , Joaquim Silvestre, *North-South Convergence and the Allocation of Emissions* (*Neuhaven: Yale University Press*, 2010).

[11] Dallas Burtraw, Karen Palmer, Danny Kahn, "Allocation of Emissions Allowances in the Regional Greenhouse Gas Cap-and-Trade Program," *Resources for the Future* (2005).

[12] 段茂盛、庞韬：《全国统一碳排放权交易体系中的配额分配方式研究》，《武汉大学学报》2014 年第 5 期。

[13] 王文举、李峰：《我国统一碳市场中的省际间配额分配问题研究》，《求是学刊》2015 年第 2 期。

[14] 令狐大智、叶飞：《基于历史排放参照的碳配额分配机制研究》，《中国管理科学》2015 年第 6 期。

[15] 李全生、郁璇：《我国省级区域的人均碳排放研究》，《西安电子科技大学学报》2013 年第 2 期。

[16] Shiwei Yu, Yi-Ming Wei, Ke Wang, "Provincial Allocation of Carbon Emission Reduction Targets in China: An Approach Based on Improved Fuzzy Cluster and Shapley Value Decomposition," *Center for Energy and Environmental Policy Research Beijing Institute of Technology* (2012).

[17] 宋德勇、刘习平：《中国省际碳排放空间分配研究》，《中国人口·资源与环境》2013 年第 5 期。

[18] 肖黎姗、王润、杨德伟等：《中国省际碳排放极化格局研究》，《中国人口·资源与环境》2011 年第 11 期。

[19] 范晓伟、张浩：《碳排放权配额分配的国际经验及启示》，《中国人口·资源与环境》2013 年第 12 期。

B.9

中国碳交易二级市场的作用及现状分析

杨光星　张 杲*

摘　要：　中国已开展碳交易试点并计划在2017年建立全国统一的碳交易市场，这是用市场的力量代替行政管制来解决温室气体减排的重大创举。本报告对比了碳交易制度相对于碳税制度的优点，总结了二级市场在碳交易体系中的八个重要作用，分析了当前7个试点碳定价机制运行状况和存在的问题，描述了市场机制在减排、碳金融创新和低碳产业发展方面所取得的成效，最后分析了碳交易体系中影响碳价格的相关因素。二级市场是碳市场制度体系建设的核心，应当引起充分重视。

关键词：　碳交易　二级市场　定价机制　影响因素

碳交易市场建设的核心理念就是发挥市场在资源配置中的决定性作用。碳交易市场制度体系复杂，作为碳资源配置场所的二级市场是碳交易体系的核心，深度发掘二级市场的各种功能，通过市场流动性和充分竞争发现市场价格，通过推动碳金融创新拓宽企业融资渠道，形成市场化的激励机制，从而调动企业减排的积极性，最终实现调结构、转方式、促减排的低碳绿色发展。当前中国7个碳交易试点已经历了两个履约期，在二级

* 杨光星，武汉大学经济与管理学院博士生；张杲，湖北省碳排放权交易中心常务副总经理。

市场建设上开展了一系列的探索，但当前各个试点在流动性和价格机制形成方面参差不齐，影响因素较多，从而在促进减排和碳金融创新等方面产生不同影响。重视二级市场建设，充分吸收试点经验和教训对建设全国统一碳市场大有裨益。

一　市场机制是实现减排最有效的手段

如何控制温室气体排放是当前全球热点话题，是采用强制征收碳税还是实行总量控制下的市场交易机制是学术界的两大方向。碳排放引起气候变化本质上是一个外部不经济问题，美国经济学家庇古提出通过税收（或者补贴）将外部性内部化，美国经济学家科斯提出可以运用市场机制，降低交易费用，政府应明确产权，并允许产权用于交易，即可有效率地解决外部性问题。

市场交易机制控制排放总量，价格浮动；碳税设定碳排放的价格，排放总量浮动。两种机制虽均可实现温室气体的减排，但是市场交易机制明显优于碳税。首先，市场交易机制可以通过设定总量明确实现减排目标，碳税很难通过设定某一税率实现明确的减排目标；其次，市场机制下企业减排可以直接获益，存在市场激励机制，税收抑制生产行为会造成社会福利损失，对积极行动的企业缺乏经济激励；最后，市场机制可以通过引进社会资金、开展金融创新等方式拓宽企业融资渠道，自发地带动整个绿色低碳产业的发展，碳税尽管可以通过补贴或政策支持等方式推动相关产业发展，但执行成本高，实施效力有限。

随着《京都议定书》和《巴黎协议》的签署，总量控制下的市场交易机制成为现实的必然选择。中国承诺 2030 年左右二氧化碳排放达到峰值且将努力早日达峰，而之前的十八届三中全会强调要充分发挥市场机制在资源配置中的决定性作用。碳排放权交易体系是实现峰值目标的重要举措，一方面可以体现碳排放空间的资源属性，有效发挥市场作用，降低减排成本，明确企业减排目标，形成强有力的倒逼机制，促使企业加强碳排放管理，加快低碳技术创新和应用，提升企业节能减碳的意识和水平，从而建立节能减碳的政策体系；另一方面建立碳市场，以控制碳排放为约束手段，倒逼企业升级转型，引导投资方向，加快产业结构调整，化解落后产能，推动发展低碳服务产业，鼓励体制机制创新，进而从根本上解决生态危机和气候问题。

二　二级市场在碳交易体系中发挥着重要作用

二级市场是碳市场的晴雨表，碳市场制度体系设计效果均会在二级市场反映出来，二级市场运行好坏直接关系碳交易体系的成败。碳交易体系复杂，包含了配额分配、市场交易、排放报告与核查、抵消、监督管理等环节，二级市场是碳交易体系的重要组成部分，是碳交易体系的核心，是一级市场存在的基础，没有二级市场的定价机制，一级市场定价的合理性将无法检验，金融市场碳资产的金融属性将无法发挥，企业的减排行为也将无法激励，一级市场终将成为向碳税过渡的工具。二级市场在优化资源配置、形成激励机制、引导社会投资、开展金融创新、化解体系风险、纠偏政策制度、实现信息公开和增强国际定价等方面发挥着重大作用。

（一）价格发现，优化资源配置

定价功能是二级市场的核心功能。二级市场上众多交易主体通过自愿交易、充分博弈发现真实价格，价格指导控排企业开展碳资产管理。企业通过交易实现减排成本的转移，减排成本高的企业以低于减排成本价买进配额，减排成本低的企业以高于减排成本价卖出配额，交易产生了企业福利，用市场化的手段实现了福利的分配，促进了减排并优化了资源的配置。

（二）市场流动，实现减排激励

二级市场的流动性可以确定买卖双方的均衡供需数量，为企业减排变现提供了保证，避免了“有价无市”的局面。企业开展碳减排，如果在市场不能售出获益，将会影响企业减排的积极性，企业有可能减少技术改造或投资，最终将会影响温室气体减排的大局。二级市场的强大流动性帮助企业实现了收益，调动了企业减排的积极性。

（三）筹资投资，吸收社会资金

二级市场为资金需求者（控排企业）提供了通过碳配额筹集资金的机会，也为资金供给者提供了投资对象，便利了大量投资人参与碳市场。碳排放权的商品属性和投资价值，可以吸收大量的社会闲置资金进入碳市场，为企业减排提供直接资金。二级市场同时吸引大批的专业机构和投资人入市，他们对市场的专业研究和市场操作也将引导市场良性发展，促进市场真实价格的形成。

（四）金融属性，推动金融创新

二级市场是碳金融创新的基础，较强的流动性增强了碳排放权资产属性，也为碳金融创新提供了条件。较强的市场流动性有助于碳金融的创新，例如，碳排放权质押贷款、配额托管、碳基金入市等，都是建立在流动性的基础之上，流动性消除了碳排放权不能市场处置的后顾之忧。碳金融的一系列创新降低了企业的减排成本，拓宽了企业的减排融资渠道。

（五）主体多样，化解体系风险

丰富多样的市场主体，有助于市场自动调节、分散、吸收、化解非系统性风险。二级市场引入多样的投资人，由于参与交易目的、预期和策略的差异，同样的市场信息将产生多样的市场反应，从而促使资源在市场上有多种方式流动，为市场提供了有效缓冲，缓解了整个碳交易体系的压力。

（六）市场反馈，纠偏政策制度

二级市场的运行情况可以检验碳交易制度体系的有效性，为政策的完善提供参考依据。由于碳交易市场尚处于建设初期，制度不够完善。二级市场的交易价格发现、验证、反馈和纠偏功能能够有效降低或弥补核查、分配不当对碳交易试点造成的冲击。市场通过运行检验政府政策并进行反馈完善，从而实现市场运行和政府政策之间监管和约束、促进和激励的相互作用。

（七）信息公开，指导企业决策

二级市场交易价格等信息，反映了市场的运行情况，为市场参与人碳资产管理提供了决策参考。结合市场信息，企业可以根据自身生产、排放、经营目标等实际情况，制定碳资产管理策略，实现低成本减排，甚至直接通过碳交易投资获利。

（八）国际定价，增强国际地位

随着全国碳市场的建立，碳排放权将成为跨国流动的具有投资价值的金融资产，并将成为继石油等大宗商品之后又一新的投资领域。中国面临一次全新的机遇，构建中国主导的国际碳交易市场战略格局，通过二级市场建设促进中国形成世界碳定价中心，争夺全球碳市场的主导权，使人民币成为碳交易的主要结算货币，是人民币国际化的新途径，也是中国在新能源领域争取全球定价权的难得机遇。

三　我国碳定价机制现状分析

碳定价机制是碳交易市场体系建设的核心指标，是评价碳交易市场体系运行成效的关键。研究我国碳价格的演进历程、运行情况、影响因素及面临问题对于完善我国碳交易市场制度体系意义重大。

（一）碳定价机制演进和特点

我国碳价格的产生经历了国际碳市场价格主导和国内试点碳市场价格多元发展两个阶段。

1. 国际碳市场价格主导阶段（2005～2012年）

欧盟排放交易体系（EU－ETS）作为全球最大的碳交易市场，经历了两次大的欧盟碳排放配额（EUA）价格波动：一次是2008年EUA价格几乎崩溃，另一次是2012年以来EUA价格一直在低位运行。EUA的价格从2011的20欧元/吨下降到2013年的5欧元/吨，随后在4～5欧元浮动，2014～2015年基本为7～8欧元。我国碳价格产生于清洁发展机制（CDM）项目的核证减排量（CERs），作为补充性的灵活履约机制，其价格受EUA价格的影响。2005年起中国已成为全球CDM一级市场的主要供给方，但没有定价权，出售的CERs价格低于全球CDM一级市场均价，远低于印度、巴西的CERs，价格最低时甚至到0.7～0.8欧元/吨，处于绝对的弱势地位。但随着国际碳市场供大于求局面的显现和价格的走弱，国外CDM项目几乎“滞销”，从而导致其转回国内。

2. 国内试点碳市场价格多元发展阶段（2013～2016年）

2013～2016年我国7个地方性的试点碳市场相继开市并运行，7个试点碳市场制度体系存在较大差异，导致碳配额的异质性和非标准化，从而衍生出7个不同的碳价格体系，并呈现出以下特点。

（1）价格发现曲线呈现出阶段性：初期价格波动剧烈、中期波动平缓和近期价格低位运行。各试点开市至2014年11月价格处于探索期，波动最为剧烈，2014年底至2015年7月价格处于调整期，运行相对平稳，2015年7月至今经过履约期检验主要地区价格有所下降并趋于平稳。湖北省试点流动性较强，价格较平稳，各试点价格有向湖北省逐步靠拢的趋势。

（2）市场持续性差，流动性弱，有效交易日比例偏低，绝大多数试点并未形成有效的价格机制。截至2016年4月29日，深圳、上海、北京、广东、天津、湖北和重庆累计日均成交量分别为7647吨、6660吨、4460吨、10630吨、1926吨、50817吨和662吨；交易日交易量为0的天数比例分别为10%、34%、34%、34%、27%、0%和94%；交易日交易量为1万吨以上的天数比例分别为26%、20%、10%、13%、1%、81%和1%（见表1）。各试点有效交易活动整体偏低，部分试点存在“有价无市”的现象。

表 1　交易天数占比和累计日均成交情况（截至 2016 年 4 月 29 日）

试点地区	总交易日(天)	0 交易日(%)	100 吨以上(%)	1000 吨以上(%)	1 万吨以上(%)	累计日均成交量(吨)
深圳	710	10	82	60	26	7647
上海	592	34	60	48	20	6660
北京	591	34	60	37	10	4460
广东	527	34	45	31	13	10630
天津	571	27	57	12	1	1926
湖北	503	0	99	97	81	50817
重庆	457	94	5	3	1	662

资料来源：上海环境能源交易所，http：//www. cneeex. com；湖北碳排放权交易中心，http：//www. hbets. cn；北京环境交易所，http：//www. cbeex. com. cn；深圳碳排放权交易所，http：//www. cerx. cn；广州碳排放权交易所，http：//www. cnemission. cn；重庆碳排放权交易中心，http：//www. cqets. cn；天津碳排放权交易所，http：//www. chinatcx. com. cn。

（3）市场主体在市场价格发现中发挥的作用差异较大。数量众多的专业投资机构或个人研究、参与市场交易将有利于价格的发现和政策的纠偏。各个试点除了有控排企业参与外，对交易机构和个人投资者要求也有所不同，这就对市场定价机制的形成产生了较大的影响。北京市，2015 年自然人参与的交易笔数占总笔数的 21%，成交量约占公开交易总量 17%，成交额约占公开交易总额 18%。湖北省，2015 年 7 月第一个履约结束，个人投资人、投资机构和控排企业交易量分别占交易总量的 13%、53% 和 34%。另外，各试点的交易规模和市场开放度有较大关系，投资主体越丰富、数量越多，市场流动性越强。

7 个试点地区市场参与人结构详见表 2。

表 2　各试点市场参与人结构

试点地区	二级市场交易规模	控排企业数（个）	投资机构		个人投资者	
			数量(个)	资质	数量(个)	资质
湖北	6.2 亿元	167	81	第三方核查机构及结算银行除外	6218	会费、年费暂免，资产不限
深圳	2.8 亿元	832	约 20	经纪会员限 10 个	约 2000	会费 2000 元，年费 1000 元
广东	1.6 亿元	211	未披露	持碳量不得超过 300 万吨	未披露	持碳量不得超过 300 万吨

续表

试点地区	二级市场交易规模	控排企业数(个)	投资机构		个人投资者	
			数量(个)	资质	数量(个)	资质
上海	1.2 亿元	197	约 20	综合类会员(会费 50 万元,年费 3 万元),自营类会员(会费 5 万元,年费 0.5 万元)	未开放	—
北京	1.3 亿元	481	34	资本不低于 300 万元,依法设立满 2 年(或位于北京或合作区域内满 1 年)	38	资产不少于 100 万元,北京或合作区域内户籍(或在京 2 年以上的港澳台、华侨、外籍人员,或纳税 5 年以上的持暂住证人员)
天津	2207 万元	114	未披露	允许	未披露	金融资产 30 万元以上
重庆	704 万元	242	未披露	企业法人注册资本金不低于 100 万元;合伙企业及其他组织净资产不低于 50 万元	未披露	个人金融资产 10 万元以上

资料来源：上海环境能源交易所，http：//www.cneeex.com；湖北碳排放权交易中心，http：//www.hbets.cn；北京环境交易所，http：//www.cbeex.com.cn；深圳碳排放权交易所，http：//www.cerx.cn；广州碳排放权交易所，http：//www.cnemission.cn；重庆碳排放权交易中心，http：//www.cqets.cn；天津碳排放权交易所，http：//www.chinatcx.com.cn。

3. 全国碳市场统一价格阶段（2017年以后）

全国统一碳市场建立后，现有 7 个试点期间发放的碳排放配额将会逐步被国家碳排放配额取代，这将首次实现全国碳市场交易产品的统一和标准化。可以预见全国碳市场建成后，7 个市场的价格将逐步趋同，最终会形成全国统一的碳价格。

（二）碳定价机制的成效

通过试点，碳市场定价机制在促进社会减排、带动碳金融创新和支持绿色低碳产业发展方面发挥了重要作用。

1. 促进企业减排，激励机制形成

减排是碳交易的核心目的，部分试点地区通过交易机制实现了不同程度减

排。北京市，2013 年和 2014 年重点排放单位碳排放总量分别同比下降 4.5% 和 5.96%，累计减排 630 万吨，企业碳减排综合成本平均下降 2.5%。上海市，2014 年控排企业的碳排放总量比 2011 年下降了 11.7%。深圳市，2014 年管控企业碳排放绝对量比 2010 年下降 12.6%，碳排放强度下降 34.2%。湖北省，2014 年 138 家控排企业排放量同比下降 767 万吨，降幅 3.14%，12 个行业中 9 个行业、107 家控排企业实现不同程度减排，部分控排企业通过碳交易直接获益 1.69 亿元；据调研，开展碳交易试点后，湖北省 50 家控排企业用于节能降碳投资达 47.7 亿元，2014 年减排投资同比增长 38%，市场激励机制初步形成。

2. 推动碳金融创新，调动企业积极性

较强的流动性和稳定的市场价格是碳金融创新的基础，开展碳金融创新有助于拓宽企业融资渠道、降低企业减排成本并调动企业积极性。从试点情况看，碳金融创新的种类和规模与试点地区市场交易规模直接相关，流动性强的市场，碳金融创新也较多。

7 个试点地区碳金融创新的统计如表 3 所示。

表 3　各试点地区碳金融创新统计（截至 2016 年 4 月 29 日）

试点地区	二级市场配额交易规模	创新数量	碳金融创新内容及规模
湖北	6.2 亿元	6 个	①银行碳金融授信,1000 亿元 ②首支碳基金,共 4 支,累计 1.2 亿元 ③首笔碳配额托管,269 万吨 ④首单碳配额质押贷款,累计 5.4 亿元 ⑤首个 CCER 众筹项目,20 万元 ⑥首个现货远期产品上线
深圳	2.8 亿元	5 个	①中广核碳债券,规模 10 亿元 ②首笔绿色结构性存款,1000 吨配额 ③碳资产托管服务协议 ④首笔跨境碳配额交易,10000 吨 ⑤国内首单跨境配额回购,400 万吨
广东	1.6 亿元	4 个	①国内首宗互换型碳交易 ②碳排放配额抵押融资,融资 5000 万元 ③碳排放配额抵押融资 ④第一单碳排放配额远期交易

续表

试点地区	二级市场配额交易规模	创新数量	碳金融创新内容及规模
上海	1.2 亿元	4 个	①国内首单 CCER 质押贷款协议,贷款 500 万元 ②海通宝碳基金,规模 2 亿元,是首个 CCER 的专项投资基金 ③首单借碳交易签约,合同总配额数量为 20 万吨 ④碳配额卖出回购业务
北京	1.3 亿元	4 个	①国内第一笔担保型 CCER 碳远期合约 ②国内首笔碳配额场外掉期交易,1 万吨 ③碳配额质押融资
天津	2207 万元	1 个	① CCER 碳中和,1000 吨
重庆	704 万元	0	

资料来源:上海环境能源交易所,http://www.cneeex.com;湖北碳排放权交易中心,http://www.hbets.cn;北京环境交易所,http://www.cbeex.com.cn;深圳碳排放权交易所,http://www.cerx.cn;广州碳排放权交易所,http://www.cnemission.cn;重庆碳排放权交易中心,http://www.cqets.cn;天津碳排放权交易所,http://www.chinatcx.com.cn。

3. 带动低碳产业发展和生态补偿

碳交易机制有利于引导社会投资,推动绿色低碳产业发展。碳交易试点启动后,上百家金融机构、投资机构直接参与碳市场,出现了专业的碳资产管理机构。碳市场培育出大批的咨询机构、核查机构等服务型组织;碳市场抵消机制推动了自愿减排项目的开发,带动了全行业的减排,国内农林类项目已开发 120 多个。

湖北省探索了碳市场的生态补偿和低碳精准扶贫。通过碳市场建设,湖北省项目数量居全国前列,农村户用沼气类减排项目比例居全国首位。湖北省统筹规划了全省近 200 万亩林业碳汇项目开发,预计碳汇收入近千万元,统筹开发全省 180 万口户用沼气,预计增收 3600 万元,这对于推动"精准"扶贫,把环境效益转化为经济效益和社会效益具有较强的示范效应。

(三)碳价格的影响因素

二级市场的碳价格受诸多因素影响,有碳市场制度体系因素、碳交易市场运行因素,也有宏观经济因素等。

1. 配额分配松紧程度

控排企业配额由政府直接发放，分配松紧直接影响市场价格，配额分配方法，如历史法或标杆线法的选择、基准年的选取、行业调控系数和减排目标直接影响碳价格，配额分配过多必然带来价格的暴跌。

2. 政府配额拍卖策略

政府可在一级市场拍卖配额，拍卖的对象、价格和数量会影响市场价格。拍卖的对象越广泛，对市场的冲击就越小，拍卖的价格越低、数量越多，则对二级市场碳价格下行的压力就越大；反之亦反。

3. 企业排放报告和核查管理质量

企业排放数据的科学性、真实性和有效性是碳市场存在的基础，控排企业是碳排放配额最大的需方市场，控排企业根据排放数据确定年度履约数量，数据报送体系和核查体系的规范、严谨对碳市场价格有较大影响。

4. 二级市场运作管理

二级市场是市场交易各方博弈的场所，二级市场的交易方式和交易产品的设计、投资人开发管理、交易风险防控和市场预期均会对市场价格产生影响。

5. 宏观经济形势

纳入碳交易管理的企业是以高耗能、高排放为主要特点的电力、钢铁、有色金属、水泥、化工等实体行业，经济下行、产出下降必然带来碳排放下降，从而导致市场配额过剩、价格走低。

案 例 篇

Case Study Reports

B.10

基于土地利用与交通一体化视角的低碳城市规划实践与评价：以上海市为例

骆晓　窦毅　董亮　任竞争*

摘　要：　城市区域的低碳可持续发展一直是应对全球气候变化问题所关注的热点之一，其中低碳交通系统的规划与实践已成为相关领域研究的重中之重。“公交导向型开发”（Transit-oriented Development，TOD）模式为低碳城市规划提供了一种新方法，通过促进公共交通的利用从长远角度抑制城市交通部门的碳排放。截至目前，中国已经有一批大中型城市开始了TOD模式的探索与实践，相关评价与研究项目数量正逐年增加。在此背景下，本报告以上海市为研究对象，

* 骆晓，上海同济城市规划设计研究院研究员、副主任；窦毅，日本国立环境研究所社会环境系统研究中心助理研究员；董亮，荷兰莱顿大学环境科学研究所（CML）研究员；任竞争，南丹麦大学技术与创新学院可持续工程运筹管理中心副教授。

利用空间统计学方法及高精度人口分布数据，对TOD规划的应用效果进行实证量化研究。首先，通过空间聚类分析定量观察城市圈层结构的变化和居民迁移。其次，以可达性作为城市公共交通发展状况的指标，运用地理加权回归模型评估人口分布与交通可达性之间的整合度，验证TOD模式实践的有效性。研究结论证实了TOD模式在组织城市空间结构、提高公交可达性和减少碳排放方面的有效性，并以上海市的成功经验为中国及其他发展中国家的低碳城市规划提供参考。

关键词：低碳城市规划　公交导向型开发（TOD）　探索性空间数据分析（ESDA）　交通可达性　土地利用与交通一体化

城市作为全球温室气体排放的最主要贡献者，一直是气候变化相关领域的主要关注点。由仅占全球地表2%的城市地区所排出的二氧化碳已经占到了全球碳排放总量的80%（Grimm et al.，2008）。其中，交通部门的碳排放量正快速增加。截至2012年，在美国、日本和中国的全年碳排放量中，交通部门的碳排放量占比已经分别达到了32.9%、17.7%和8.6%（IEA，2014）。要推动低碳可持续的城市发展，就不能忽略交通部门的减排策略，以及其针对气候变化的适应与减缓对策。

在应对交通拥堵、污染与气候变化方面，城市规划者们通过长期的探索与实践，开发设计了多种多样的低碳规划战略与手段，通常它们被归纳为CSUTE（Comparative Study on Urban Transport and the Environment）矩阵以及ASI（Avoid-Shift-Improve）政策框架。其中低碳的土地利用规划被认为是最长期有效的减排方法之一，而TOD模式被认为是土地利用规划中最为行之有效的一种开发模式（Nakamura 和 Hayashi，2013）。

TOD 模式通常被定义为通过整合公共交通设施建设与土地利用规划实现公共交通高效利用的一种综合城市规划战略。通常认为，它最先是由美国新城市主义代表人物彼得·卡尔索尔普提出并实施（Calthorpe，1993）。自 20 世纪 90 年代以来，北美、南美、欧洲和亚洲的城市试点相继验证了 TOD 模式能有效抑制城市交通领域的碳排放（Cervero，1998；Curtis et al.，2009；Dittmar 和 Ohland，2004；Loo et al.，2010；Sung 和 Oh，2011）。

TOD 模式同样适用于中国和其他发展中国家的大中型城市。世界各国通常首先经历快速城市化，其次是人均 GDP 的逐渐提升，而人均碳排放量的迅速增加主要是在城市化进程中完成的。这主要是由于城镇化、工业化和摩托化增加了城市对化石能源的需求，而经济增长、收入增加会反过来催生清洁生产与环境保护的需求。因此，在城镇化、工业化和摩托化的前期导入低碳土地利用与交通规划对于最大限度地实现城市节能减排有着非常重大的意义（Hayashi et al.，2011）。目前，中国已有北京、上海、广州等多个城市将 TOD 模式引入城市综合规划中，然而国内对于 TOD 策略的理论介绍和实证研究还比较少，部分还仅仅停留于研究概念阶段，缺乏相应的系统的研究（Cervero 和 Day，2008；Mu 和 de Jong，2012）。在此背景下，本报告以上海市为例，通过城市尺度的空间定量分析评价近 10 年来 TOD 模式实施的效果，从而为进一步改善和深化低碳城市建设提供建议和参考。

一　TOD 模式的内涵与评价

对城市规划战略有效性的评价分析较为复杂，涉及土地利用规制、交通系统发展和社会经济空间政策的方方面面。TOD 战略的内涵主要包括三个方面：①密度（Density），即通过在公交站点临近区域实行高密度、综合性的土地开发，支持公交系统的高效运营；②多样性（Diversity），即通过推广混合式土地利用规划促进“职住平衡”，减少出行距离；③设计

（Design），通过改善街区层面设计实现步车分离，促进慢行交通工具的使用（Cervero 和 Kockelman，1997）。另外，公共交通合作研究计划（TCRP）第102期报告指出TOD战略还应包括投融资体系与政企合作等一系列配套制度（Cervero，2004），这意味着对TOD实践的评价应包含社会经济的多个方面。

从宏观角度来看，土地使用强度被认为是影响TOD实施效果的最重要因素，临近公交站点建设高密度住宅区能有效避免城市的无序扩张，提高公共交通的使用率，改善居住环境和提高交通出行的便利性（Bernick 和 Cervero，1997；Dittmar 和 Ohland，2004；Loo et al.，2010；Sung 和 Oh，2011）。另外，公交系统的建设也会反过来提高站点附近土地价格，促进高强度土地开发，并通过提高地价与固定资产税改善地方政府税收情况（Cervero 和 Kang，2011；Cervero 和 Landis，1993）。通常认为正是区位因素的差异导致了城市空间的这种自发集聚效应，相比运输成本，时间成本更能影响住宅和商业设施的区位选择（Fujita et al.，2011）。因此，可以认为交通可达性作为一种时间资源，是住宅和商业设施选址要考虑的重要区位因素，而通过土地利用与公共交通一体化规划使住宅和商业设施选址与公交可达性分布耦合则是TOD战略的核心。如果耦合程度较高，居民将偏向于使用公交出行；反之，居民将偏向于使用小汽车出行。最典型的案例是日本东京圈，发达便利的地铁和轻轨系统与土地利用高度耦合，使得每天近90%的人选择乘电车出勤。从这个角度看，衡量土地利用强度与公交可达性的空间耦合程度可以成为评价TOD战略实施的一种方案。由于土地利用等与社会经济活动密切相关的空间因素具有自相关效应，因此可以考虑使用空间计量经济模型对土地利用指标与公交可达性指标进行回归分析。本报告依据这条思路，首先使用空间聚类分析工具观察上海市近年来伴随城市发展的人口迁移动向，其次使用“时间成本加权距离”（Time Cost Weighted Distance）作为评价交通可达性的指标，最后利用地理加权回归模型（Geographical Weighted Regression，GWR）评价人口分布与公交可达性分布的耦合程度。

二 方法与资料来源

本报告主要使用通用的 Land Scan TM 高精度全球人口分布数据库(2001～2011 年)进行人口分析，精度为30″(约1千米)。交通路网分布则根据公开的 Open Street Map (OSM) 数据库 (其数据主要源于用户上传的 GPS 数据)，并结合航空遥感地图和其他公开数据得到。

1. 探索性空间数据分析(Exploratory Spatial Data Analysis，ESDA)

探索性空间数据分析 (ESDA) 作为空间统计学和空间计量经济学的基础，在假定空间要素具有自相关 (Self-correlation) 特征的情况下，提供了一套检验空间集聚和探测分布特征的指数工具与回归分析方法。其中空间要素的相互影响主要是由空间权重矩阵 (Spatial Weight Matrix) 定义，并由全局莫兰指数 (Global Moran's Ⅰ) 检验。

在确认人口分布具有空间自相关效应后，本报告采用空间聚类分析指数 (Getis-Ord Gi*) 和局部莫兰指数 (Anselin local Moran's Ⅰ) 探索人口的空间集聚并展示其结构特征。具体地说，前者用于找出统计上显著的热点与冷点地区 (相近数值在空间上的集聚)，后者用于找出相近数值的聚类并划分区域为高值聚集区 (HH)、低值聚集区 (LL) 与异常值区域(HL，LH)。

对于评价土地利用与公共交通一体化程度，本报告采用地理加权回归法(Geographical Weighted Regression，GWR) 评价两者之间的相关性。地理加权回归作为一种典型的空间回归方法，与传统的最小二乘法最大的不同在于其相关系数在空间上可变，从而可以适应并体现出要素的空间自相关特性。本报告取其最基本形式，假设人口分布为交通可达性的函数：

$$y_i = \beta_0(\mu_i, \nu_i) + \sum_{j=1}^{k} \beta_j(\mu_i, \nu_i) x_{ij} + \varepsilon_i \tag{1}$$

此处 (μ_i，ν_i) 是第 i 个样本空间单元的地理中心坐标，是连续函数在 i 样本空间单元的值，ε 是随机误差。GWR 会为每一个空间单元返回一个回归系数。

2. 交通可达性指标设定

关于交通可达性指标的估算，国际上已经有大量的文献可供参阅（Deichmann，1997；Geurs 和 Wee，2004；Halden et al.，2000）。作为初步设定，本研究引用比较通用的时间成本加权距离作为交通可达性指标，其可以被简单定义为从某一地点出发，在特定时间预算内通过特定交通工具可以达到的平均距离。利用 OSM 公开的道路数据以及 Arc - GIS 的到达圈分析工具，在设定出行时间与交通运行条件的情况下，可以计算出到达圈的面积，将到达圈抽象为圆便可以计算出平均可达半径距离。根据上海市第三次、第四次综合交通调查结果及相关文献，交通模式平均时速的设定如表 1 所示。

表 1　交通模式平均时速的设定

模式	地铁	高速路	主干道	次干道	一般公路	巴士	步行
平均时速(km/h)	40	65	45	35	15～25	15	5

另外，对应不同的交通模式，时间预算的设定参考了相应的全市居民平均出行时间。例如，2004 年上海市市民乘坐地铁、巴士、小汽车出行的平均时间分别为 70.1 分钟、56.0 分钟、40.9 分钟，相对应地，2009 年各模式的平均出行时间为 69.7 分钟、55 分钟和 36.4 分钟。而在选择到达地铁、车站的交通方式方面，2004 年的调查显示 61% 的人选择步行，26% 的人选择巴士，2009 年则分别为 55% 和 33%。考虑到地铁 - 巴士相配合的综合公交系统规划，本报告设定公共交通的出行模式为乘坐巴士 - 地铁出行，时间为 70 分钟。

3. 城市客运部门碳排放量的估算方法

基于市民交通出行调查数据，运用式（2）估算城市客运部门的碳排放量：

$$Q_{CO_2}^t = \sum_i Q_i^t = \sum_i Pop^t \times TN_i^t \times Dis_i^t \times M_i^t \times LF_i^t \times EF_i^t \quad (2)$$

其中$Q_{CO_2}^t$代表在时间段 t 内城市客运部门的碳排放量，它是由总人口Pop^t，人均出行次数TN_i^t，对应模式 i 的平均出行距离Dis_i^t，模式分担率M_i^t，对应模式 i 的载荷系数LF_i^t以及对应模式 i 的排放系数EF_i^t的乘积的总和所确定的。

三 上海市城市交通发展与 TOD 模式实施情况

上海市是中国四个直辖市之一，坐落于全国经济最为发达的城市群之一的长三角城市群，中国最早的自由贸易区也设在此处。作为人口众多的典型的特大城市，上海市经常被选作人口与交通相关研究的对象，例如社会空间结构变迁研究（Li 和 Wu，2006；Wu 和 Li，2005）以及城市形态对居民出行行为的影响分析（Chai et al.，2008；Liu et al.，2012；Pan et al.，2009；Song 和 Ikeda，2005）。

根据上海市的统计年鉴，上海市行政区域总面积为 6340km^2。从 2001 年到 2014 年，上海市常住人口由 1668 万人增长到 2426 万人，地区年生产总值从 5210 亿元增长到 23568 亿元。2014 年度，第二产业和第三产业占地区生产总值的比例分别达到 34.7% 和 64.8%，其中批发零售业、金融业和房地产业占比较大。伴随着经济高速发展，居民出行需求也被快速释放。依据上海市第五次综合交通调查结果，2014 年全市居民每天出行次数达到 5550 万人次，每天人均出行次数达到 2.29 次。

在此背景下，上海市加快了城市交通基础设施建设的步伐。在本报告探讨的 2001～2011 年，上海市建成区面积从 550km^2 增加到 886km^2，人均道路长度从 5.84km/万人增加到 11.83km/万人。为了同时满足市民的出行需求与缓解道路交通拥堵，上海市加快了市内地铁与郊区轻轨系统的建设。2001 年，上海地铁的总运营里程只有 63km，年运输 28 亿人次，截至 2011 年，这两项指标便达到了 454.1km 和 210 亿人次。可以预见，大规模的快速公交系统建设将极大地影响城市形态，从而影响交通部门的碳排放总量与分布格局。与此相比，上海市车辆的平均能耗则没有发生显著变化（Shentong，2009；Zou，2011）。

近年来土地利用与交通一体化在上海市的实践主要体现在《上海市城市总体规划（1999～2020）》中，表 2 总结了其中涉及总体布局、产业布局、市内交通和住宅建设的主要内容。另外，最新发布的《上海市城市总体规划（2015～2040）纲要》也明确指出“以公共交通提升空间组织效能，完善由区域城际铁路、城市轨道、中运量公交等多种模式构成的公共交通系统，推进TOD发展模式。充分发挥公共交通复合廊道对城镇体系的支撑和引导作用，强化公共交通枢纽对核心城市、重要地区的集聚带动效应，突出以轨道交通站点为核心的土地复合利用，推进城市功能整合和布局优化，降低居民出行距离，提高城市运行效率”。这表明TOD模式将在未来城市规划中得到广泛应用，并成为主导上海市发展的核心战略之一。

表2　《上海市城市总体规划（1999～2020）》中关于城市布局与交通发展规划的主要内容

领域	主要内容
总体布局	• 以中心城为主体，与新城、中心镇、中心村组合形成“多轴、多层、多核”的市域空间布局结构
产业布局	• 城市内环线内重点发展第三产业，适当保留都市型工业 • 城市内外环线之间重点发展高科技、高增加值、无污染的工业，调整、整治、完善现有工业区 • 城市外环线以外地区重点发展第一产业和第二产业，提高经济规模和集约化水平，集中建设市级工业区，积极发展现代化农业和郊区旅游业
市内交通	• 实行公交优先政策，大力发展轨道交通，优化调整地面公交，适度发展小汽车，形成轨道交通与地面公交密切衔接、各种交通工具协调发展的现代化城市综合交通体系 • 建设高速公路连接重要工业区、重要城镇、交通枢纽和主要客货集散地，形成放射状的高速路、主干道、次干道和支路道路体系
住宅建设	• 新区住宅建设与城市总体布局、大容量轨道交通和基础设施建设相一致，集中建设内外环之间大型居住区，郊区重点建设新城、中心镇的住宅区 • 旧区住宅建设方面，保护与修缮有价值居住建筑，成套改造旧房，拆除危棚简屋

四　TOD实施效果的实证评价

1. 上海市城市形态变化

首先，使用全局莫兰指数分析上海市2000年以来各年的人口集聚状况——在5km阈值内指数达到了0.7，这说明上海市人口分布具有显著的集聚效应。其次，使用空间聚类分析监测人口密度值在空间上的集聚情况，结果反映上海市的城市结构正从单一中心结构转变为清晰的中心城-新城相结合的多中心结构。虽然截至2011年，新城尚未形成和中心城相匹配的人口聚集中心，但其分布与轨道交通方向相吻合，而且聚集效应已经具备了统计上的显著性特征。不过，结果同时也显示了中心城区的蔓延已然超出了外环线的边界，应当尽量避免中心城区的扩张覆盖郊区新城的情况。

2. 上海市人口迁移动向

利用局部莫兰指数检测人口增加值分布的空间聚类，可以实现对一段时间内人口迁移在空间上的趋势分析（见表3）。非常明显，上海市人口迁移呈现出了阶段性特征。2001～2006年，人口一致且大规模地从内环线的中心城区向外环线沿线及郊区迁出，具有显著空间倾向的人口迁移数量达到了数百万。而内外环之间的区域是人口迁出与迁入趋势的分界线。然而，2006～2011年，出现了人口向中心城区回流的趋势，具有显著迁入趋势的地区主要分布在内外环线之间以及郊外的新城。这是因为，在此时间段内，上海市加强了对建成区域土地利用的管制，同时地铁环线的建成运营也可能造成人口回流，这种人口迁移趋势和上海市总体规划与TOD实施效果是相一致的。而分散在显著迁出迁入趋势区域中的异常区域表明，上海市中心城区正经历着比较复杂的人口和土地利用调整过程。

表3　上海市人口迁移趋势

时间段	2001～2006年				2006～2011年			
聚类类型	HH趋势迁入	HL异常迁出	LH异常迁入	LL趋势迁出	HH趋势迁入	HL异常迁出	LH异常迁入	LL趋势迁出
面积(km^2)	656	22	37	240	334	25	70	122
人口迁移数（人）	+3095900	+138800	-146200	-1503000	+638000	+52000	-171700	-222100

3. 公共交通可达性分布的变化

基于时间成本加权距离分析，可以估算出上海市公共交通可达性指数的分布变化，从而衡量公交系统建设对于居民出行便利性的改善效果。对比2001年与2011年的公交可达性分布，可以看出轨道交通的发展极大地改善了中心城区和新城居民的出行，乘坐地铁与公交系统70分钟“平均”可到达距离的最大值从16公里提高到了23公里。但从沿线出行最远距离来看，中心城区乘坐公交的可达性已远远大于小汽车出行。另外，可以看出公交可达性的改善具有网络效应，即地铁环线的建成对全路网可达性有非常明显的提升作用。从这一点来看，由于路网系统的改善具有全局特征，所以与之相匹配的人口分布、住宅和商业设施配置也应考虑未来长期的城市布局变化。

4. 人口分布与公交可达性的耦合度

通过空间计量分析，可以定量衡量和比较不同年份人口与公交可达性的耦合度。本报告采用地理加权回归做初步检测，结果表明上海市近年来人口分布与公交可达性的耦合程度正在加强。如表4所示，R^2 的增大表明了人口分布与公交可达性的拟合度不断提升，而下降的Sigma和AICc值也说明了拟合模型可信度的提升。另外，模型输出的系数空间矩阵呈现中心-外围的圈状结构，说明公交可达性确实是人口分布的全局解释变量，而逐渐缩小的数值差也表明了中心城区逐渐提升的公交可达性较好地匹配了人口的聚集。不过，由于人口的分布也可能与交通可达性以外的因素（比如地形、空气质量、植被绿化、灾害风险等）相关，所以公交可达性并不能完全解释人口分布的空间特征。下一步的研究可以考虑加入更多的解释变量，或者引入改进的可达性指标，例如考虑个人偏好以及公园、学校、商场、医院等公共设施区位的加权可达性指标。

表4　地理加权回归分析结果

分类	2001年	2006年	2011年
R^2	0.566	0.663	0.695
Sigma	6426	4855	4638
AICc	141136	137254	136629

5. 实施 TOD 对碳排放量的影响分析

依据上海市四次综合交通调查报告以及相关统计年鉴，可以计算出上海城市客运部门每年的 CO_2 排放量，如图 1 所示。作为 TOD 战略实施对 CO_2 减排效果的简要估算，我们同时假设在没有发展轨道交通的情况下，轨道交通的客流服务由小汽车提供时的 CO_2 排放量。结果显示，由于小汽车的普及，上海市客运交通的碳排放量不可避免地快速上升，而由轨道交通替代小汽车出行实现的 CO_2 减排效果日益显著，在2009 年达到15%（约3000 吨/天）。依据上海市1986 年、1995 年、2004 年、2009 年四次综合交通调查结果，城市客运部门的模式分担率的变化如表5 所示。考虑到逐渐上升的轨道交通客运分担率和其对城市紧凑布局的影响，实施 TOD 的实际减排效果应显著超过这一数值。

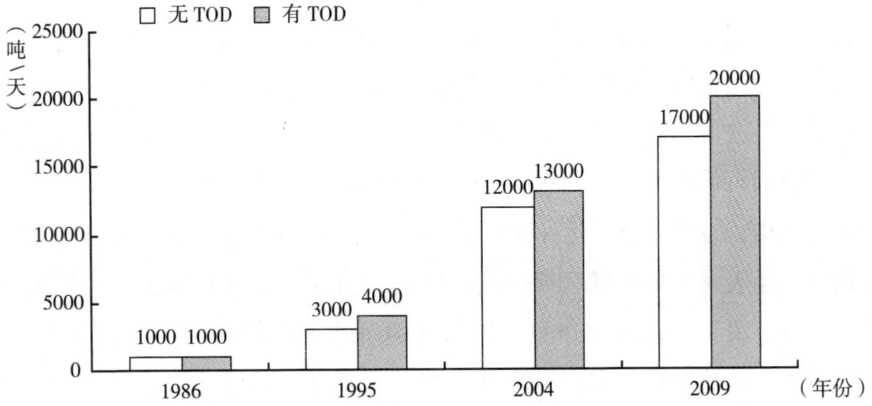

图 1 上海市城市客运交通 CO_2 排放量变化

注：实际情景为实施 TOD，假设情景为未实施 TOD。

表 5 上海市城市客运部门模式分担率变化

单位：%

年份	轨交	巴士	出租车	小汽车	大客车	摩托车	自行车	步行
1986	0	24	0	1	0	0	32	42
1995	1	18	2	4	2	2	42	30
2004	3	18	7	9	3	6	29	26
2009	8	16	6	12	2	4	27	24

五　讨论与政策建议

上述对上海市人口分布与公交可达性的耦合分析验证了实施TOD战略对于城市空间布局改善和CO_2减排起到的显著作用。TOD成功实施的经验可以归结为近年来上海市政府部门更加积极有效地执行城市总体规划，适时地加快轨道交通基础设施建设步伐，以及合理管控与改善土地利用（例如站点周边的城市综合体建设）。这些经验对于类似的发展中国家特大城市来说具有借鉴意义。不过，其内在原因更可能是上海市逐渐完善的土地和住房市场体制。

自20世纪90年代开始，上海市加快了土地和住房市场的改革步伐。从改革计划经济体制，打破单位制对土地的垄断，到双轨制的实施和土地、住房市场的放开，交通可达性、宜居环境等空间地理因素对土地实际价格的影响逐渐体现，其中公共交通系统布局对房价的影响最为突出（Ding，2003；Wei 和 Zhao，2009）。由公共交通服务改善带来的合理的土地价格上涨既有利于推动站点周边土地的高效利用，同时也为可持续的政府税收增长提供保障（Day 和 Cervero，2010；Gao 和 Liu，2011；Pan 和 Zhong，2008）。然而，我们也看到，由于缺乏对地理交通环境的定量评估，在实施大规模拆迁和新建大型社区及生活服务区的同时，部分选址并不与公交可达性的空间耦合。另外，中心城区过度的人口聚集若长期得不到疏解，公交系统的压力缓解和道路交通拥堵的改善还将遭遇瓶颈。

首先，上海市的实践经验表明了在发达国家低碳可持续发展建设中行之有效的TOD模式，同样也适用于发展中国家的大城市建设，类似的城市建设经验值得向国内其他大中型城市推广。不过，TOD模式在具体推广和实施中也要充分考虑地方实际情况，并遵循市场原则。例如，以轨道交通、快速公交（BRT）、路面电车等为主导的多种交通方式应与将来规划的人口密度相匹配，同时注重多种交通系统之间的衔接与配合，协调公共交通与小汽车、慢行交通方式的竞合关系。在规划实施的过程中要考虑有效的过渡方式，且应差别化地评估 TOD 模式的飞跃式或渐进式导入方式对城市建设可能带来的影响。

其次，上海市的经验也表明了城市规划领域加强科学和定量化评估的必要性。建立城市模型模拟空间地理要素的相互作用、评估政策实施的可能效果将为政府决策提供更为可靠和有效的参考。同时，城市数据库的建立完善，GPS 与云计算技术的社会监控系统（Social Monitoring System）以及网上管理系统的导入也将为模型的完善和政策评估提供效果反馈。

最后，针对转型管理（Transition Management），环境价值的市场化以及社会价值与意识的强化不容忽视。适当的公民环境教育，配合经济激励或惩罚（例如停车费和拥堵税）可以引导市民更快地接受“公交导向型”生活方式。另外，在交通基础设施建设中，充分利用市场机制，结合 TIF（Tax Increment Financing）、BID（Business Improvement District）等 PPP（Public-Private Partnership）模式合理分担风险和收益，促进民间资本参与公共设施建设与运营，也会反过来自下而上地推进 TOD 模式所倡导的土地利用与公共交通一体化进程。

参考文献

[1] Bernick, M., Cervero, R., *Transit Villages in the 21st Century* (Columbus: McGraw-Hill, 1997).

[2] Calthorpe, P., *The Next American Metropolis: Ecology, Community and the American Dream* (New York: Princeton Architectural Press, 1993).

[3] Cervero, R., *The Transit Metropolis: A Qlobal Inquiry* (Washington, D. C.: Island Press, 1998).

[4] Cervero, R., *TCRP Report 102: Transit-oriented Development in the United States: Experiences, Challenges, and Prospects* (Washington, D. C.: Transportation Research Board, 2004).

[5] Cervero, R., Day, J., "Suburbanization and Transit-oriented Development in

China," *Transport Policy* 15 (2008).

[6] Cervero, R., Kang, C. D., "Bus Rapid Transit Impacts Onland Uses and Iand Values in Seoul," *Transport Policy* 18 (2011).

[7] Cervero, R., Kockelman, K., "Travel Demand and the 3Ds: Density, Diversity, and Design," *Transport Res D-Tr E* 2 (1997).

[8] Cervero, R., Landis, J., "Assessing the Impacts of Urban Rail Transit on Local Real Estate Markets Using Quasi-experimental Comparisons," *Transport Res a-Pol* 31 (1993).

[9] Chai, Y., Weng, G., Shen, J., "A Study on Commercial Structure of Shanghai Based on Residents' Shopping Behavior," *Geographical Research* 27 (2008).

[10] Curtis, C., Renne, J. L. et al., *Transit-oriented Development: Making it Happen. Ashgate* (Burlington, 2009).

[11] Day, J., Cervero, R., *Effects of Residential Relocation on Household and Commuting Expenditures in Shanghai, China* (Int J. Urban Regional 34, 2010).

[12] Deichmann, U., *Accessibility Indicators in GIS Department for Economic and Social Information and Policy Analysis* (United Nations Statistics Division, 1997).

[13] Ding, C. R., *Land policy reform in China: Assessment and Prospects* (Land Use Policy 20, 2003).

[14] Dittmar, H., Ohland, G., *The New Transit Town: Best Practices in Transit-oriented Development* (Washington D. C.: Island Press, 2004).

[15] Fujita, M., Krugman, P., Venables, A. J., *Spatial Economy-Cities, Regions, and International Trade* (London: The MIT Press, 2011).

[16] Gao, X., Liu, F., "Influence on the Housing Price by Railway Transportation: Taking Shanghai for Example," *Urban Problems (in Chinese)* 12 (2011).

[17] Geurs, K. T., Wee, B., *Accessibility evaluation of land-use and transport strategies: review and research directions (J. Transp Geogr* 12, 2004).

[18] Grimm, N. B., Faeth, S. H., Golubiewski, N. E., Redman, C. L., Wu, J. G., Bai, X. M., Briggs, J. M., "Global Change and the Ecology of Cities", *Science* 319 (2008).

[19] Halden, D., McGuigan, D., Nisbet, A., McKinnon, A., *Accessibility: Review of Measuring Techniques and Their Application* (Derek Halden Consultancy, 2000).

[20] Hayashi, Y., Mai, X., Kato, H., "The role of Rail Transport for Sustainable Urban Transport", *Transport Moving to Climate Intelligence*, ed. W., R., Hayashi, Y., Schade, W. (New York: Springer, 2011).

[21] IEA, CO_2 Emissions from Fuel Combustion, Paris, 2014.

[22] Li, Z., Wu, F., "Residential Disparity in Urban China: A Case Study of Three

Neighborhoods in Shanghai," *Housing Studies* 21 (2006).

[23] Liu, Y., Wang, F., Xiao, Y., Gao, S., "Urban Land Uses and Traffic 'Source-sink Areas': Evidence from GPS-Enabled Taxi Data in Shanghai", *Landscape Urban Plan* 106 (2012).

[24] Loo, B. P. Y., Chen, C., Chan, E. T. H., "Rail-based Transit-oriented Development: Lessons from New York City and Hong Kong", *Landscape Urban Plan* 97 (2010).

[25] Mu, R., de Jong, M., "Establishing the Conditions for Effective Transit-oriented Development in China: the Case of Dalian", *J Transp Geogr* 24 (2012).

[26] Nakamura, K., Hayashi, Y., "Strategies and Instruments for Low-carbon Urban Transport: An International Review on Trends and Effects," *Transport Policy* 29 (2013).

[27] Pan, H., Shen, Q., Zhang, M., "Impacts of Urban Forms on Travel Behavior: Case Studies in Shanghai", *Urban Transport of China* 7 (2009).

[28] Pan, H., Zhong, B., "The Impact of Metro on Property Price: a Case Study of Shanghai", *Urban Planning Forum (in Chinese)* (2008).

[29] Shentong, Annual Report of Shentong Group, 2009.

[30] Song, Y., Ikeda, T., "A Study on Present Shanghai Urban Inhabitants' Leisure Activities and Sites", *Journal of Asian Architecture and Building Engineering* 4 (2005).

[31] Sung, H., Oh, J. T., "Transit-oriented Development in a High-density City: Identifying its Association with Transit Ridership in Seoul, Korea," *Cities* 28 (2011).

[32] Wei, Y. P., Zhao, M., "Urban Spill over vs. Local Urban Sprawl: Entangling Land-use Regulations in the Urban Growth of China's Megacities", *Land Use Policy* 26 (2009).

[33] Wu, F., Li, Z., "Sociospatial Differentiation in Subdistricts of Shanghai," *Urban Geogr* 26 (2005).

[34] Zou, J., An Analysis on the Preference of Shanghai Customers on the Private Cars and Its Influence on the Unit Energy Consumption, Shanghai Jiaotong University, 2011.

B.11
生态足迹的化学产品可持续度量方法

骆晓　任竞争　梁涵伟　董亮　窦毅*

摘　要： 随着资源、能源短缺问题的日益严峻，化学产品生产的可持续性受到越来越多的关注。本报告用生态足迹作为衡量可持续性的工具，并将产品生命周期的思想引入生态足迹的计算之中，建立了基于产品生命周期思想的化学产品生态足迹模型，同时将该模型用于乙炔生态足迹的计算之中，并根据计算结果为乙炔生产的可持续性提出了合理的建议。该模型可以推广用于其他化学产品生态足迹的计算和工艺的选择。

关键词： 化学产品　产品生命周期　生态足迹

“生态足迹”这一概念是20世纪90年代加拿大生态经济学家William和Wackernagel提出的，是指生产相应人口所消费的所有资源和消纳所产生的废物所需要的生态生产性土地面积。该方法把消费与支持消费的土地相联系，把资源的消耗及资源消耗所产生的影响转化为生态生

---

* 骆晓，上海同济城市规划设计研究院研究员、副主任，研究方向为低碳交通、城市规划大数据技术应用；任竞争，南丹麦大学技术与创新学院可持续工程运筹管理中心副教授；梁涵伟，南京信息工程大学讲师；董亮，荷兰莱顿大学环境科学研究所（CML）研究员；窦毅，日本国立环境研究所社会环境系统研究中心助理研究员。

产性土地面积，依此来衡量某一特定群体消费的可持续性或某一过程消耗的可持续性。近年来，越来越多的学者对生态足迹理论进行研究，并将其概念和方法运用于各个学科，顾晓薇等运用生态足迹成分法分析大学校园的生态足迹，郑忠海等根据生态足迹理论对城市能源系统进行评价，闫丽珍等将生态足迹法引入玉米－味精生态农业及产业系统能耗和环境影响的分析，曹淑艳等根据投入－产出研究了我国的生态足迹，顾东江等探究了黑龙江省的生态足迹，B. Chen 等用生态足迹和改进的生态足迹对 1981～2001 年我国社会资源消耗进行研究，Maged Senbel 等用生态足迹作为非货币度量方式对北美人群的消费状况进行分析，Mohamed M. Mostafa 运用自组织神经网络对数十个国家的生态足迹进行聚类分析。

化学工业是高污染、高能耗的产业，化工过程中产生的环境污染及资源能源的过度消耗是制约可持续发展的关键因素。生态足迹作为定量测度可持续发展状态的方法，却鲜有应用于化工产业研究的报道，化工产品生产是一个涉及自然资源、能源、人力资源、废弃物处理的复杂系统。测度一个产品的生态足迹，可以权衡一种工艺的优劣，同时可以分析出生产过程中资源、能源的消耗及废弃物处理等对可持续发展影响的程度，以便提出合理的改进措施，降低资源、能源的消耗及对环境的负面影响。

生态足迹的计算方法主要有综合法、成分法、投入－产出法，其中最常用的是综合法和成分法，国家、省、市层面生态足迹的分析多用综合法，学校、公司、家庭等层面的研究多用成分法。化工产品的生产是在车间、工厂范畴内进行的，大小与学校、公司相当，学校、公司、家庭三者生态足迹的分析方法对化学产品生产过程生态足迹的研究具有一定的可借鉴性。成分法通过收集和实测相关消费与排放成分的量值，将各项消费转化成不同类型的生态性生产土地的面积，能够反映各项细微消费对研究对象生态足迹的影响，计算结果较为准确和可靠，成分法的计算过程如图 1 所示。

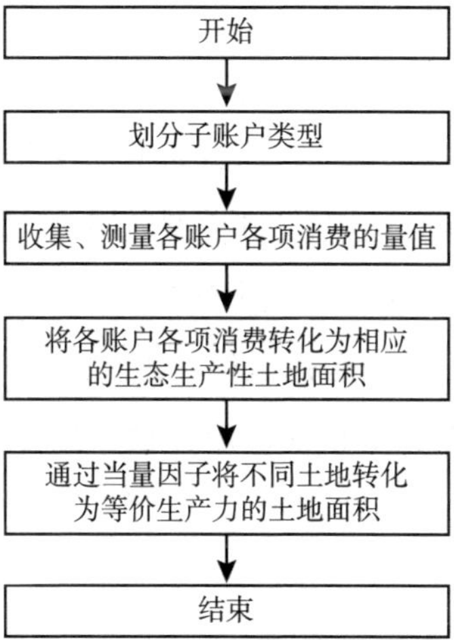

图1　成分法计算程序

一　化学产品生态足迹模型

化学品的原料分为自然资源和非自然资源，自然资源可以直接从自然界开采，非自然资源是以自然资源为原料转化而来，因此非自然资源的生产同样涉及资源的使用、能源的消耗、废弃物排放及处理，因此在生态足迹的计算中，仅仅根据化学产品生产阶段各项消费以及单位各种生态生产性土地所能提供的消费能力来估算生态足迹是不准确的。这样生态足迹的计算仅仅局限于研究的对象和过程，而实际生态足迹贯穿化学产品生产的整个生命周期（即自然资源—原料化学品—化学产品—产品循环利用—废弃产品处置）。产品的生命周期（Life Cycle）是一个产品系统生命周期整个阶段——从原料的提取和加工，到产品生产、包装、市场营销、使用、再使用和产品维护，直至再循环和最终废物处置。原料的提取和加工，必然涉及生产原料的土地及吸收加工过程中产生废弃物的土地，产品生产、包装、市场营销、使用、再使用和产品维护必然涉及能源的利用、交通运输、废弃物排放等，这些行为也需要相应的生态生产性土地，产品的循环和最终废物处置也需要相应的生态生产性土地予以支撑，可见产品整个生命周期的各个阶段都对产品的生态足迹有影响，因此化学产品的生态足迹不仅仅是其生产阶段的生态足迹，而且是其整个生命周期的生态足迹。产品生命周期思想的化学产品生态足迹模型如图2所示。

由图2可知，化学产品在生产过程中主要涉及资源的使用、能源的消耗、废弃物排放及处理，同时公用工程、建筑物生产投资和交通也需要相应的生态足迹，因此设立资源、能源、废弃物、公用工程、建筑、生产投资、交通七个账户，在产品的生命周期中，七个账户总和即为该化学产品的生态足迹。账户明细如表1所示。

表1　化学产品生态足迹账户明细

账户类型	核算项目	生态足迹的注释	可能的生态生产性土地类型
资　源	①自然资源 ②原料化学品资源 ③人力资源	①从自然界开采的资源的生态足迹 ②原料化学品生产的生态足迹 ③员工因化工产品生产而额外产生消费的生态足迹	林地、耕地、化石能源间接用地
能　源	电力、煤、石油、天然气等	为化工产品生产提供动力的各种能源的生态足迹	化石能源间接用地或林地、牧草地
废弃物	废渣、废液、废气(尤指具有温室效应的气体)	废渣堆放、废液的处理、废气的吸收的生态足迹	耕地、林地、牧草地
公用工程	循环水、蒸汽等	循环水、蒸汽等的生态足迹	化石能源间接用地或林地、牧草地
建　筑	厂房或车间	建筑占地	建筑用地
生产投资	运行费、建筑工程费、设备购置费、安装工程费	根据国民人均生态足迹和人均消费折算的生态足迹	等价生产力的土地
交　通	原料的运输	消费石化能源的生态足迹	化石能源间接用地或林地、牧草地

模型假设有以下几点。

（1）各类生态生产性土地在空间上是互斥的，即任何空间都不存在多种（两种或以上）不同的土地类型。

（2）人力资源生态足迹计算中忽略工作餐、生活垃圾等对产品生态足迹的影响。

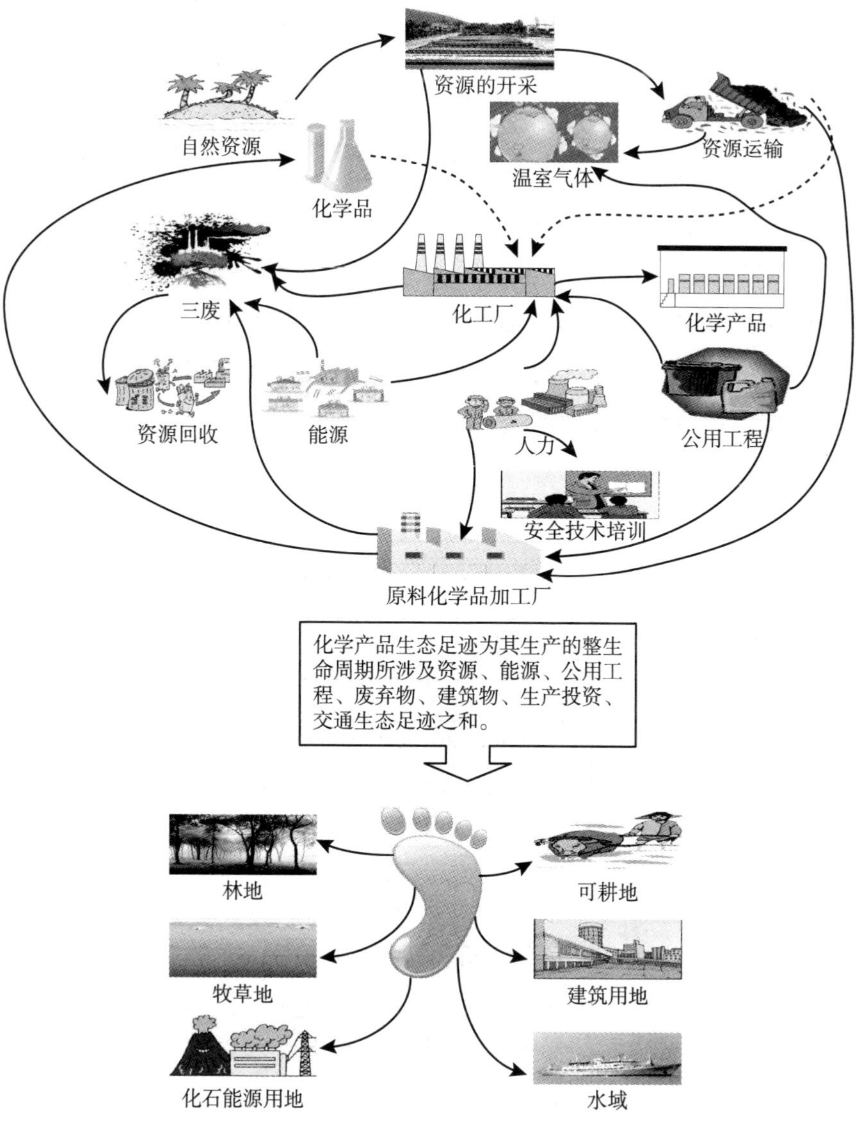

图2　产品生命周期思想的化学产品生态足迹模型

（3）在废弃物生态足迹的计算中，废渣的填埋深度或堆积高度为固定值，废液的生态足迹计算仅考虑废液处理费用，废气的生态足迹仅考虑具备温室效应潜能的气体被吸收所需要的生态生产性土地面积。

（4）公用工程（如循环水、蒸汽）的生态足迹忽略其消耗过程中产生的对环境有负面影响的气体被消纳所需的生态生产性土地的面积。

通常情况下只需确定资源的消耗量及单位面积资源的产量即可确定资源的生态足迹。与资源生态足迹的计算方法不同，化学产品的生态足迹贯穿其整个生命周期，只有确定化学产品生产的生命周期的范围，才能准确计算出某一化学产品的生态足迹。化学产品生态足迹的计算范围包括自然资源的开采—原料化学的加工—化学产品生产—产品循环利用—废弃产品处置。在产品整个生命过程中，化学产品生态足迹即各个阶段所涉及资源、能源、废弃物、公用工程、建筑、生产投资、交通等过程的生态足迹之和。其计算程序如图3所示。

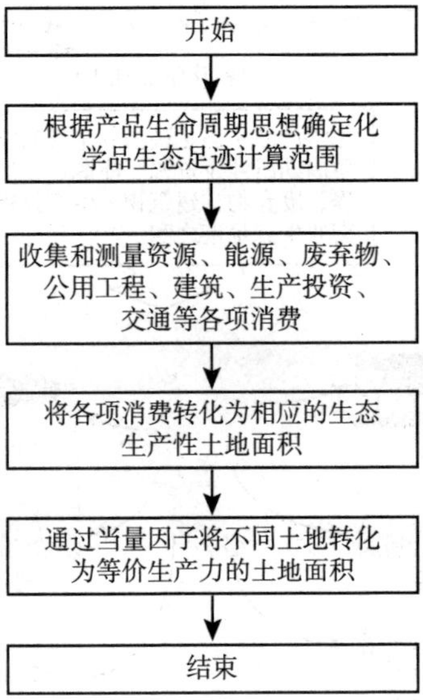

图3　化学产品生态足迹计算程序

（一）能源的生态足迹

能源主要是指电力和燃料天然气等，能源的生态足迹通常有两种计算方法：一种是根据能地比（通常用每平方米生产8MJ的乙醇净生产作为能地比）来计算其生态足迹，如式（1）所示；另一种是根据能源在消费过程中所排放的二氧化碳被完全吸收所需林地、牧草地的面积作为能源的生态足迹，如式（2）所示。其他能源的生态足迹亦可用这两种方式计算。

$$E_{energy} = \frac{E_i}{R_0} \tag{1}$$

其中，E_{energy}为能源的生态足迹，E_i 为第 i 种能源的消耗，R_0 为能地比。

$$E_{energy} = \frac{Q_e \eta co_2 Per_f}{P_f^{CO_2}} + \frac{Q_e \eta co_2 Per_g}{P_g^{CO_2}} \tag{2}$$

其中，Q_e 为能源的使用量，ηco_2 为单位能源的 CO_2 转化率，$P_f^{CO_2}$ 为单位面积林地一年内可吸收的 CO_2，Per_f 为森林吸收碳的份额，Per_g 为单位面积草地一年内可吸收的 CO_2，$P_g^{CO_2}$ 为草地吸收碳的份额。

（二）公用工程的生态足迹

公用工程生态足迹的计算主要涉及水和蒸汽等，本报告以最为常用的水和蒸汽的生态足迹为例进行说明。

1. 蒸汽的生态足迹

蒸汽是由燃煤提供动力的，因此蒸汽的生态足迹可以转化为能源煤的生态足迹，根据蒸汽的消耗量及单位煤所产蒸汽的量可以计算出能源煤的消耗量，即如式（3）所示，再根据能源的生态足迹的计算方法可折算出公用工程的生态足迹。

$$Q_{coal} = \frac{Q_{vapor}}{q_{vapor}} \tag{3}$$

其中，Q_{coal}为煤的需求量，Q_{vapor}为蒸汽的需求量，q_{vapor}为单位煤的蒸汽产量。

2. 水的生态足迹

水资源需要相应的生态生产性土地予以提供，同时水的生产过程需要消耗能源（主要是电力和煤炭），能源的消耗产生废弃物也需要相应的生态生产性土地予以消纳。当水消耗较少时，消纳废弃物的土地是生态足迹的主要部分，此时可以将水的生态足迹转化为其生产过程中消耗的电力和煤炭的生态足迹之和。如式（4）所示。

$$E_{water} = \frac{Q_{ele}\eta co_2}{Pco_2} + \frac{Q_{coal}\eta co_2}{Pco_2} = \frac{Q_{water}\lambda_{ele}\eta co_2}{Pco_2} + \frac{Q_{water}\lambda_{coal}\eta co_2}{Pco_2} \tag{4}$$

其中，E_{water}为水的生态足迹，Pco_2为吸收单位 CO_2 所需土地面积，Q_{water}为水的消耗量，Q_{ele}为电力的消耗量，Q_{coal}为煤炭的消耗量，λ_{ele}为单位水生产过程所消耗的电力，λ_{coal}为单位水生产过程所消耗的煤炭。

当水消耗较大时提供水资源的生态生产性土地占生态足迹的绝大部分，此时水的生态足迹可以通过式（5）计算。

$$E_{water} = \frac{Q_{water}}{q_{water}} \tag{5}$$

其中，q_{water}为单位面积水。

（三）废弃物的生态足迹

废弃物主要有废渣、废液、废气，因此废弃物的生态足迹是三者的生态足迹之和。

1. 废渣的生态足迹

废渣作为垃圾堆放会占用生态功能用地（通常为耕地），其计算方法如式（6）所示。

$$E_{ws} = \frac{Q_{ws}}{h_{ws}} \tag{6}$$

其中，E_{ws}为废渣的生态足迹，Q_{ws}为废渣的处理量，h_{ws}为废渣填埋或堆积的高度。

2. 废液的生态足迹

废液处理的过程较为复杂，处理过程需要消耗能源，可以将废液的生态足迹转化成所消耗能源的生态足迹来计算，也可根据废液处理所需费用，将其折算成相应等价生态生产性土地的面积，如式（7）。

$$E_{wl} = \frac{M_{wl}e_{ave}}{f_{ave}} \tag{7}$$

其中，E_{wl}为废液的生态足迹，M_{wl}为废液处理消耗的费用，e_{ave}为国民人均生态足迹，f_{ave}为国民人均消费。

3. 废气的生态足迹

废气生态足迹的计算主要考虑能够影响全球变暖的温室气体（NOx、CO_2、甲烷等），将所有的温室气体折算成同等温室效应的 CO_2 的量，然后计算其被完全吸收所需林地、牧草地面积，即为废气消纳所需的生态足迹，计算如式（8）所示。

$$E_{wg} = \frac{I_{GW}}{Pco_2} = \frac{\sum(GWP_i \times m_i)}{Pco_2} \tag{8}$$

其中，I_{GW}为废气排放造成的全球变暖指标，GWP 为废气 i 的全球变暖潜能，m_i 为废气 i 排放量。

废弃物的生态足迹即如式（9）所示。

$$E_{waste} = E_{ws} + E_{wl} + E_{wg} \tag{9}$$

（四）建筑的生态足迹

化学产品建筑的生态足迹是指单位基准的化学产品所占用建筑用地的面积，如式（10）所示。

$$E_b = \frac{A}{NQ_P} \tag{10}$$

其中，E_b 为建筑的生态足迹，A 为工厂或车间的用地面积，N 为使用年限，Q_P 为化工产品的年产量。

（五）生产投资的生态足迹

生产投资费用主要包括运行费（F_1）、建筑工程费（F_2）、设备购置费

(F_3)、安装工程费(F_4),根据国民人均生态足迹和人均消费水平将其转换成需要的功能性生态用地面积,其计算公式如式(11)所示。

$$E_{inv} = \frac{F_1 + F_2 + F_3 + F_4}{f_{ave}} \times e_{ave} \tag{11}$$

其中,E_{inv}为生产投资的生态足迹,F_1为运行费,F_2为建筑工程费,F_3为设备购置费,F_4为安装工程费,e_{ave}为国民人均生态足迹,f_{ave}为国民人均消费。

(六)交通的生态足迹

交通的生态足迹主要是车辆消耗燃料(如汽油、柴油、液化天然气等)需要占用相应的能源用地,首先计算出能源消耗量,其次将交通的生态足迹转化成能源的生态足迹,计算如式(12)所示。

$$E_t = \sum_i E_t^i = \sum_i \frac{L\eta co_2 Per_f}{\overline{c_i} P_f^{co_2}} + \sum_i \frac{L\eta co_2 Per_g}{\overline{c_i} P_g^{co_2}} \tag{12}$$

其中,E_t为总的交通生态足迹,E_t^i为交通消耗能源i的生态足迹,L为卡车交通里程,$\overline{c_i}$为单位里程能源i的消耗。

(七)资源的生态足迹

在化学产品生产过程中,资源作为生产的原料,主要有自然资源(如木材、玉米等)、人力资源(主要是化学产品企业管理人员、生产技术人员和生产操作人员等)、化学品资源(作为原料的化学品等)。

1. 自然资源生态足迹

自然资源生态足迹是自然资源的消耗量与该地自然资源的平均产量之比,如式(13)所示。

$$E_{nr}^i = \frac{C_i}{P_{average}^i} \tag{13}$$

其中,E_{nr}^i为自然资源i的生态足迹,C_i为自然资源i的消耗量,$P_{average}^i$

为自然资源 i 的平均产量。

某地自然资源的平均产量计算公式如式（14）所示。

$$P^{i}_{average} = \frac{1}{n}\sum_{k=1}^{n}\frac{P^{i}_{k}}{A^{i}_{k}} \tag{14}$$

其中，k 为年份，n 为总年数，P^{i}_{k} 为自然资源 i 在第 k 年的总产量，A^{i}_{k} 为自然资源 i 在第 k 年的总种植面积。

2. 人力资源的生态足迹

在化工产品生产过程中，人力资源生态足迹主要指管理人员、技术人员、生产人员在生活所必需的衣、食、住、行、医疗保健、交通等之外因化工产品生产而额外产生消费的生态足迹，主要是指办公所用纸张、水、电、汽，员工安全技术培训，生活福利，安全与健康保障。水、电、汽的生态足迹可以根据能源或公用工程生态足迹的方法计算。以下主要介绍纸张、员工安全技术培训、生活福利、安全与健康保障生态足迹的计算方法。

纸张的生态足迹计算公式如（15）所示。

$$E_{paper} = \frac{C_p Q_w}{P_w} \tag{15}$$

其中，E_{paper}为纸张的生态足迹，C_p 为纸张的消耗量，Q_w 为单位纸张所需木材，P_w 为单位面积木材产量。

员工安全技术培训、生活福利、安全与健康保障都需要相应的消费支出通过人均生态足迹转化成相应的生态足迹，计算公式如（16）所示。

$$E_f = \frac{Me_{ave}}{f_{ave}} \tag{16}$$

其中，E_f 为以货币形式消费的支出的生态足迹，M 为以货币形式消费的总支出，e_{ave}为国民人均生态足迹，f_{ave}为国民人均消费。

则人力资源的生态足迹如式（17）所示。

$$E_P = E_{paper} + E_{energy} + E_{water} + E_f \tag{17}$$

其中，E_P 为人力资源的生态足迹。

3. 化学品资源的生态足迹

定义只有自然资源参加的化学转化过程为全自然资源转化，否则为非全自然资源转化。在化工产品生产过程中，化学产品的原料由自然资源和原料化学品构成，自然资源通常可以直接从自然界开采而来，而原料化学品是由自然资源和另一种原料化学品构成……，不断回溯，直至所有的化学品的生产原料转化为自然资源为止，则整个回溯过程所涉及的资源、能源、废弃物生态足迹总和即为原料化学品的生态足迹，原料化学品生态足迹计算范围如图 4 所示。

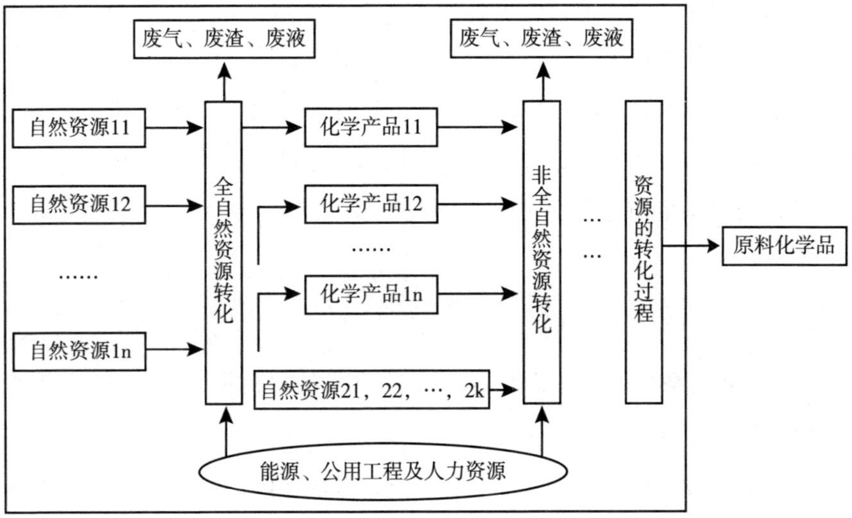

图 4　原料化学品的生产足迹计算范围

在化学产品生态足迹计算模型中，为了计算方便，把原料化学品因建筑物、生产投资、交通等过程中产生的生态足迹累计在化学产品生产过程生态足迹的计算之中，由此原料化学品资源生态足迹是最初的自然资源生产该原料所涉及的自然资源、能源、废弃物、公用工程生态足迹的总和，如式（18）所示。

$$E_{chem} = \sum_i E_{nr}^i + E_p^{chem} + \sum_j E_{energy}^j + \sum_k E_{waste}^k + \sum_l E_p^l \tag{18}$$

其中，E_{chem} 为原料化学品的生态足迹，E_{nr}^i 为自然资源 i 的生态足迹，E_p^{chem} 为生产该原料化学品所消耗人力资源的生态足迹，E_{energy}^j 为能源 j 的生态足迹，E_{waste}^k 为转化过程中 k 废弃物的生态足迹，E_p^l 为 l 公用工程的生态足迹。

通过当量因子（可耕地、建筑地为2.8，林地、化石燃料地为1.1，牧地为0.5，海域0.2）将可耕地、建筑地、林地、化石燃料、牧地、海域调整为具有等价生产力的土地面积，则可以算出化学产品的生态足迹，如式（19）所示。

$$E_{product} = 2.8E_1 + 1.1E_2 + 0.5E_3 + 0.2E_4 \tag{19}$$

其中，$E_{product}$ 为化学产品的生态足迹，E_1 为可耕地、建筑地的面积之和，E_2 为林地、化石燃料间接用地面积之和，E_3 为牧地用地面积，E_4 为海域的面积。

二　化学产品生态足迹计算实例

乙炔作为乙醛、醋酸、苯、聚氯乙烯等生产所用的原料，其产量是一个国家化工产业发展程度的标志。天然气部分氧化制乙炔作为一种成熟的技术被越来越多的厂家采用，这种乙炔产品的生产以自然资源天然气为原料，乙炔的生态足迹范围如图5所示。

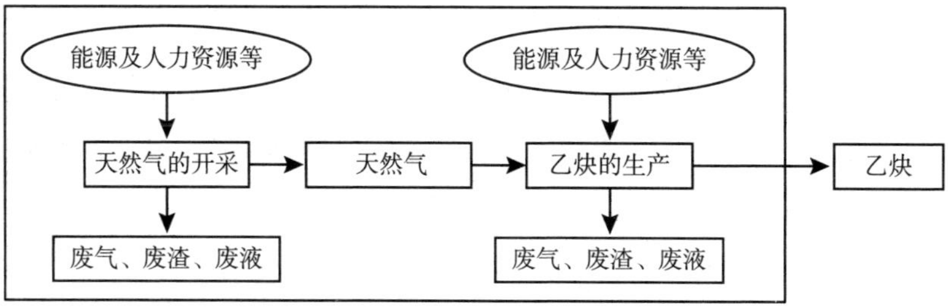

图5　化学产品乙炔生态足迹范围

资料源于黄智贤和曾毅等所提供的天然气部分氧化法制乙炔生产成本及排放清单，其他数据（建筑占地、生产投资、人力资源消耗、交通里程等）源于一拟建厂，并已咨询多位专家验证资料来源的真实性和可靠性。以1t乙炔的生产为基准，生产1t乙炔投入与排放清单如表2所示。

表2　生产1t乙炔投入与排放清单

项目	数量	项目	数量
资源消耗		蒸汽	22t
原料天然气	$6154m^3$	**废弃物排放**	
人力资源消耗		CO_2	830kg
员工安全技术培训	20元	甲烷	340kg
生活福利	100元	废渣	$0.049m^3$
安全与健康保障	80元	**建筑用地**	$220000m^2$
能源消耗		**生产投资**	
电	3298kWh	运行费用	1430元
燃料天然气	$77m^3$	**交通**	
公用工程消耗		卡车运行里程	4.8km
水	638t		

单位乙炔产品的生态足迹为生产单位乙炔所需天然气的生态足迹、能源的生态足迹、公用工程的生态足迹、废弃物的生态足迹、建筑的生态足迹、生产投资的生态足迹、交通的生态足迹之和，即如式（20）所示。

$$E_{ac} = E_{ng} + \sum E_{energy} + \sum E_{waste} + E_b + E_{inv} + E_t \tag{20}$$

其中，E_{ac}为乙炔的生态足迹，E_{ng}为天然气的生态足迹，E_{energy}为能源生态足迹，E_{waste}为废弃物的生态足迹，E_b为建筑的生态足迹，E_{inv}为生态报资的生态足迹，E_t为交通的生态足迹。

1. 资源的生态足迹

原料天然气的生态足迹：计算原料化学品天然气的生态足迹，生产$1000m^3$天然气的清单如表3所示。

表3 生产 $1000m^3$ 天然气的清单

输入	输出		
电	CO_2(1)	甲烷(21)	NOx(40)
116.16kWh	0.021t	0.00018t	0.00002t

电的生态足迹：根据能地比（$8MJ/m^2$），可得出生产 $6154m^3$ 原料天然气，需要 $0.032168hm^2$ 能源地。

废气的生态足迹：CO_2、甲烷、NOx 的温室效应潜能分别为 1、21、40。取 $P_f^{co_2} = 3.8096t/hm^2$，$P_g^{co_2} = 0.9482t/hm^2$，$Per_f = 0.8272$，$Per_g = 0.1728$，则废气的生态足迹为 $0.034181hm^2$ 林地，$0.028688hm^2$ 牧草地。

人力资源的生态足迹：岳琴等得出我国居民平均支出约为 9997.47 元/人，全国人均生态足迹约为 $1hm^2$，则员工安全技术培训、生活福利、安全与健康保障的生态足迹分别为 $0.0020hm^2$、$0.0100hm^2$、$0.0080hm^2$。

2. 能源的生态足迹

乙炔生产所耗电力的生态足迹：乙炔厂所用电力发电方式是火力发电，根据式（4）或式（5）进行计算，1kWh 火力发电的生态足迹是 $0.64799hm^2$ 林地及 $0.54387hm^2$ 牧草地，所以乙炔生产所耗电力的生态足迹为 $0.21370hm^2$ 林地及 $0.179368hm^2$ 牧草地。

燃料天然气的生态足迹：天然气二氧化碳转化率 $\eta co_2 = 1.12 \times 10^{-3} t/m^3$，林地、牧草地的吸收份额及其单位面积吸收量同上，则燃料天然气的生态足迹为 $0.018726hm^2$ 林地及 $0.015717hm^2$ 牧草地。

3. 公用工程的生态足迹

水的生态足迹：将水作为自然资源，全球水资源平均生产能力为 $3140m^3/hm^2$，生产 1t 乙炔的耗水量为 638t，水的生态足迹为 $0.203185hm^2$。

蒸汽的生态足迹：经咨询热电厂相关专家，1 吨煤产 6 吨 ~7 吨蒸汽，取蒸汽的产量为 6 吨蒸汽/吨煤，则 22 吨蒸汽，需 3.67 吨煤。根据谢洪宇的研究结果，1t 煤的 CO_2 排放量为 2.08312t，将蒸汽生态足迹转化为废气吸收的生态足迹，则蒸汽的生态足迹为 $1.660013hm^2$ 林地，$1.393234hm^2$ 牧草地。

4. 废弃物的生态足迹

废气的生态足迹：生产 1t 乙炔，CO_2 和甲烷的排放量分别为 830kg 和 340kg，温室效应潜能分别为 1 和 21，则 CO_2 生态足迹为 0.1802hm^2 林地，0.1513hm^2 牧草地，甲烷的生态足迹为 1.5503hm^2 林地，1.3012hm^2 牧草地。

废渣的生态足迹：废渣的堆积高度约为 5m，废渣的排放量为 0.049m^3，则生产 1t 乙炔废渣的生态足迹为 0.000001m^2。

5. 建筑的生态足迹

调研某地年产量为 25 万吨 BASF 工艺的乙炔生产厂，建筑面积为 22hm^2，使用年限 20 年，年产量为 25 万吨，则生产 1t 乙炔建筑的生态足迹为 0.0000044hm^2 建筑用地。

6. 生产投资的生态足迹

运行费用为 1430 元/吨（由于建筑工程费、设备购置费、安装工程费相对较小，且涉及厂方内部财务，此处忽略不计），生产投资的生态足迹 0.1430hm^2。

7. 交通的生态足迹

交通生态足迹只考虑卡车在原料和产品运输过程中产生的生态足迹。某厂运输工具为一汽解放卡车，主要参数配置为：车身重量 8780kg，轴距 3450mm，轮距 2055/1830mm（前/后）。该车的理论耗油为 25.0L/100km，经咨询经验丰富的司机后得知在实际运输过程中实际平均耗油量为 32.0L/100km，国际柴油的密度是 0.810 ~ 0.855kg/L，卡车作为重型车不妨取密度为 0.855kg/L，所有卡车全年运输总里程为 1200000km，柴油的 CO_2 排放系数为 3.20931，计算可以得出 1t 乙炔的交通生态足迹为 0.00091518hm^2 林地，0.00076812hm^2 牧草地。

将不同类型的土地通过当量因子换算成等价生态生产性土地，则 1t 乙炔的生态足迹为 5.9501hm^2，各项消费的生态足迹如表 4 所示，各项消费生态足迹的比例如图 6 所示。由图 6 可知，在乙炔生产中，公用工程和废弃物在乙炔的生态足迹中所占份额最大，两者之和达到 91%，资源、能源、生产投资的生态足迹较小，分别占 1%、5%、2%，建筑和交通的生态足迹甚微。可见要实现乙炔生产的可持续性和绿色发展，首先必须改进生产工艺降低公用工程的消耗，在公用工程生态足迹中蒸汽的生态足迹占93%，因此只有降低蒸汽的消耗才能减少公用工程的生态足迹；其次坚持清洁生产，减少废弃物的排放，而在废弃物生态足迹中，甲烷的生态足迹占89.6%，要减少废弃物的生态足迹，必须减少消纳排放的甲烷气体所需生态生产性土地的面积，因此回收废气、循环利用甲烷是减少废弃物生态足迹的最佳途径。

表4　1t乙炔生产中各项目的生态足迹

项目	资源	能源	公用工程	人力资源	废弃物	建筑	生产	交通
生态足迹(hm^2/t)	0.0873279	0.324754	2.7258163	0.02	2.647803	0.00001232	0.1430	0.001390758

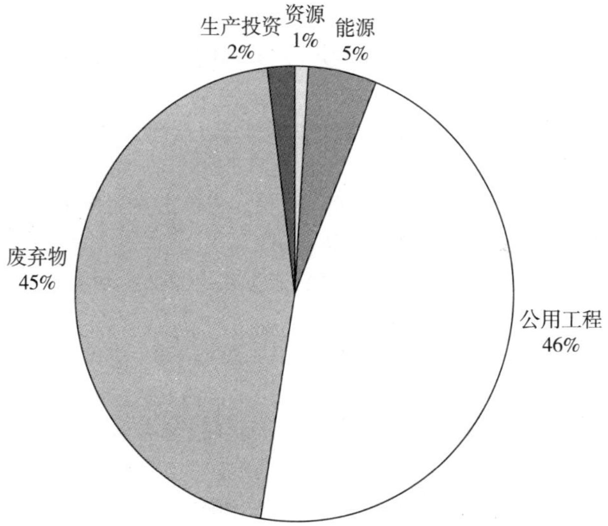

图6　乙炔生态足迹中各项消费比例

三　结论

本报告将生命周期的概念引入化学产品生态足迹的计算之中，与传统的生命周期计算方法相比更加准确和全面，设立资源、能源、公用工程、废弃物、生产投资、建筑、交通 7 项账户，并建立各账户生态足迹的计算模型，最后将该模型应用于化学品乙炔生态足迹的计算。该模型可以推广用于其他各种化学产品生态足迹的计算，同时可以用来衡量各种化学产品生产工艺的“绿色”性及对环境的影响程度，是评价和选择一种工艺的新方法。

参考文献

[1] Wackernage M.，Rees W. E.，*Our Ecological Footprint：Reducing Human Impact on the Earth*（Gabriola Island：New Society Publish，1996）.

[2] 顾晓薇、李广军、王青、刘建兴、丁一、刘敬智：《绿色大学建设中的生态足迹》，《环境科学》2005 年第 4 期。

[3] 郑忠海、付林、狄洪发：《基于生态足迹法的城市能源系统分析》，《清华大学学报》2009 年第 12 期。

[4] 闫立珍、成升魁、闵庆文：《基于生态足迹方法的玉米－味精生态农业及产业系统分析》，《农业工程学报》2006 年第 9 期。

[5] 刘建兴、王青、顾晓薇、李广军：《投入产出法在我国生态足迹研究中的应用》，《东北大学学报》2007 年第 4 期。

[6] 顾东江、陈春锋、王宏燕：《黑龙江省生态足迹动态分析》，《东北农业大学学报》2008 年第 12 期。

[7] B. Chen，G. Q. Chen，“Ecological Footprint Accounting Based on Energy—A Case Study of the Chinese Society，” *Ecological Modelling* 198（2006）.

[8] Maged Senbel，Timothy McDaniels，Hadi Dowlatabadi，“The Ecological Footprint：a Non-montary Metric of Human Consumption Applied to North America，” *Global Environmental Change* 13（2003）.

[9] Mohamed M. Mostafa，“Clustering the Ecological Footprint of Nations Using Kohonen's Self-organizing Maps”，*Expert System with Application* 37（2010）.

[10] 陆颖、何大明、柳江、李静若：《云南省 15 年生态足迹与承载力分析》，《中国人口·资源与环境》2006 年第 3 期。

[11] 岳勤、于超：《对我国家庭生态足迹的探析》，《学术交流》2010 年第 1 期。

[12] 贺成龙、吴建华、刘文莉：《成分法计算钢铁的生态足迹》，《环境科学学报》2009 年第 12 期。

[13] 梁勇、成升魁、闵庆文：《生态足迹法在城市规划环境影响评价中的应用研究》，《武汉理工大学学报》2004 年第 6 期。

［14］谢鸿宇、王羚郦、陈贤生：《生态足迹评价模型的改进与应用》，化学工业出版社，2008。
［15］黄智贤、钱宇：《生命周期成本分析及其应用研究》，《化工进展》2007 年第 8 期。
［16］曾毅、王公应：《天然气制乙炔及下游产品研究开发与展望》，《石油与天然气化工》2005 年第 2 期。
［17］谭秀娟、郑钦玉：《我国水资源生态足迹分析与预测》，《生态学报》2009 年第 7 期。
［18］戴维·艾伦等：《绿色工程：环境友好的化工过程设计》，李韦华等译，化学工业出版社，2006。
［19］陆钟武：《工业生态学基础》，科学出版社，2010。

B.12

区域生态工业发展支撑低碳和谐社会构建：日本环境创生模式与实践，及对我国的启示*

董亮　窦毅**

摘　要：　作为快速发展中国家，我国城市化与区域性产业集群发展迅速。整体而言，当前我国城市化、区域化发展尚未完全摆脱盲目化、无序化的发展阶段，人口、资源和产业的高度集中，使得区域尺度下的物质能量代谢更为复杂，整体资源利用效率、环境质量与生态保护出现了更多新问题与不确定性。因此，迫切需要建立产业生态耦合、资源/能源协同利用的区域生态工业发展模式（Eco-industrial Development，EID），以帮助我国在“十三五”期间深化循环经济发展，推进生态文明建设。在产业生态学的指导下，EID实现形式包括产业共生、生态工业园区、地域循环圈、循环型社会等。我国大力推广的循环经济是区域生态工业发展的有力支撑，但目前尚处于发展中阶段。作为我国邻居，日本大力推进生态工业园区以及循环型社会的构建，且取得了显著的成效。其成功经验对于我国进一步完善循环经济建设，从而最终实现区域生态工

* 基金项目：本研究是荷兰科学院2014主题科研合作计划“智慧能源，智慧城市”之“Smart Industrial Parks (SIPs) in China: towards Joint Design and Institutionalization”项目（NWO项目号：467-14-003）。

** 董亮，荷兰莱顿大学环境科学研究所研究员；窦毅，日本国立环境研究所社会环境研究中心助理研究员。

业发展意义重大。在此背景下，本报告系统综述了日本推进区域生态工业发展的进展，具体包括日本“生态城”项目与“环境都市”（包括“环境模范都市”和“环境未来都市”）项目，实践中的环境创生理念应用，及其在技术、立法、管理以及社会支撑体系等方面成功的经验；重点分析了日本在社会支撑体系与决策支撑模型方面的长处；系统阐述了日本实践的先进经验对我国的借鉴意义，并给出相关政策建议。本报告研究结论对我国“十三五”期间深化循环经济建设，推进生态文明社会构建具有重要借鉴意义。

关键词： 区域生态工业发展 生态城 生态工业园区 产业共生 循环经济

以产业生态学（Industrial Ecology）为指导，区域生态工业发展旨在促进工业与城市以及区域间协调发展，从而实现生态环境保护与经济绿色增长。生态工业发展涵盖的范围较广，其已经在发达国家广泛开展，根据国家与地区社会经济背景不同，具体实现形式包括产业共生、生态工业园区、地域循环圈、循环型社会等。我国大力推广的循环经济，是区域生态工业发展的有力支撑，但目前尚处于发展中阶段。我国无论是废弃物可持续管理，关键行业的资源能源效率，还是环境管理与社会支撑体系建设等，均与发达国家存在一定的差距。

作为我国邻居，日本在社会文化、产业特点（工业占据重要地位）以及环境政策（重视循环经济）等方面，均与我国有类似之处，因此他们的经验对我国极具借鉴作用。以 3R（减少—回收—再利用）为目标，日本自 20 世纪 90 年代末起大力推进循环型社会构建，并以此为契机实施了一系列国家层次生态工业园区（日本国内称为“生态城”项目）与“环境都市”

项目，有力支撑了区域可持续发展与低碳社会转型。韩国的生态工业发展与我国更为相似，在绿色经济国策的推动下，其生态工业经历了工业园区到生态工业园区的转型。从 2005 年开始，韩国政府以工业园区的绿色转型为目标，启动了“国家生态工业园区项目”，目标为至 2019 年，形成全国的生态工业园区网络。

日韩在推进区域生态工业发展方面的成功经验对于我国进一步深化循环经济建设，直至最终实现区域生态工业发展意义重大。但迄今为止，相关的研究相对匮乏。在此背景下，本报告通过文献综述、专家咨询①与实地调研等途径，系统综述了日本推进区域生态工业发展的进展与政策实施，包括日本“生态城”项目、“环境模范都市”与“环境未来都市”项目，探讨“环境创生”理念下环境、经济、社会共生的发展模式，并结合日本环境省正在福岛地震受灾地区规划实施的“环境创生”研究项目实践，总结其经验以供我国进一步深入推进循环经济与生态文明社会建设。本报告着重分析了日本在社会支撑体系与决策支撑模型方面的长处，希望对我国有借鉴作用。

本报告结构如下：第一部分阐述了生态工业发展的内涵以及相关的产业共生、城市共生以及生态工业园区概念；第二部分系统综述了日本生态工业发展的推进现状，具体包括“生态城”、“环境模范都市”以及“环境未来都市”三个主要项目；第三部分系统综述了环境创生，并着重分析了日本在社会支撑体系与决策支撑模型方面的先进经验；第四部分给出研究结论以及我国进一步推进区域生态工业建设的相关政策建议。

一　区域生态工业发展与生态工业园区

区域生态工业发展强调产业与城市在经济发展与生态环境保护上的协调发展。产业生态学是一门新兴的，关注应用多种方法集成，研究人类工业系

---

① 本报告作者之一窦毅长期就职于日本国立环境研究所，参与了日本“生态城”“环境未来都市”等相关项目，并与日本相关专家进行了咨询与交流。

统和生态环境之间的物质、能量、信息相互作用与关系的交叉学科。因此产业生态学可以作为区域生态工业发展的理论指导。

作为产业生态学的重要分支之一，产业共生指的是两家或多家企业之间进行物质、能量、废弃物以及副产品等的交换，从而实现资源高效利用以及企业间的双赢。作为产业共生的衍生概念，城市共生关注城市代谢废弃物，认为其可以作为工业企业的原材料，同时工业企业的副产品和废弃物可以作为城市代谢必需品供给，例如废热、蒸汽等。生态工业园区是产业共生在区域尺度的重要实现形式，是依据产业生态学原理和循环经济理念建立起来的新型工业园区。园区内部的企业之间交换废物与副产品，同时共享基础设施建设，从而有效提高资源利用效率。可以说，生态工业园区是区域生态工业发展的重要形式之一。

根据我国产业结构特点，大力推进产业共生与生态工业园区意义重大。我国的生态工业园区建设始于2000年，截至2015年4月，有35家园区成为国家生态工业示范园区，另有76家得到批准创建。在全世界范围内，美国（1995年开始，生态工业园区项目，Eco-industrial Park Project）、英国（2006年开始，国家产业共生项目，National Industrial Symbiosis Project，NISP）、欧盟（荷兰、丹麦等的生态工业园区项目）、日本（1997年开始）以及韩国（2005年开始）陆续在工业园区开展产业共生实践并取得了瞩目的成就。其中，欧美等国的开展形式是以市场为主导，以企业自发为主的自下而上发展模式，而日韩和我国类似，是以国家战略为主导的自上而下的发展模式。因此，日本的经验对我国优化生态工业园区建设更具指导意义。

二　日本区域生态工业发展实践

（一）“生态城”项目综述

日本最为有名的产业共生实践是1997年由经济产业省（Ministry of

Economy Trade and Industry, METI）与环境省（Ministry of Environment, MoE）共同开始推进的“生态城”项目（Eco-town Project）。整体项目体制为自上而下产学研合作。经济产业省提供硬件技术支撑，环境省提供软件技术支撑（见图1）。生态城项目的目标是通过先进的资源循环与废弃物处理技术的推广，以及环境产业与静脉产业的发展，构建一系列环境友好型城市与城镇，最终实现零排放社会。经济产业省与环境省对相应的环境技术与资源循环项目给予一定的补贴，帮助其实现产业化。整体试点项目（一批与二批）时间为1997～2006年，共有26个生态城成为试点（见图2）。

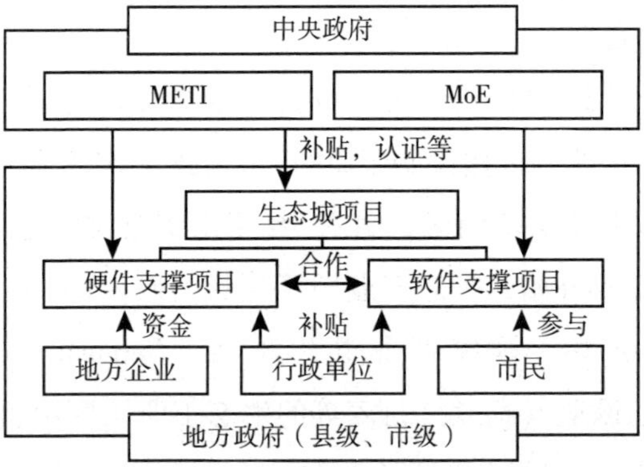

图1　日本生态城项目体制

“生态城”项目在2006年停止。但产业共生的实践创新并没有停止。2011年，环境省又提出了“生态城创新”项目（Eco-town Innovation Projects），在26个生态城的基础上，筛选了一批试点开展“模范生态城”项目（Model Eco-towns），包括北海道地区，秋田县、北九州市、川崎市和大阪市（见图3）。项目重点包括改善已有的资源循环项目并进行示范验证，以及绿色创新，包括商业模式创新以及国家示范项目的产业化。①

① 资料来源：日本内阁府非公开资料以及专家咨询。

图2　日本“生态城”项目试点地区

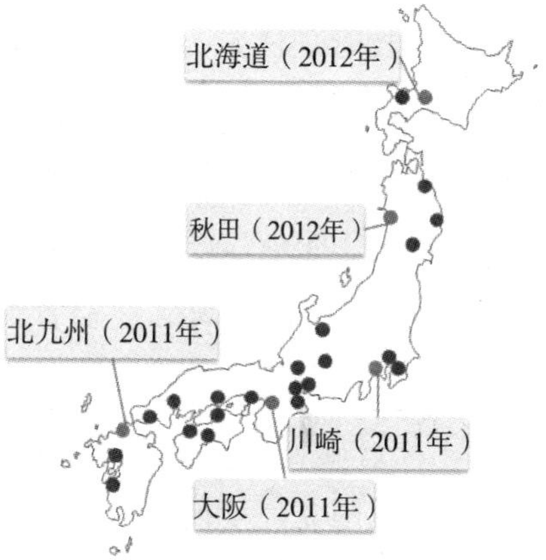

图3　日本模范生态城项目试点城市（2011～2013年）

（二）生态城典型案例：川崎生态城

日本生态城项目最为著名的案例是川崎生态城（Kawasaki Eco-town）和北九州生态城（Kitakyushu Eco-town）。其中川崎生态城项目建设又以工业间产业共生以及工业城市间的城市共生、先进的立法扶持、良好的社会支撑体系构建以及先进的环境教育闻名。钢铁水泥等大规模流程工业，不仅承担了先进材料制造的责任，而且成为社会废弃物的消纳者。同时，一系列静脉产业例如PET回收、废家电回收、工业废弃物回收等成为共生网络的有力支撑。川崎生态城项目使得川崎的临海工业带逐渐转型为零排放工业园。

川崎生态城的成功除了源于先进的环境技术、产业共生理念的应用外，还主要依托环境立法与社会支撑体系的构建。从20世纪60年代开始，日本先后颁布了《川崎市公害防止条例》（1960年）、《有关防止大气污染的协议》（1970年）、《川崎市环境影响评价条例》（1976年）、《川崎市公害防止等生活环境保护条例》（1999年）、ISO14001认证（2005年）等。同期，日本也颁布了一系列促进3R的法律法规，例如，1995年的《包装回收管理法》、1998年的《废旧家电回收管理法》、2001年的《餐厨垃圾与建筑废弃物管理法》、2002年的《废旧机动车管理法》，以及先后4次修订的《废弃物综合管理法》。法律法规促进了资源循环市场的建立。另外，先进的环境教育也是川崎生态城成功的关键之一。政府大力推广环境教育，促进市民、企业、学校、研发机构、志愿者和政府等多种主体合作，广泛推介和落实3R的观念。笔者曾经造访过位于川崎市生态城内、开展环境教育的“环境未来馆”。馆内设有多种情景游戏，采用触屏等方式，对观众普及资源分类回收的基础知识。此外，川崎市政府、地方科研机构、企业以及国立环境研究所等国家科研院所，联合联合国环境规划署（UNEP）等国际机构，在每年2月定期举办亚太地区生态经济论坛（Asia-Pacific Eco-business Forum）以及川崎国际环境技术展等，推广川崎市的经验。

（三）环境都市项目综述

随着社会可持续发展以及老龄化带来的挑战，日本内阁府 2008 年和 2011 年分别推出了“环境都市模范”项目和“环境未来都市”项目，来支撑和实践创新成长战略。环境都市旨在实现“能够充实、愉快地生活，可持续的经济社会”的最终目标，构建实现环境、经济以及社会新价值的环境型都市（见图 4）。环境都市的构建是以“环境价值”的创造为切入点，以低碳社会为目标，通过先进的环境技术实施，推进绿色革新，同时应对超老龄化社会，促进地区经济发展。尤其是日本大地震后，能源形势日益严峻，为了在全国范围内进一步普及低碳城市规划，日本加快了环境都市的试点工作，2012 年和 2013 年分别有 7 座和 3 座城市作为环境模范城市入选。

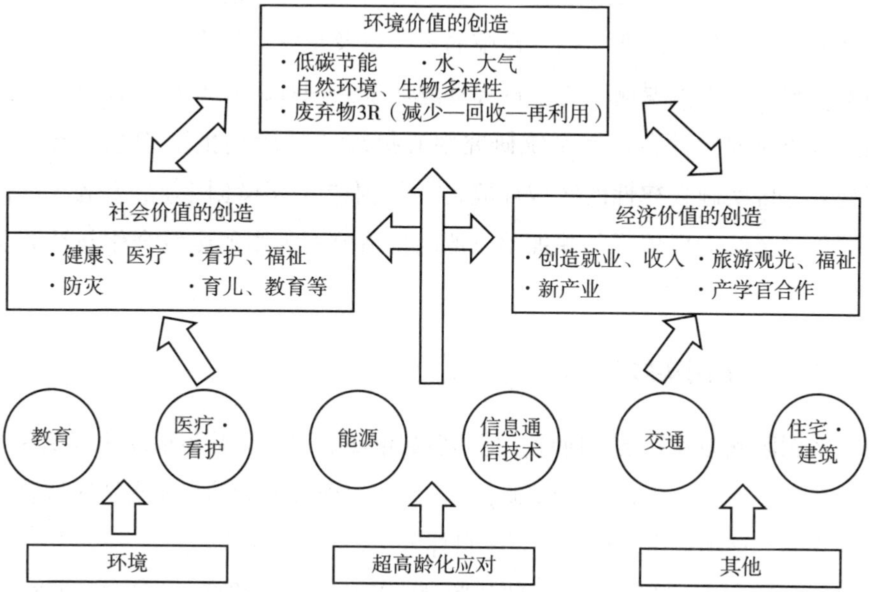

图 4　日本“环境都市”项目的构想

日本环境都市的推进是通过产业共生、低碳社会等先进理念和一系列环境技术的应用，在现有都市的基础上，有效利用现有都市的基础设施进行的环境与可持续性改良。入选的城市都是意在通过最大限度地使用地区资源和实施跨领域、跨机构的共同行动，实现低碳和可持续发展目标。“环境都市”项目的特点是每个城市根据自身的产业和资源特点，最大限度地开发环境产业，实现都市的可持续性转型。

三 “环境创生”理念下环境、经济、社会共生发展的模式与实践

（一）环境创生与环境都市

2011 年日本大地震后，伴随着福岛核污染的蔓延，日本福岛东部地区遭受了经济与环境的双重打击。除了灾后大量建筑垃圾以及放射性物质污染需要处理外，产业与基础设施的重建以及受灾地社会经济的复兴已成为亟待解决的重大课题。为推进福岛地区复兴进程，日本环境省及其智库国立环境研究所社会环境系统研究中心提出“环境创生”理念，旨在复兴规划地区实施自律性的区域环境再生与创造（环境创生），为地区设计与评价可持续发展情景，并推动以地区自治政府为主的区域合作与社会实践。

（二）案例实践

案例区域为福岛县新地町，是环境都市试点之一，并为福岛地区复兴规划的关键一环。作为先行先试部分，该项目以能源消费的视角支援区域复兴规划立案。该项目主要设定了三个目标。

（1）建立环境与经济共生的分散型成长体制。建设囊括区域能源供给、资源循环联结经济生产、智慧城市更新等主题在内的综合性“环境成长”试点与全面发展规划，重点为人口减少的中小城市提供解决方案。

（2）长期环境目标与短期课题的整合。建立在适当的环境技术普及上的“自下而上”规划与适应长期发展目标的“自上而下”规划的融合，选

择开展可行性较高的中长期“地方创生”项目。

（3）环境政策支持系统的建设。以新地町为试点，逐步向相马市、南相马市等沿海受灾区域推广，继而在福岛国际研究产业城市构想（创新海岸，Innovation Coast）的基础上，通过城市间联结构建区域环境政策体系。

该项目包含了宏观、中观、微观三个层次的规划，同时也涉及了产业规划、城市规划、社区服务等多个子系统。宏观方面，针对福岛沿海受灾区域的将来中长期规划，通过应用一般均衡模型（CGE）模拟由总体产业发展规划与技术更新带来的人口与经济景气恢复效应，探讨经济复兴、低碳发展情景；中观方面，积极利用天然气基地区位优势与大型热电联产技术，运用产业与城市共生网络设计促进工业热能与冷能的梯级利用；微观方面，通过对重点区域的规划设计调整，导入先进中小型热电联产与分散式可再生资源发电储能系统，普及需求侧响应技术，实现供需双向匹配。

其中颇具特色的内容有以下几点：①推动产业与都市共生，协调环境与经济的发展，促进城市基础设施的高效利用；②集成 GIS，GPS，ICT 等技术构建社会监测系统（Social Monitoring System），通过企业与居民的自主节能减排行动推动环境与经济的和谐发展；③积极探索“产官学民”协作模式，改进传统项目管理体制，分享经济发展与环境改善的成果。该项目的规划与实施涉及了日本多个省厅、研究所、企业和自治体政府，是“产官学民”协作的典范。另外，在项目投融资方面，该项目除了积极应用环境省、总务省、经济产业省等政府补助金，在商业模式上也借鉴了 PPP（Public-Private-Partnership）的理念，积极尝试 GPP（Green Plan Partnership）模式，而将来城市规划的具体施行也可能由公私共同组建的专业从事城市规划设计的社会型企业执行。

（三）经验借鉴

环境价值市场化。日本政府推动环境创生的重要依托之一是确立环境价值的市场化。有力的立法，合理的补贴，创新商业模式，如 PPP，GPP 的应用使得产业共生项目能够落地实施。赋予资源低碳合理的市场价值，为环境产业提供了市场空间。例如，严格的废弃物处理管理和企业生产者责任的延伸使得企业排放和处理废物的成本很高，这就为专业的废弃物处理企业以及产业共生的构建提供了市场空间。

集成多工具的智慧决策模型。日本完善的区域资源数据库与决策模型开发有力地从学术上支撑了区域生态工业发展。日本构建了完整的区域资源能源清单数据库与地理信息数据库，结合生命周期评价模型、区域物质能量代谢模型与情景分析模型，可以为在园区、区域和城市（例如不同资源的最优循环半径、垃圾焚烧设施的选址、废弃物工业利用的合理方式）更为有效地开展资源废弃物循环、废热利用等提供决策支撑。依托翔实的数据和更为接近现实的情景分析，决策支撑模型的应用可以提供更为可行的项目规划，吸引企业参与。

（四）日本区域生态工业实践的启示

作为亚洲最先进国家和最早开始推动循环型社会构建的国家，日本推动区域生态工业发展的成功经验除了有先进的硬件技术研发外，还包括以下主要社会支撑体系构建等软件建设。

可持续废弃物管理体系：可持续废弃物管理体系的构建是发展循环经济、推动静脉产业发展的基础。依托循环型社会构建，静冈县沼津市（Numazu）自1975年开始实行垃圾分类，到21世纪初，经过近30年的努力，构建了完善的可持续废弃物管理体系。垃圾的合理分类，适宜的资源废弃物循环半径的设计，有效提高了资源回收与再利用的效率。一系列立法保障了废弃物管理的有效执行，同时又为静脉产业发展提供了市场。

环境教育：如前所述，日本建立起资源分类回收体系花了大约30年。除了立法，环境教育功不可没。中小学不遗余力地普及资源节约与废弃物管理等知识；各大研究院所（如国立环境研究所），每年的春季、夏季、秋季都会有面向中小学生的公开展示活动，用各种展示形式向中小学生灌输环保与低碳理念；一些市政府建设了环境教育博物馆宣传环境保护；各大企业也有定期的开放日，宣传企业的环保措施。

四　结论与政策建议

我国的生态工业园区建设已开展了10多年，取得了令人瞩目的进展，同时也存在若干问题。同样是政府主导的模式，日本的经验给我国进一步深化生态园区建设提供了建设性指导意见。本报告系统综述了日本推进区域生态工业发展的进展与政策实施，包括日本“生态城”项目、“环境模范都市”与“环境未来都市”项目，以及环境创生实践，重点分析了日本在社会支撑体系与决策支撑模型方面的成功经验，对于我国有相当大的借鉴作用。

根据日本实践的经验，本报告对我国工业生态园区建设提出如下政策建议。

逐步建立完善的社会支撑体系，加强环境教育。产业共生的成功离不开全社会对资源、能源、废弃物全生命周期价值的正确认识。目前我国缺乏可持续废弃物管理体系与环境保护意识，因此需进一步加深政府、企业与研究机构的合作，加强环境教育与环境意识培养，逐步建立起合理的垃圾分类回收体系；考虑生态资产负债的合理资源、能源价格定价机制改革、废弃物堆存处理的成本等，能够更好地反映环境外部性，为我国环保产业创造更大的市场空间。

推动区域数据库建设，支撑区域生态工业规划动态优化与调控。我国与日本等发达国家的一大不同之处在于我国仍处于社会经济与城市人口的极速变化中，相应的区域物质能量代谢也同样处于非稳定状态，因此，在规划区域生态工业发展时，需要综合考量社会经济的动态变化。而其基础是逐步完善区域数据库建设，即在区域空间动态数据库构建的基础上，结合物质流（能量流）分析、投入产出分析和生命周期评价模型，实现产业链接—园区代谢—区域上下游产业链物质能量代谢的传导和反馈；导入实时分析和系统动力学模型，综合考量社会经济发展和技术进步等外生变量，实现物质能量代谢解析动态化；同时，集成空间分析模型，模拟和优化资源废弃物循环路径和基础设施空间布局等内生变量，实现物质能量代谢解析与产业耦合和基础设施规划的空间明确性（Spatial Explicit），最终开发区域时空动态物质能量代谢的解析方法和调控优化工具，并以此为基础，在典型案例地区开展区域生态工业发展模式的设计和评价。

推进商业模式集成与创新。2015 年中国开始大力推进 PPP 模式，这为产业共生项目建设提供了福音。我国需要进一步结合自身的市场经济国情（与日本的完全市场经济有些许不同），优化补贴机制，设计合理的项目管理体制与多元化的项目融资机制，推动产业共生项目的商业化。

参考文献

[1] Dong, L., Fujita, T., Zhang, H., Dai, M., Fujii, M., Ohnishi, S., Geng, Y., Liu, Z., "Promoting Low-Carbon City through Industrial Symbiosis: A Case in China by Applying Hpimo Model," *Energy Policy* 61 (2013).

[2] Dong, L., Gu, F., Fujita, T., Hayashi, Y., Gao, J., "Uncovering Opportunity of Low-carbon City Promotion with Industrial System Innovation: Case Study on Industrial Symbiosis Projects in China," *Energy Policy* 65 (2014).

[3] Geng, Y., Fujita, T., Park, H. -s., Chiu, A. S. F., Hüisingh, D., "Recent Progress on Innovative Eco-industrial Development," *Journal of Cleaner Production* (2015).

[4] Dong, L., Fujita, T., Dai, M., Geng, Y., Ren, J., Fujii, M., Wang, Y., Ohnishi, S., "*Towards Preventative Eco-industrial Development: An Industrial and Urban Symbiosis Case in One Typical Industrial City in China*," *Journal of Cleaner Production* (2015).

[5] Mannino, I., Ninka, E., Turvani, M., Chertow, M., "The Decline of Eco-Industrial Development in Porto Marghera, Italy," *Journal of Cleaner Production* 100 (2015).

[6] Mannino, I., Ninka, E., Turvani, M., Chertow, M., "The Decline of Eco-Industrial Development in Porto Marghera, Italy," *Journal of Cleaner Production* 100 (2015).

[7] Ghisellini, P. , Cialani, C. , Ulgiati, S. , "A Review on Circular Economy: The Expected Transition to a Balanced Interplay of Environmental and Economic Systems". *Journal of Cleaner Production* (2015).

[8] Tian, J. , Liu, W. , Lai, B. , Li, X. , Chen, L. , "Study of The Performance of Eco-industrial Park Development in China," *Journal of Cleaner Production* 64 (2015).

[9] Li, H. , Dong, L. , Ren, J. , "Industrial Symbiosis as A Countermeasure for Resource Dependent City: A Case Study of Guiyang, China," *Journal of Cleaner Production* 107 (2015).

[10] Hong Li, Liang Dong, "A Comparable Study on China and Japan's Energy Utilization and Efficiency Using Energy Flow Analysis," *Asia and the World Economy: The World Scientific Reference on Growth, Economics and Crisis in Asia* 1 (2015)

[11] Takiguchi, H. , Takemoto, K. , "Japanese 3R Policies Based on Material Flow Analysis," *Journal of Industrial Ecology* 12 (2008).

[12] Van Berkel, R. , Fujita, T. , Hashimoto, S. , Geng, Y. , "Industrial and Urban Symbiosis in Japan: Analysis of the Eco-Town Program 1997 – 2006," *Journal of Environmental Management* 90 (2009).

[13] Park, H. S. , Rene, E. R. , Choi, S. M. , Chiu, A. S. F. , "Strategies for Sustainable Development of Industrial Park in Ulsan, South Korea—From Spontaneous Evolution to Systematic Expansion of Industrial Symbiosis," *Journal of Environmental Management* 87 (2008).

[14] Park, H. S. , Won, J. Y. , "Ulsan Eco-industrial Park: Challenges and Opportunities," *Journal of Industrial Ecology* 11 (2007).

[15] Website of KICOX. https: //www. kicox. or. kr/home/eng/primary_duties/efficient_industrial_tab03. jsp.

[16] Ayres, R. U. , *Industrial Metabolism* (Washington, D. C. : National Academy Press, 1989).

[17] Huber, J. , "Towards Industrial Ecology: Sustainable Development as A Concept of Ecological Modernization," *Journal of Environmental Policy and Planning* 2 (2000).

[18] Chertow, M. R. , "Industrial Symbiosis: Literature and Taxonomy," *Annual Review of Energy and the Environment* 25 (2000).

[19] Chertow, M. R. , Lombardi, D. R. , "Quantifying Economic and Environmental Benefits of Co-Located Firms," *Environmental Science & Technology* 39 (2005).

[20] Berkel, R. V. , Fujita, T. , Hashimoto, S. , Fujii, M. , "Quantitative Assessment of Urban and Industrial Symbiosis in Kawasaki, Japan," *Environmental Science & Technology* 43 (2009).

[21] Chertow, M. R., "The Eco-industrial Park Model Reconsidered," *Journal of Industrial Ecology* 2 (1998).

[22] Côté, R. P., Cohen-Rosenthal, E., "Designing Eco-industrial Parks: A Synthesis of Some Experiences," *Journal of Cleaner Production* 6 (1998).

[23] METI, "Eco-Town Projects/Environmental Industries in Progress," *The Ministry of Economy and Trade, Japan* (2006).

[24] Fujita T., Ohnishi S., Dong L., Fujii M., "Eco-industrial Development as A Circularization Policy Framework Toward Sustainable Industrial cities," *Lesson and Suggestions from the Eco-town Program in Japan* 13 (2014).

[25] Geng, Y., Tsuyoshi, F., Chen, X., "Evaluation of Innovative Municipal Solid Waste Management through Urban Symbiosis: A Case Study of Kawasaki," *Journal of Cleaner Production* 18 (2010).

[26] Hashimoto, S., Fujita, T., Geng, Y., "Nagasawa, E., Realizing CO_2 Emission Reduction through Industrial Symbiosis: A Cement Production Case Study for Kawasaki," *Resources, Conservation and Recycling* 54 (2010).

[27] Ohnishi, S., Fujita, T., Chen, X., Fujii, M., "Econometric Analysis of the Performance of Recycling Projects in Japanese Eco-Towns," *Journal of Cleaner Production* 33 (2012).

[28] 日本内阁府，地方创生推进办公室，环境都市项目主页，http://www.kantei.go.jp/jp/singi/tiiki/kankyo/index.html。

[29] 环境未来都市构想，http://www.japanfs.org/ja/projects/future_city/index.html。

[30] GEC, "Eco-Towns in Japan-Implications and Lessons for Developing Countries and Cities," *Global Environment Centre Foundation* (2005).

B.13
中国区域能源碳排放与经济增长的脱钩关系研究

冯宗宪　陈志伟　王安静*

摘　要：能源消费导致的碳排放是温室效应的主要排放源。本报告首先分析了中国能源供应、经济增长和碳排放总量变动，以及中国经济增长和碳排放的脱钩特点；并结合近年来中国碳排放额在世界碳排放总量中出现的下降趋势，提出能源碳排放和经济增长脱钩关系正在发生变化。其次，在测算中国各地区 2001～2012 年能源消费碳排放的基础上，结合脱钩理论和聚类分析方法，运用地理信息系统软件 Arc-GIS，实证分析了近 12 年来中国区域经济增长的空间分布趋势。分析结果显示，2001～2012 年，中国大多数省份的能源碳排放与经济增长之间呈现弱脱钩的关系。在进行脱钩关系的恒等式因果链分解以后，发现在此期间中国各省份经济发展对工业特别是重工业的严重依赖是中国各省份碳排放增长的主要原因，与此同时，中国工业领域能源利用效率的显著提高和能源消费过程中电气化水平的稳步推进是中国各省份碳排放增长速度减缓的主要原因。在以上结论的基础上，本报告提出了相关政策建议。

关键词：碳排放　碳强度　空间趋势　脱钩　聚类分析

* 冯宗宪，西安交通大学经济与金融学院教授；陈志伟，西安交通大学经济与金融学院博士生；王安静，西安交通大学经济与金融学院博士生。

全球气候变暖引发人们对控制温室气体排放与发展低碳经济的空前重视。联合国环境规划署和世界气象组织在1988年共同建立了政府间气候变化专门委员会（IPCC）。作为气候变暖的主要原因，碳排放已逐渐成为当今世界经济与政治关注的焦点。

当前，中国已取代美国，成为世界上最大的二氧化碳排放国。在《京都议定书》中，中国属于“非附件Ⅰ国家”，即没有限定具体的减排或限排义务，而以美国为首的一些发达国家则因此拒绝在该协议上签字，这就加大了中国在减排上所承受的国际压力。作为一个负责任的大国，2009年我国在全球气候变化峰会上承诺，力争到2020年每一单位GDP的二氧化碳排放量要比2005年显著下降；2009年的11月，中国政府决定到2020年全国单位国内生产总值二氧化碳排放要比2005年下降40%～45%，并将此作为约束性指标纳入“十二五”时期及其后的国民经济和社会发展中长期规划。2015年中国政府在《强化应对气候变化——中国国家自主贡献》中提出将于2030年左右使二氧化碳排放达到峰值并争取尽早实现，2030年单位国内生产总值二氧化碳排放比2005年下降60%～65%，非化石能源占一次能源消费比重达到20%，森林蓄积量比2005年增加45亿立方米左右。这给国际社会传递了美好的福音，而对中国自身发展而言，这既是重大的机遇，也是艰巨的挑战。

当前国内外尚没有低碳排放、高经济增长的发展模式可供采用，且我国在自主发展的同时，要顺应国际上的碳减排形势，这势必会限制我国的化石能源消费，很有可能会影响我国相当长一段时期的经济增长势头和居民的日常生活，导致区域之间经济增长和社会发展矛盾加剧。由此可见，对中国区域碳排放与经济增长的空间相互关系趋势进行研究是十分必要且有意义的。

一　文献综述

当经济增长与物质消耗出现不同步变化时，国际上通常用脱钩指标来反映这一现象。“脱钩”主要包括两个方面：去物质化和去污染化

(Dematerialisation and Depolluting)。其实质是经济活动对环境所造成的冲击逐步降低的过程（De-Bruyn，1997），最先由世界银行提出来。而当前使用最多的是 OECD 对这一概念的解释，即打破经济财富（Economic Goods）和环境危害（Environmental Bads）之间的具体联系（OECD，2003），也就是说，消灭经济绩效与环境压力的具体联系（Luet et al.，2007；Enevoldsenet et al.，2007）。换句话说，"脱钩"的实现主要体现在经济增长方式的转变。随着科技水平的不断提高和社会的不断进步，碳排放量却随着经济增长而不断降低。脱钩又可以分强脱钩、弱脱钩两类，前者指物质消耗量随着时间的推移而不断减少，后者指物质使用密度的减小大于经济增长的速度（European Community，2005；OECD，2002）。脱钩的对立面为"联结"，又称耦合或复钩，体现为经济压力与环境压力二者联系较强（De-Bruyn，1997）。结合经济发展的增长或衰退，则又可分为扩张性脱钩或衰退性脱钩（Vehmas，2003；De-Bruyn，2000）。

脱钩状态的判断主要有 OECD 脱钩指数法和 Tapio 脱钩弹性指标法两种。脱钩指数法的具体解释主要体现在 OECD 的报告"Indicators to Measure Decoupling of Environmental Pressures from Economic Growth"一文中（OECD，2002）。2002 年，OECD 在其报告中具体解释了脱钩指数法。OECD 认为脱钩（Decoupling）就是打破环境危害和经济财富之间的联系，或者说打破环境压力与经济绩效之间的联系。世界银行和 OECD 的研究都认为脱钩是一个过程，因此，从时间角度来考察脱钩是合适的。刘其涛（2014）利用弹性脱钩的方法，研究了河南省 2000～2010 年碳排放和经济增长的脱钩关系，其结果表明河南省碳排放与经济增长大多数年份处于弱脱钩状态。杨嵘等（2012）研究了西部地区 1995～2010 年碳排放与经济增长的脱钩关系以及驱动因素。胡颖等（2015）用脱钩理论分析了我国建筑业 CO_2 排放与建筑业产值、能源消耗的脱钩情况，并且利用 LMDI 分解模型对建筑业 CO_2 排放的影响因素进行了分解。徐盈之等（2011）基于 DPSIR 框架构建了碳排放脱钩指数，对制造业部门碳排放的脱钩效应进行了测度。

Tapio 脱钩弹性指标法是由芬兰学者 Tapio（2005）在研究 1970～2001 年碳排放与欧洲经济发展之间关系时所提出来的，其在研究二者关系时，引入了交通运输量这一中间变量，从而将 GDP 与碳排放之间的脱钩弹性指标分解为交通运输量与 GDP 之间的脱钩弹性（即产业增长弹性）和总体碳排放量与交通运输量之间的脱钩弹性（即产业排放弹性）。Tapio 脱钩弹性指标法的应用十分广泛。李效顺等（2008）在对无锡市城乡建设用地变化进行研究时，引入脱钩理论分析法，从而将其应用到土地管理领域。肖翔（2011）在对 1996～2008 年江苏省碳排放量和经济发展进行分析时，运用 Tapio 脱钩弹性指标法从时空角度对其进行了分析。彭佳雯等（2011）对中国 1980～2008 年和各省份 2000～2008 年经济增长与能源碳排放的关系运用 Tapio 脱钩弹性指标法进行了实证分析。王云等（2011）对山西省二氧化碳排放量与经济发展的数据运用 Kaya 恒等式和 Tapio 脱钩弹性指标进行了实证研究，并通过 MDI 模型做了因果链的分解。王琴梅等（2013）对湖南、河南和湖北三个省份的经济增长与碳排放的数据，运用脱钩法进行了分析，并使用因果链进行了分解。梁日忠（2014）在对 2001～2011 年上海市产业结构、经济增长和能源消费结构进行分析时，基于 Tapio 脱钩弹性指标法对三者的脱钩关系及程度进行了实证研究。此外，吴丹（2014）、陈瑶等（2014）、梁日忠等（2013）也使用脱钩理论并将之分别运用到水资源利用、畜牧业和化学工业领域。郑凌霄等（2015）使用中国 GDP 和能源消费总量 2000～2013 年的数据，通过构建脱钩模型研究了碳排放量与中国经济增长的脱钩状态。

二　中国和世界的碳排放与脱钩的变化

（一）中国碳排放与脱钩特点

1. 能源碳排放量计算方法

由于人员、资金和技术等多种原因，我国在碳排放方面缺乏直接的监测数据，故在使用该数据时多通过间接途径来估算。考虑到我国 90% 以上的碳排放是由于能源活动产生的，结合数据的可得性，笔者暂不考虑其他次要来源所产生的碳排放，而使用我国能源活动所产生的碳排放量作为本报告的研究对象。至于我国各地区碳排放量情况，只要将各地区能源活动所产生的碳排放量除以 90% 即可估算得到。

本报告采用《2006 年 IPCC 国家温室气体清单指南》中推荐的一种能源碳排放的计算方法。该方法具体步骤为：首先计算全国及各地区分类别能源消费热值数据，用全国及各地区的各种能源的消费量分别乘以其对应的发热量，数据可在《中国能源统计年鉴 2013》上得到；其次计算我国及各地区分类别能源消费的碳排放量，即得到的分类别能源消费热值数据分别乘以其对应省的碳含量；最后通过将所有类别能源消费的碳排放量加总便可得到各地区能源消费的碳排放量。

2. 中国经济增长、一次能源消费量、碳排放的变动趋势分析

1993 ~2013 年中国经济增长、能源消费量、碳排放的变动趋势如表 1 所示。

表 1　1993 ~2013 年中国能源消费、GDP 与碳排放变动趋势

年份	煤炭消费总量(10 吨)	石油消费总量(10 吨)	天然气消费总量(10 吨)	一次能源消费总量(10 吨)	碳排放总量(亿吨)	GDP（亿美元）
1993	570.3	140.5	14.6	758.4	28.79	7466.58
1994	606.4	149.5	14.9	811.8	30.58	8443.26
1995	671.9	160.7	15.8	893.6	33.20	9365.68
1996	681.6	174.4	17.9	917.4	34.63	10303.05
1997	681.7	185.6	20.0	930.4	34.70	11260.93
1998	608.3	190.3	20.1	864.3	33.24	12143.04
1999	492.3	207.2	21.9	770.3	33.18	13068.32
2000	455.0	230.1	24.5	766.0	34.05	14170.14
2001	517.7	232.1	27.3	837.9	34.88	15346.31
2002	694.2	246.9	28.7	1035.7	36.94	16740.07
2003	868.2	271.7	30.5	1245.3	45.25	18418.33
2004	1019.9	318.9	35.7	1466.8	52.88	20275.82

续表

年份	煤炭消费总量(10吨)	石油消费总量(10吨)	天然气消费总量(10吨)	一次能源消费总量(10吨)	碳排放总量(亿吨)	GDP(亿美元)
2005	1128.3	327.8	42.1	1601.1	57.90	22569.03
2006	1250.4	354.5	50.5	1767.9	64.14	25430.00
2007	1320.3	370.6	63.5	1880.1	67.92	29031.49
2008	1369.2	377.6	73.2	1971.1	70.35	31828.58
2009	1470.7	391.0	80.6	2104.3	76.92	34761.33
2010	1609.7	440.4	96.2	2339.6	82.87	38392.84
2011	1760.8	464.1	117.5	2544.8	91.13	41963.33
2012	1856.4	490.1	131.7	2731.1	94.68	45174.60
2013	1925.3	507.4	145.5	2852.4	100.62	48640.03

注：GDP是以2005年为基期的不变价消除价格因素的实际GDP。

在研究时段，中国经济年均增长率高达9.84%，其世界排名也不断攀升；而与之相对应，中国石油、天然气、煤炭消费总量也保持着正向增长趋势，但其分别所占比重有所变化。1993年石油的消费比重为18.53%，2000年增长到30.04%，随后又下降到2013年的17.79%；天然气的比重在该时段却不断攀升，由1993年的1.93%上升至2013年的5.1%；而煤炭的消费比重却呈下降趋势，由1993年的75.2%降至2013年的67.5%，但可以看到，其依然在中国的能源消费格局中占主体地位。1993～2013年，石油、天然气、煤炭消费的年均增长率分别高达6.6%、12.2%、6.3%。虽然天然气消费量的增长可以反映出我国增加了清洁能源的利用，但这种改善幅度仍然较小，其所占消费比重仍然较低，而中国目前的主要能源消费依然依赖煤炭、石油等高碳化燃料。从碳排放量变化趋势来看，1993～2013年，其年均增长率为6.46%，由28.79亿吨上涨至100.62亿吨，人均碳排放量则由2.44吨上升到7.56吨，情况依然不容乐观。

3. 中国经济增长和碳排放的脱钩特点分析

进一步来看，中国改革开放30多年来，曾经长时期保持着这样的一种经济发展态势：高投资、高增长，高消耗和高排放。也就是说在海量资源投入支撑之下，在高排放对环境的破坏背景之下，实现了10%左右的年平均增长。然而这种态势，到了21世纪初期，开始难以为继，走到了尽头。自2010年第三季度以后，增长速度就不断回落，特别是到最近几年，增长速度已经为7%左右。因此继续依靠旧模式没能阻止中国经济减速，而它引起的问题却变得越来越严重：资源短缺、产能过剩、库存激增、环境破坏、居民的收入水平提高缓慢、贫富分化加剧、国家资产负债表的杠杆率过高。

Tapio根据环境压力和经济增长的变化情况，以及脱钩弹性指标的数值，基于X和Y变化率的不同，按照ε（X，Y）取值大小，可将脱钩分为8种状态，如表2所示。

表2　Tapio脱钩指标的分类等级

ΔX	ΔY	$\varepsilon(X,Y)$	脱钩状态
>0	>0	>1.2	扩张负脱钩
>0	>0	0.8~1.2	扩张联结
>0	>0	0~0.8	弱脱钩
>0	>0	<0	强脱钩
<0	<0	0~0.8	衰退脱钩
<0	<0	0.8~1.2	衰退联结
<0	<0	>1.2	弱负脱钩
>0	<0	<0	强负脱钩

其中，强脱钩是经济实现可持续发展、低碳模式的最理想状态；强负脱钩为经济不断衰弱、碳排放量却一直增加的最不利状态；弱脱钩为相对乐观状态；其他则是处于不可持续状态。

根据郑凌霄等（2015）的研究，1995~2000年，经济增长速度放慢，GDP年均增速为8.64%。1995~2000年碳排放年均增速为1.77%。该阶段经济增长速度减慢、能源消费增长速度减慢，从而导致碳排放增长速度减慢。在此期间的1997年和1998年甚至出现碳排放与经济增长“强脱钩”，这主要是因为1997年的亚洲金融危机和1998年的洪水灾害。2000～2013年，中国的碳排放总量呈现明显持续上升的趋势，从碳排放增长率的趋势来看，我国碳排放量的增长速度是正向的，增长率曲线总体上呈现近似倒U形形状，2003年，碳排放量的增长速度为16.9%，到2013年又下降到2%。

（二）世界碳排放与脱钩的新趋势

2015年，虽然世界气候变化谈判已进入第21个年头，然而对于实施能源碳减排同经济增长之间是否存在必然的负相关关系的讨论从未中断。目前有不少国家倾向于认为，在维持减排的同时，经济依然可以迅速发展。国际能源署（IEA）发布的最新报告指出，全球因能源消耗导致的二氧化碳排放量已连续两年保持低位，且碳排放量和经济增长之间出现“脱钩”趋势。IEA数据显示，2015年全球二氧化碳排放量与2013年持平，为321亿吨。2015年全球新增发电90%来自可再生能源，其中风能贡献了50%以上，可再生能源的广泛应用对减排起到了关键作用。与此同时，全球经济增长3%以上，进一步表明经济增长和碳排放增量之间的关系正在减弱。

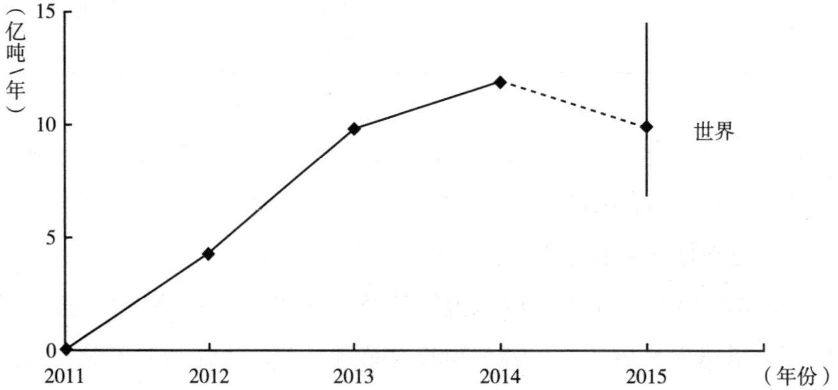

（a）

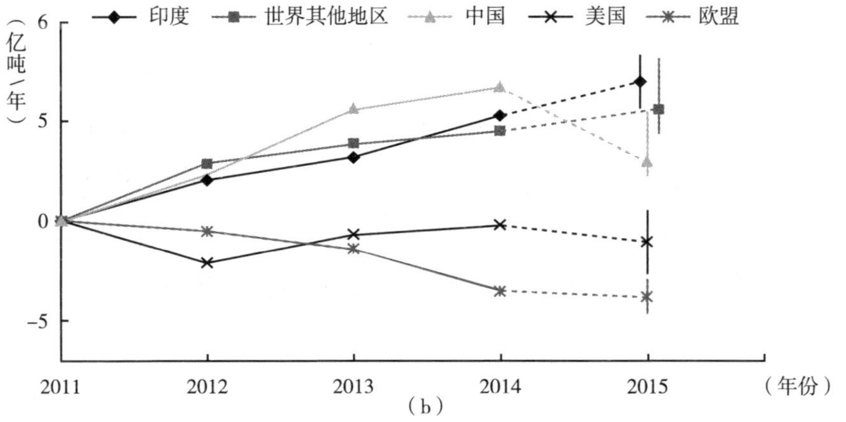

图1　2011～2015年世界和部分国家（地区）二氧化碳排放变化

资料来源：第一财经网，《〈自然〉杂志重磅报告：全球碳排放首次在经济增长期间出现下降》，2015年12月8日。

从图1来看，2011～2015年，世界年碳排放增长出现了一些新的变化。从世界总体排放大国来看，世界2014～2015年碳排量已经出现下降。从世界能源碳排放大国来看，中国2014～2015年碳排量已经出现下降；美国2014～2015年碳排量已经出现下降；同期欧盟的年碳排放量继续下降。然而印度和世界其他国家的年碳排放量还在增长。

然而，全球碳排放量下降并不等同于已经成为趋势。现在全球大气中的二氧化碳浓度正在逼近400ppm，需要全球碳排放迅速降低，这样全球升温才能控制在1.5℃或者2℃范围内，2015年已经是有记录以来最热的一年。

三　中国区域碳排放与经济增长脱钩关系的实证研究

（一）区域脱钩弹性模型的构建

当前，作为衡量一个国家为改变气候变化所做努力有效性的方法，脱钩指标在温室气体减排的研究中得到了国内外学者越来越多的运用，并可以用来探究影响联结与脱钩的因素，从而制定促进经济发展与碳排放脱钩的更为合理的科学决策。

本报告运用Tapio脱钩弹性指标法，并通过恒等式原理将其进行因果链分解。参考Tapio以交通运输量为中间变量，本报告使用电力消费量、工业生产总值和能源消费总量为中间变量，从而将各省碳排放量与经济发展之间的脱钩弹性分解为碳排放与能源消费总量之间的弹性、能源消费总量与电力消费量之间的弹性、电力消费量与工业生产总值之间的弹性和工业生产总值对GDP的弹性这四组弹性变量的乘积，如公式（1）所示。

$$e_{(C,GDP)} = e_{(C,E)} \times e_{(E,L)} \times e_{(L,I)} \times e_{(I,GDP)} \quad (1)$$

其中，

$$e_{(C,E)} = \Delta C/\Delta E \quad (2)$$

$$e_{(E,L)} = \Delta E/\Delta L \quad (3)$$

$$e_{(L,I)} = \Delta L/\Delta I \quad (4)$$

$$e_{(I,GDP)} = \Delta I/\Delta GDP \quad (5)$$

这四组弹性变量又分别被称为减排脱钩弹性、能源电力脱钩弹性、工业电气化脱钩弹性和工业增长脱钩弹性。

碳排放系数因能源种类的不同会有较大的差异，如天然气的碳排放系数远远小于煤炭的碳排放系数，因此，碳减排的脱钩弹性和能源的消费格局有很大的关系。煤炭在我国的能源消费结构中占主要地位，且其碳排放系数最大，故煤炭占能源消费比重的增加会使得减排脱钩弹性上升。

能源电力脱钩弹性是表征能源消费过程中电气化水平的主要指标。当电力消费量的增长率大于能源消费的增长率时，表明能源消费领域的电气化水平得到了较快的推进；能源消费领域的电气化由于在电力生产与消费方面具有较高的效率，此时能源的利用效率也会有一定的提高。

工业电气化脱钩弹性表征的是电气化水平在工业发展过程中的一个主要指标。当电力消费量的变化率大于工业生产总值的变化率时，表示在工业发展领域的电气化水平有了很大的提高，电力随着工业技术的进步在工业生产中得到了大规模的推广，从而进一步提高了能源利用的效率。

表征经济增长过程中工业化水平的主要指标是工业增长脱钩弹性。鉴于中国国情比较特殊，工业相比于农业和服务业对 GDP 的贡献率要高很多，而这其中，重工业化又远高于轻工业化，因此该指标会随着产业结构的变化而变化。

（二）资料来源与处理

1. 中国各地区人均能源碳排放和能源碳强度的计算

人均能源碳排放即每人每年所产生的以吨计量的碳排放量，等于该地区的能源碳排放量与该地的年末总人口之比。碳强度即每万元 GDP 所排放的以吨计量的碳排放量，等于该地区的能源碳排放量与该地的地区生产总值之比。

2012 年中国 30 个省级行政单位的 GDP 数据和年末总人口数据来自《中国统计年鉴 2013》，通过计算可得到 2012 年各地区的人均能源碳排放和能源碳强度数据，如表 3 所示，其余类推。

表 3　2012 年中国各地区能源消费碳排放情况

地区	碳排放（万吨）	人均碳排放（吨/人）	碳强度（吨/万元）	地区	碳排放（万吨）	人均碳排放（吨/人）	碳强度（吨/万元）
北　京	3278.2	1.58	0.18	河　南	18334.7	1.95	0.62
天　津	5773.6	4.09	0.45	湖　北	12092.1	2.09	0.54
河　北	27380.8	3.76	1.03	湖　南	9488.4	1.43	0.43
山　西	23006.1	6.37	1.90	广　东	17455.6	1.65	0.31
内蒙古	23411.7	9.40	1.47	广　西	6823.9	1.46	0.52
辽　宁	21378.5	4.87	0.86	海　南	1637.4	1.85	0.57

续表

地区	碳排放（万吨）	人均碳排放（吨/人）	碳强度（吨/万元）	地区	碳排放（万吨）	人均碳排放（吨/人）	碳强度（吨/万元）
吉　林	8324.7	3.03	0.70	重　庆	4880.8	1.66	0.43
黑龙江	11216.7	2.93	0.82	四　川	9921.3	1.23	0.42
上　海	7572.1	3.18	0.38	贵　州	8438.7	2.42	1.23
江　苏	22843.7	2.88	0.42	云　南	7646.6	1.64	0.74
浙　江	12742.5	2.33	0.37	陕　西	12526.9	3.34	0.87
安　徽	10397.4	1.74	0.60	甘　肃	5915.8	2.30	1.05
福　建	7388.1	1.97	0.37	青　海	1496.8	2.61	0.79
江　西	5643.2	1.25	0.44	宁　夏	5460.8	8.44	2.33
山　东	35191.5	3.63	0.70	新　疆	10551.1	4.73	1.41

注：西藏的数据缺失，也不包括港、澳、台的数据。

2. 其他资料来源

能源消费总量、电力消费量的数据来自《中国能源统计年鉴》，地区生产总值数据和工业生产总值数据来自《中国统计年鉴》。将中国各省 2001 ~ 2012 年的碳排放量、能源消费总量、电力消费量、GDP 和工业生产总值这五组数据，分别代入公式（6）。

$$R = \sqrt[9]{X_{2010}/X_{2001}} - 1 \qquad (6)$$

通过计算，可得到中国各省最近 12 年的碳排放年均变化率、能源消费总量年均变化率、电力消费量年均变化率、GDP 年均变化率和工业生产总值年均变化率。

（三）脱钩弹性与因果链分解

我国各省碳排放量与经济发展间的脱钩弹性指标的计算方法为：各省碳排放量年均变化率除以对应省份的地区生产总值的年均变化率。用类似方法可以计算得到工业增长脱钩弹性、工业电气化脱钩弹性、能源电力脱钩弹性以及减排脱钩弹性。对各减排指标进行分析和排序，结果如表 4 所示。

表 4　2001 ~ 2012 年我国各省碳排放量与经济发展之间脱钩弹性计算结果

地区	脱钩弹性指标	状态 1	减排脱钩弹性	状态 2	能源电力脱钩弹性	状态 3	工业电气化脱钩弹性	状态 4	工业增长脱钩弹性	状态 5
海　南	0.99	增长联结	1.41	增长联结	0.72	弱脱钩	0.78	弱脱钩	1.24	扩张负脱钩
福　建	0.83	增长联结	1.06	增长联结	0.99	增长联结	0.76	弱脱钩	1.05	增长联结
新　疆	0.80	弱脱钩	1.08	增长联结	0.67	弱脱钩	0.95	增长联结	1.16	增长联结
广　西	0.80	弱脱钩	1.16	增长联结	0.99	增长联结	0.57	弱脱钩	1.23	扩张负脱钩
山　东	0.79	弱脱钩	1.00	增长联结	1.11	增长联结	0.70	弱脱钩	1.02	增长联结
陕　西	0.76	弱脱钩	1.32	扩张负脱钩	0.99	增长联结	0.46	弱脱钩	1.26	扩张负脱钩
内蒙古	0.76	弱脱钩	1.10	增长联结	0.78	弱脱钩	0.69	弱脱钩	1.26	扩张负脱钩
云　南	0.74	弱脱钩	1.09	增长联结	0.76	弱脱钩	0.90	增长联结	0.99	增长联结
河　北	0.67	弱脱钩	1.01	增长联结	0.83	增长联结	0.76	弱脱钩	1.04	增长联结
江　苏	0.64	弱脱钩	0.97	增长联结	0.80	增长联结	0.83	增长联结	0.99	增长联结
青　海	0.60	弱脱钩	0.85	增长联结	0.78	弱脱钩	0.70	弱脱钩	1.29	扩张负脱钩
湖　南	0.59	弱脱钩	0.82	增长联结	1.01	增长联结	0.63	弱脱钩	1.12	增长联结
河　南	0.59	弱脱钩	0.97	增长联结	0.81	增长联结	0.66	弱脱钩	1.14	增长联结
四　川	0.58	弱脱钩	1.03	增长联结	0.81	增长联结	0.58	弱脱钩	1.19	增长联结
浙　江	0.56	弱脱钩	0.92	增长联结	0.75	弱脱钩	0.82	增长联结	0.99	增长联结
广　东	0.54	弱脱钩	0.83	增长联结	0.91	增长联结	0.66	弱脱钩	1.10	增长联结
江　西	0.53	弱脱钩	0.86	增长联结	0.82	增长联结	0.57	弱脱钩	1.32	扩张负脱钩
贵　州	0.52	弱脱钩	1.24	扩张负脱钩	0.69	弱脱钩	0.58	弱脱钩	1.06	增长联结
黑龙江	0.52	弱脱钩	1.01	增长联结	1.27	扩张负脱钩	0.53	弱脱钩	0.76	弱脱钩
重　庆	0.50	弱脱钩	0.86	增长联结	0.96	增长联结	0.52	弱脱钩	1.18	增长联结
湖　北	0.50	弱脱钩	0.84	增长联结	0.94	增长联结	0.72	弱脱钩	0.88	增长联结
宁　夏	0.49	弱脱钩	0.73	弱脱钩	0.84	增长联结	0.71	弱脱钩	1.12	增长联结
甘　肃	0.49	弱脱钩	0.94	增长联结	0.73	弱脱钩	0.65	弱脱钩	1.10	增长联结
吉　林	0.48	弱脱钩	0.97	增长联结	0.91	增长联结	0.45	弱脱钩	1.20	扩张负脱钩
安　徽	0.47	弱脱钩	1.03	增长联结	0.58	弱脱钩	0.68	弱脱钩	1.16	增长联结
辽　宁	0.45	弱脱钩	0.95	增长联结	0.86	增长联结	0.52	弱脱钩	1.05	增长联结
山　西	0.41	弱脱钩	0.87	增长联结	0.76	弱脱钩	0.54	弱脱钩	1.16	增长联结
天　津	0.39	弱脱钩	0.76	弱脱钩	0.91	增长联结	0.53	弱脱钩	1.06	增长联结
上　海	0.26	弱脱钩	0.56	弱脱钩	0.80	增长联结	0.67	弱脱钩	0.88	增长联结
北　京	0.08	弱脱钩	0.25	弱脱钩	0.61	弱脱钩	0.57	弱脱钩	0.88	增长联结

注：不包括我国港澳台地区以及西藏自治区。

资料来源：根据公式（1）至公式（5）和表 2 计算得来。

由表4可以看出我国各地区经济增长和碳排放之间具有下列特点。

（1）我国绝大多数省份脱钩关系联均为弱脱钩状态，仅海南和福建处于增长联结状态；表明我国经济增长依赖能源消费的情况有所缓解，海南和福建尚需努力。

（2）在减排脱钩弹性中，仅北京、上海、天津、宁夏4个省份为弱脱钩状态，而陕西和贵州两地处于扩张负脱钩状态，其余省份均为增长联结状态，这说明我国煤炭等高碳排放能源消耗量有所增加，也从侧面说明了我国在新能源开发和应用方面尚有不足，迫切需要加大新能源领域的投入。

（3）在能源电力脱钩弹性方面，我国绝大多数省份均处于增长联结和弱脱钩状态。其中，有福建、广西等18个省份处于增长联结状态，海南、新疆等11个省份为弱脱钩状态。这说明虽然近年我国大多数省份的能源利用效率得到了大幅度提高，但部分省份的能源利用效率还有较大的进步空间。

（4）在工业电气化脱钩弹性中，除新疆、云南、江苏和浙江4个省份外，其余26个省份为弱脱钩。这说明绝大多数省份的工业发展速度快于电力消费的增速，仅有少数省份二者的增长速度接近；反映了我国整体电气化水平依旧有较大的进步空间。

（5）在工业增长脱钩弹性中，仅有黑龙江处于弱脱钩状态，绝大多数省份均处于扩张负脱钩或增长联结状态。其中，除海南、广西等7个省份外，其余的福建、新疆等22个省份均处于增长联结状态。这说明我国工业化和经济发展水平有明显上升，但存在依赖重工业的倾向，这也是我国严重依赖高碳排放能源和能源消费结构难以改善的原因。

综上所述，能源电力弹性脱钩与工业电气化脱钩弹性是降低脱钩弹性指标的主力；而工业增长脱钩弹性中29个省份的增长联结或扩张负脱钩与减排脱钩弹性中26个省份的增长联结或扩张负脱钩，则起了相反的作用。这说明，2001～2012年我国能源利用效率的提高和工业电气化水平的提高有力推动了碳减排的进程，但我国对重工业和煤炭的依赖则阻碍了碳减排的进程。

（四）2001～2012年我国各地区脱钩程度的空间聚类

聚类分析（Cluster Analysis）是对样本或指标进行分类的一种多元统计分析方法，其根据“物以类聚”的原理，故又称“群分析”。其原理是运用数学模型对大量的样本按照其类似的特征进行定量的客观分类，弥补了以前的主要依靠经验和理论知识来实现分类的不确定性和易变性。

使用 SPSS 软件对我国各地的脱钩弹性指标进行聚类分析，结果如表 5 所示。其中排名靠前的组脱钩程度最强，同一组中排名靠前的省份脱钩程度强于排名靠后的省份。

表 5　2001～2012 年中国各省脱钩弹性指标聚类分析

分组	省份
第一组	北京
第二组	上海
第三组	天津　山西　辽宁　安徽　吉林　甘肃　宁夏　湖北　重庆　黑龙江　贵州　江西　广东　浙江　四川　河南　湖南　青海　江苏　河北
第四组	云南　内蒙古　陕西　山东　广西　新疆　福建
第五组	海南

注：不包括我国港澳台地区以及西藏自治区；将表 4 中系统聚类分析的结果，使用 Arc－GIS 软件作图，即可得到 2001～2012 年我国各地区碳排放与经济发展的脱钩程度的空间分布。

由表 5 可知，我们可以看出 2001～2012 年，我国各地区经济发展与能源碳排放的脱钩水平最好的是北京市，其次是上海市，这与北京、上海近十年来产业结构不断调整，服务业、资金、技术密集型行业比重不断增大，重工业比重不断下降有关；而新疆、内蒙古作为我国重要的能源基地，由于经济发展相对落后，能源和重工业所占比重较大，故能源利用效率不高。在“十二五”期间，国家向海南省下达了单位国内生产总值能耗和二氧化碳排放量降低、主要污染物排放总量控制的约束性目标。但 2011～2013 年，海南省节能降碳指标严重落后于时间进度要求，形势十分严峻。①

① 《海南省 2014～2015 年节能减排低碳发展行动方案》。

此外，在脱钩程度表现弱的省份中：山东省是韩国和日本的许多企业规避本国环境压力，进行生产投资的理想地区；福建省是台资企业规避本省环境压力，对大陆进行生产投资的理想地区。这提醒当地政府和有关部门应该完善环境保护方面的法律法规，不应降低在外商投资方面对环境保护的要求标准。

四　结论与政策建议

基于本报告的研究结论，提出如下对策与建议。

一是在中国和世界经济进入新常态之后，经济增长速度开始回落，与此同时中国和世界的碳排放都趋于减少。通过经济转型、产业升级，中国已经出现了碳减排和经济增长脱钩的新形势。

二是在区域能源碳减排安排上，要坚持和实施共同但有区别的责任和差别政策：首先，要推动那些经济发展水平较高，减排边际贡献较大的地区优先减排；其次，在城乡建设和新型城镇化中，要推动城市优先减排。

三是我国在发展低碳经济和开展节能减排工作时，应因地制宜，不能搞“一刀切”。2001～2012 年，各省份的减排脱钩弹性、能源电力脱钩弹性、工业电气化脱钩弹性和工业增长脱钩弹性这四个碳排放与经济发展脱钩关系的驱动因素的贡献率地区差异较大，表明不同省份的自然资源和社会经济发展水平的条件相差很大，因此应该因地制宜地发展低碳经济并制定减排任务，以体现其地区差异性。东部省份以北京、上海为例在资源方面有比较劣势，但在资金和技术方面具有很大的比较优势，而中西部省份如内蒙古、陕西等地则与之相反。因此，在制定政策时，前者应着力开发低碳技术，发展资金技术密集型的产业，倡导低碳生活，构建低碳城市，为中西部地区高碳排放产业的升级换代提供必要的资金和技术支持；后者则应当着力提高现有产业的能源利用效率，借鉴发达国家和地区的先进技术，对高碳排放产业逐步实现升级换代，从而切实减少本地区的碳排放量。

四是充分利用科技进步改进我国工业特别是重工业行业的能源利用效

率。通过采取恒等式因果链对经济发展与碳排放脱钩关系进行分解之后，可以看到，2001 ~2012 年中国各省份二者脱钩关系改善的主要原因在于工业领域能源利用效率的明显提高。但是，其与欧美日等西方国家相比，还有很大幅度的进步空间。因此要善于学习和总结现有的成功经验，充分利用科学技术进步来改善中国工业特别是重工业的能源利用效率，特别是钢铁、煤炭、电力、石油化工等高碳排放行业的国有企业更应该承担该主要责任。另外，国家可以采取税收补贴等财政政策来促进引导企业提高其能源利用率。

五是大力改善能源消费结构，大力发展水能、风能、太阳能等新能源。对碳排放与经济发展的脱钩关系进行恒等式因果链的分解之后，可以得知我国对煤炭等高碳排放能源的严重依赖是我国各省脱钩程度恶化的主要原因。因此，我国除了应该提高煤炭资源的利用效率以外，还应利用补贴和财税优惠等政策，大力发展风能、水能和太阳能等可再生清洁能源，提高这些清洁能源在我国能源消费中的比重，从而改善我国的能源消费结构。

参考文献

[1] 雷鹏：《低碳经济发展模式论》，上海交通大学出版社，2011。

[2] De-Bruyn, S. M., Opschoor, J. B., "Developments in the Throughput2income Relationship: Theoretical and Empirical Observations," *Ecologica Economics* 20 (1997).

[3] OECD, *Environmental Indicators-Development, Measurement and Use* (Paris: OECD, 2003).

[4] Lu I. J., Lin S. J., Lewis C., "Decomposition and Decoupling Effects of Carbon Dioxide Emission from Highway Transportation in Taiwan, Germany, Japan and South korea", *Energy Policy* 35 (2007).

[5] Enevoldsen M. K., Ryelund A. V., Andersen M. S., "Decoupling of Industrial Energy Consumption and CO_2-Emissions in Energy-intensive Industries in Scandinavia", *Energy Economics* 29 (2007).

[6] European Community, "Policy Review on Decoupling: Development of Indicators

to Assess Decoupling of Economic Development and Environmental Pressure in the EU225 and AC23 Countries", *RALeiden, the Netherlands*: *European Community*, (2005).

[7] OECD, *Indicators to Measure Decoupling of Environmental Pressures for Economic Growth* (Paris: OECD, 2002).

[8] Vehmas J., Kalvo-oja J., Luukkanen J., *Global Trends of Linking Environmental Stress and Economic Growth*(*Turku*: *Finland Futures Research Centre*, 2003).

[9] De－Bruyn S. M., *Economic Growth and the Environment*: *An Empirical Analysis* (Dordrect: Kluwer Academic Publishers, 2000).

[10] 刘其涛:《碳排放与经济增长脱钩关系的实证分析——以河南省为例》,《经济经纬》2014 年第 11 期。

[11] 杨嵘、常烜钰:《西部地区碳排放与经济增长关系的脱钩及驱动因素》,《经济地理》2012 年第 12 期。

[12] 胡颖、诸大建:《中国建筑业 CO_2 排放与产值、能耗的脱钩分析》,《中国人口·资源与环境》2015 年第 8 期。

[13] 徐盈之、徐康宁、胡永舜:《中国制造业碳排放的驱动因素及脱钩效应》,《统计研究》2011 年第 7 期。

[14] Tapio P., "Towards a Theory of Decoupling: Degrees of Decoupling in the EU and the Case of Road Traffic in Finland between 1970 and 2001," *Journal of Transport Policy* 12 (2005).

[15] 李效顺、曲福田、郭忠兴等:《城乡建设用地变化的脱钩研究》,《中国人口·资源与环境》2008 年第 18 期。

[16] 肖翔:《江苏城市 15 年来碳排放时空变化研究》,硕士学位论文,南京大学,2011。

[17] 彭佳雯、黄贤金、钟太洋等:《中国经济增长与能源碳排放的脱钩研究》,《资源科学》2011 年第 3 期。

[18] 王云、张军营、赵永椿等:《基于 CO_2 排放因素模型的"脱钩"指标构建与评估——以山西省为例》,《煤炭学报》2011 年第 36 期。

[19] 王琴梅、赵阳阳、刘卫波:《华中三省碳排放与经济增长脱钩分析——基于 LYQ 框架的实证》,《华东经济管理》2013 年第 7 期。

[20] 梁日忠:《上海市经济增长与能源结构、产业结构关联状况的评价研究》,《华东经济管理》2014 年第 1 期。

[21] 吴丹:《中国经济发展与水资源利用脱钩态势评价与展望》,《自然资源学报》2014 年第 1 期。

[22] 陈瑶、尚杰:《中国畜牧业脱钩分析及影响因素研究》,《中国人口·资源与环境》2014 年第 3 期。

[23] 梁日忠、张林浩：《1990 ~ 2008 年中国化学工业碳排放脱钩和反弹效应研究》，《资源科学》2013 年第 2 期。
[24] 郑凌霄、周敏：《我国碳排放与经济增长的脱钩关系及驱动因素研究》，《工业技术经济》2015 年第 9 期。
[25] 全球环境战略研究所：《2006 年 IPCC 国家温室气体清单指南》，2006。
[26] Robert B. J. , Josep G. C. et al. , " Reaching Peak Emissions", *Nature* (2015).
[27] 冯宗宪、陈志伟：《区域能源碳排放与经济增长的脱钩趋势分析》，《华东经济管理》2015 年第 1 期。

B.14

FTA 中的环境条款设置有助于环境产品贸易吗？

——基于中国已签署 FTA 的实证研究

裴建锁　王梦悦*

摘　要：　本报告首先整理我国 FTA 中的环境条款文本，并与 TPP 环境章节进行对比，其次分析我国环境产品的贸易状况以及我国这 54 种产品的贸易竞争力，最后对环境条款和环境产品贸易的关系进行实证研究，得出以下结论：在以我国目前的 FTA 环境条款为分析对象的前提下，仅在 FTA 中设置环境条款对环境产品贸易的影响并不显著，而与我国签订有 FTA 同时也是 APEC 成员的国家，环境产品贸易则有增长的趋势。目前国内还没有针对这两者的关系进行过实证分析，本报告是首次尝试，但由于中韩 FTA 和中瑞 FTA 分别签署于 2015 年和 2013 年，贸易数据的可获得性受到限制，希望能在后续研究中扩充贸易数据，以便更准确地反映环境条款在促进环境产品贸易上的作用。

关键词：　自贸协定　环境条款　环境产品

---

* 裴建锁，对外经济贸易大学国际经济学院副教授，电子邮件为 jpei@ uibe. edu. cn，研究方向为投入产出分析，贸易、环境政策分析。王梦悦，对外经济贸易大学硕士研究生。

根据商务部官网公布的数据，截至 2016 年 5 月，我国已签订的 FTA（Free Trade Agreement）有 14 个，涉及 22 个国家或地区[①]。FTA 谈判正在进行中的有 8 个，正在进行研究的有 4 个。

在我国这 14 个自贸协定中，单独设置环境章节的只有中韩和中瑞，其他 FTA 或其他章节中都一笔带过，或从头到尾都未涉及。2015 年签订的中韩 FTA 相比以前有很大的进步，但与国际上的高水平自贸协定如 TPP，还有非常大的差距。

环境产品并不是一个新概念，2001 年《多哈宣言》就提出要降低相关产品的贸易壁垒。直到 2012 年，21 个 APEC 成员对一份含 54 种 HS6 编码的环境产品清单达成共识，并承诺 2015 年底前将清单中产品的关税降到 5% 或以下。

国际和国内都有不少针对环境问题的研究。Grossman 和 Krueger（1991）建立了贸易环境效应的基本结构，奠定了该领域研究的基础。李丽平、张彬等（2015）在 TPP 签订后，对 TPP 宣扬的高环境标准从范围维度、义务维度和约束维度进行了阐释，并针对 TPP 环境章节的具体内容进行了分析。李丽平等（2014）对 APEC 提出的环境产品清单进行了详细的解析，分析了清单上产品的关税情况，给出了关税减免的计算公式及我国需要降税的产品及比例，解析了其对经济贸易、环境和政策的影响，认为达成该清单的降税目标，能够通过对关税产生直接影响，进而对贸易产生影响。

目前国内现有研究大多是分析环境条款的内容，或者利用引力模型对贸易整体或特定行业展开研究。目前还没有发现针对 FTA 环境条款和环境产品贸易的关系进行实证研究的文章。虽然我国 FTA 的环境条款还不是很成熟，但我们认为，随着环境条款的不断完善以及对环境产品的关注度的增高，这项研究将对是否以及如何进行环境条款的谈判，提供一定的参考。

---

① 分别是澳大利亚、韩国、瑞士、冰岛、哥斯达黎加、秘鲁、新加坡、新西兰、智利、巴基斯坦、东盟以及中国香港、中国澳门，和东盟 10 个成员国。

一　我国已签署 FTA 环境条款的研究

（一）我国 FTA 的环境条款分析

除中瑞和中韩 FTA 外，其他 FTA 在序言、一般例外、技术性贸易壁垒及合作章节中涉及环境保护的内容，其中序言只是一种原则性阐述，技术性贸易壁垒（TBT）的内容更多的是贸易或投资中的环境保护措施，合作章节中大多援引缔约双方签署的谅解备忘录或环境合作协定，没有具体说明环境方面的合作举措，更没有直接提及环境产品。

中瑞 FTA 和中韩 FTA 中单独设置了环境章节，分别是第十二章（环境问题）和第十六章（环境与贸易），章节内容对比见表 1。从两个自贸协定环境章节的字数来看，中瑞有 1300 字左右（8 条），中韩有 1600 字左右（9 条），相差不多。但仔细分析各条款内容，会发现中韩 FTA 的章节对环境与贸易表述更清晰，措辞更严谨，可操作性更强。

表 1　中瑞和中韩 FTA 环境章节条款对比

中瑞 FTA 第十二章环境问题	中韩 FTA 第十六章环境与贸易
背景和目标	背景和目标
多边环境协定和环境原则	范围*
促进有利于环境的货物和服务传播	保护水平
国际论坛合作	多边环境协定
双边合作	环境措施的执行*
资源和资金安排	环境影响*
实施和协商	双边合作*
审议	机构和资金安排*
	争端解决不适用

注：* 表示新增条目或有新增内容。

资料来源：根据中瑞 FTA 和中韩 FTA 整理所得。

在中韩 FTA 第七条（双边合作）中，明确了缔约双方在环境领域合作的“指示性清单”（Indicative List），其中第一项就明确指出要推广环境产品，把环境产品和环境服务放在首要发展的地位，这也可知本报告研究环境条款对环境的影响是有根据有意义的。

（二）我国 FTA 与 TPP 环境章节的对比

2015 年 10 月 5 日，TPP 结束谈判，受到多方关注。在 TPP 谈判过程中，美国一直宣称在环境方面坚持高标准。在我国目前已签署的 FTA 中，中韩 FTA 是相对标准最高的，且我国与韩国的贸易量较大，可参考性较强，故选取中韩 FTA 与 TPP 进行对比。

1. 相似之处

首先，从环境章节条款的数目来看。中韩 FTA 设置了 9 个条款①。TPP 设置了 23 个条款，内容更加充实②。其次，从各条款的设置内容来看。中韩 FTA 中的内容基本都能在 TPP 中找到，TPP 中的大部分内容中韩 FTA 也基本都有涉及，可以说两者的框架是基本一致的。

2. 不同之处

下面对 TPP 环境章节相对中韩 FTA 的独特性进行分析。

第一，TPP 章节对多个多边环境协定及缔约国的义务进行了详述。其中规定最详细的莫过于第 20.16 条海洋捕捞渔业，该条款下面包含了 15 个款项，对 IUU（不合法、不报告和不管制）捕捞行为各国所需遵守的规则和承担的义务进行了比较详尽的表述。

第二，公众参与程度高。这一部分内容是我国目前的 FTA 没有涉及的，TPP 中有 5 个条款直接或间接地涉及相关内容，包括第 20.7 条至第 20.11 条。例如第 20.7 条程序事项中规定要“保证相关信息向公众公开”，应保

---

① 分别是背景和目标、范围、保护水平、多边环境协定、环境措施的执行、环境影响、双边合作、机构和资金安排以及争端解决不适用。

② TPP 还包含两个附件，分别规定了缔约国要遵守的关于臭氧层保护和海洋环境保护的各国法律法规。

证相关人等可以要求主管机关对违反相关法律的作为进行调查，保证法律或程序的可获得性。

第三，TPP 章节单独列出环境产品的相关规定。其中第三款表示，应考虑“与环境产品和环境服务相关的问题，包括被确定为对该贸易形成潜在非关税壁垒的问题”。第四款表示“缔约方可制定与环境产品和服务相关的双边和诸边合作项目，以应对当前及未来与贸易有关的全球性环境挑战”，为后续合作提供了依据。但客观来说，TPP 中关于环境产品的这一条款并没有实质性的规定，对各缔约国也没有义务性的约束，因此在这方面，TPP 并没有比中韩 FTA 更有价值。

第四，TPP 章节具体规定了磋商制度和争端解决条款，包括第 20.20 条至第 20.23 条。第 20.20 条环境磋商将提交报告和做出回应的时间做了明确的规定，使得磋商程序的可操作性加强。第 20.23 条争端解决条款是很有分量的一个条款，相对于我国一般环境条款的争端解决不适用原则，TPP 将环境章节与争端解决章节挂钩，增强了环境章节的约束性和强制力，使环境章节的实施有了一定的保障。

二 我国环境产品竞争力分析

2014 年我国环境产品的总贸易额为 1894 亿美元，占货物贸易总额的 4.4%，出口额为 875 亿美元，进口额为 1019 亿美元，分别占我国出口和进口总额的 3.7%、5.2%。

进出口数据显示，我国的环境产品一直是进口大于出口，一定程度上说明我国环境产品的竞争力并没有传统的制造业那么强。值得说明的是，近年来净进口额占总额的比例基本呈下降的趋势，尤其是 2002～2011 年，该比重从 67.7% 降至 7.3%，2012 年和 2013 年上升少许，2014 年又再次降至 7.7%。

本报告利用 *PTC*、*NTC* 和 *VTC* 三个指标对我国环境产品的竞争力进行了分析，指标介绍见表 2。

如表 3 所示，在这 54 种 HS6 编码的产品中，我国占明显优势的有 3 个，占相对优势的有 25 个，占相对劣势的有 18 个，占绝对劣势的有 8 个。值得注意的是，在屠新泉等（2014）对 2012 年贸易数据的分析中，这几种情况之比为 1∶21∶24∶7，对比可发现总体优势有所上升而劣势有所下降。

表 2　指标说明

指标名称	计算公式	指标说明
贸易价格竞争力指数（*PTC*）	*PTC* =（出口额/出口数量）/（进口额/进口数量）	*PTC* >1 说明该产品具备价格优势
贸易数量竞争力指数（*NTC*）	*NTC* =（出口数量 − 进口数量）/进出口总量	*NTC* 越接近 1，该产品贸易数量优势越大
贸易竞争力指数（*VTC*）	*VTC* =（出口额 − 进口额）/进出口总额	*VTC* 越接近 1，该产品贸易竞争力越大

表 3　2014 年我国 54 种环境产品竞争力分析

类别	竞争优势	HS 编码	总计
Ⅰ类（*PTC* > 1，*NTC* > 0，*VTC* > 0）	量价俱优	840690 841960 854140	3
Ⅱ类（*PTC* > 1，*NTC* <0，*VTC* > 0）	价优量劣		
Ⅲ类（*PTC* <1，*NTC* > 0，*VTC* > 0）	量优价劣	441872 840290 840410 840420 840490 841199 841290 841780 841790 841919 841939 841990 842121 842139 842199 847420 850164 850231 850300 850490 851490 854390 902690 903290 903300	25
Ⅳ类（*PTC* > 1，*NTC* <0，*VTC* <0）	价格优势不能弥补数量劣势	850239 903149	2

续表

类别	竞争优势	HS 编码	总计
Ⅳ类 （$PTC>1, NTC>0, VTC<0$）	数量优势不能弥补价格劣势	841989 842129 847982 847989 847990 851410 851420 851430 901580 902610 902620 902720 902780 902790 903190 903289	16
Ⅵ类 （$PTC<1, NTC<0, VTC<0$）	量价具劣	841182 901380 901390 902680 902710 902730 902750 903180	8

资料来源：根据指标定义及贸易数据计算所得。

从对这些产品竞争力的分析来看，产品竞争力与贸易状况并不一致。最明显的是税号 901380（光学类设备），该产品无论从价格数量还是进出口净额看，可是说处于绝对的劣势，但是在 2014 年的贸易中，这类产品无论是进口还是出口，贸易额都居首位。同样属于这种情况的还有 901390（激光器、望远镜等装置的零件、附件）和 903180（其他测量、检验仪器、器具及机器）。

从产品大类看，在该清单 54 种环境产品中，大类主要有 84、85 和 90，这三大类在 54 种产品中分别有 23 个、11 个和 19 个。如果把这六类产品分为优势和劣势两组，则我国的环境产品总体占优势的有 28 个，占劣势的有 26 个。2012 年该数据比为 22∶32，所以可以得出结论，我国的环境产品竞争力有提高的趋势。

三　FTA 环境条款与环境产品贸易的实证研究

（一）变量选取与模型设定

本报告在基本的引力模型基础上构建新的模型，以双边环境产品贸易量为因变量，引入环境条款 EC（Environmental Clause）作为核心解释变量。

选取了 39 个我国的贸易伙伴国①，时间跨度为 2002～2014 年②。变量的描述性统计见表 4。

1. 解释变量

EC 作为模型的核心解释变量，旨在发现在双边或多边自贸协定中加入的环境条款或环境章节，对双边环境产品贸易额的影响。本报告使用的量化方法是，FTA 中环境相关条款的字数，在 FTA 生效年份之前记为 0，FTA 生效当年及之后的年份的字数记为环境条款字数。

除环境条款 *EC* 外，还设置了 *FTAAPEC* 的虚拟变量以及两个交叉项（*EC_ APEC* 和 *FTA_ APEC*）。*FTA* 表示是否与中国签订有自贸协定，*APEC* 表示贸易伙伴是否为 APEC 的成员。

2. 控制变量

（1）贸易额滞后一期（Dt_{ij}）。

（2）经济总量（*GDP*，GDP_j），人均收入变量（*GDPPC*，$GDPPC_j$）③。

（3）两国家或地区之间的距离（*Dist*），用首都之间的距离代替。

（4）是否有共同的领土边界（*Contig*），是否是沿海国家（*Coast*）④，是否与我国同属于汉字文化圈（也叫儒家文化圈，*Conf*）⑤。

（5）是否属于某经济组织的虚拟变量，选取有代表性的亚太经合组织（APEC）、欧盟（EU）、东南亚国家联盟（ASEAN）、北美自由贸易区（NAFTA）等经济关系组织⑥。

① 其中与中国签订自贸协定的国家有 19 个，涉及 11 个自贸协定（除去与港澳台地区的协议；中国－东盟协定包括 10 个国家；新加坡既是我国与东盟 FTA 的成员，还与我国单独签署了 FTA），另外选取 2014 年与我国环境产品贸易量排名前二十的国家。

② 起始年份是考虑到本报告所考察的 FTA 中，签署时间最早的中国－东盟自贸协定，签署于 2002 年 11 月。

③ 采用 2005 年的价格作为基准价格。

④ 本报告所涉及的国家中仅有少数是内陆国家，包括匈牙利、老挝、斯洛伐克和瑞士。

⑤ 这一变量主要考虑文化要素，取值为 1 的有中国香港、朝鲜、韩国、日本、越南和新加坡。

⑥ 虽然该经济组织只包含了澳大利亚和新西兰两个国家，但这两个国家都与我国签署了 FTA，是我国重要的贸易伙伴，这两个国家地理位置的特殊性以及该经济组织的存在，对其与我国的贸易可能会有影响。

综上，模型设定如下：

$$\begin{aligned}\ln t = {} & \alpha_1 \ln Dt + \alpha_2 \ln GDP + \alpha_3 \ln GDP_j + \alpha_4 \ln GDPPC + \alpha_5 \ln GDPPC_j + \\ & \alpha_6 \ln Dist + \beta_1 EC + \beta_2 FTA + \beta_3 EC\_APEC + \beta_4 FTA\_APEC + \\ & \gamma_1 Contig + \gamma_2 Coast + \gamma_3 Conf + \delta_1 APEC + \delta_2 EU + \delta_3 ASEAN + \\ & \delta_4 NAFTA + \delta_5 CER + C + \mu_{ij}\end{aligned}$$

其中 μ_{ij} 是与时间和个体都无关的随机误差项。

表 4　变量的描述性统计

变量	样本	平均值	标准差	最小值	最大值
code	507	455.8	235.8	36	842
year	507	2008	3.745	2002	2014
t	507	2.260*e* +09	4.960*e* +09	18170	2.930e +10
Dt	507	1.990*e* +09	4.600*e* +09	18170	2.930e +10
GDP	507	4.960*e* +12	2.990*e* +12	1.460*e* +12	1.040e +13
GDP_j	507	1.120*e* +12	2.410*e* +12	1.760*e* +09	1.740e +13
GDPPC	507	3738	2178	1142	7590
$GDPPC_j$	507	20884	19736	319.5	88003
Dist	507	7130	4267	955.7	19080
EC	507	5.047	58.97	0	1307
FTA	507	0.487	0.500	0	1
Contig	507	0.154	0.361	0	1
Coast	507	0.897	0.304	0	1
Conf	507	0.128	0.335	0	1
APEC	507	0.462	0.499	0	1
EU	507	0.231	0.422	0	1
ASEAN	507	0.256	0.437	0	1
NAFTA	507	0.0769	0.267	0	1
CER	507	0.0513	0.221	0	1

（二）实证结果分析

本报告分别采用混合回归、固定效应模型和随机效应模型进行估计，并采用以“Partner”为聚类变量的聚类稳健标准差。F 检验显示固定效应要优于混合回归模型，Hausman 检验显示，应该选择固定效应模型。用怀特检验、Wald Test 和 LR 检验分别对面板数据进行异方差检测，检验结果都强烈拒绝同方差。用 Wooldridge 检验进行自相关检验，结果拒绝无自相关的假设。由于 Breusch-Pagan LM 检验适合长面板，而本报告中的数据为短面板，所以 LM 检验无效，进而采用 Friedman、Frees 和 Perasan 提出的方法，进行截面相关检验，检验结果均强烈拒绝 H_0，因此认为存在组间截面相关。根据上述多项检验的结果，因为可行广义最小二乘（FGLS）方法能对数据的异方差、序列相关和及组间截面相关进行处理，所以本报告利用本方法进行面板数据的估计。本报告使用 STATA12.1 进行回归分析，估计结果如表 5。

表 5　回归结果

变量	(1)	(2)	(3)	(4)
	Pooled	FE	RE	FGLS
$\ln Dt$	0.8440***	0.6225***	0.8440***	0.8434***
	(17.81)	(22.09)	(17.81)	(40.28)
$\ln GDP$	1.7399*	0.8922	1.7399*	2.0730***
	(2.57)	(1.25)	(2.57)	(4.62)
$\ln GDP_j$	0.1869*	0.8143***	0.1869**	0.1601***
	(2.67)	(7.41)	(2.67)	(5.10)
$\ln GDPPC$	-1.7696*	-0.8340	-1.7696*	-2.1258***
	(-2.54)	(-1.13)	(-2.54)	(-4.57)
$\ln GDPPC_j$	-0.0125	-0.0209	-0.0125	-0.0066
	(-0.58)	(-0.17)	(-0.58)	(-0.41)
$\ln Dist$	-0.2429*	-1.2296***	-0.2429*	-0.2531***
	(-2.51)	(-7.85)	(-2.51)	(-4.24)
EC	-0.0004**	-0.0003	-0.0004**	-0.0003
	(-3.01)	(-0.87)	(-3.01)	(-1.80)
FTA	-0.1376	1.1008	-0.1376	-0.2245*
	(-1.12)	(1.94)	(-1.12)	(-2.01)
EC_APEC	0.0048	0.0039	0.0048	0.0031
	(1.88)	(1.42)	(1.88)	(1.33)
FTA_APEC	0.1109	-3.5989***	0.1109	0.3351*
	(0.55)	(-4.50)	(0.55)	(2.37)

续表

变量	(1)	(2)	(3)	(4)
	Pooled	FE	RE	FGLS
Contig	-0.0583	-1.4865***	-0.0583	-0.0374
	(-0.60)	(-7.36)	(-0.60)	(-0.50)
Coast	-0.3443*	1.2032	-0.3443*	-0.2929**
	(-2.25)	(1.96)	(-2.25)	(-2.88)
Conf	0.0784	0.5427**	0.0784	-0.0197
	(0.57)	(2.86)	(0.57)	(-0.26)
APEC	-0.0516	-0.0736	-0.0516	-0.1342
	(-0.29)	(-0.47)	(-0.29)	(-1.33)
EU	0.0048	1.5497*	0.0048	-0.0138
	(0.05)	(1.99)	(0.05)	(-0.17)
ASEAN	0.1303	2.0337**	0.1303	0.0996
	(1.23)	(2.80)	(1.23)	(1.14)
NAFTA	0.0250	0.0891	0.0250	0.0778
	(0.12)	(0.43)	(0.12)	(0.73)
CER	-0.0705	1.9791***	-0.0705	-0.1337
	(-0.60)	(4.23)	(-0.60)	(-1.21)
_cons	-35.4319*	-23.2341	-35.4319**	-41.5078***
	(-2.60)	(-1.56)	(-2.60)	(-4.45)
样本数量	507	507	507	507
R^2	0.969	0.977		
adj. R^2	0.968	0.975		
F	746.9297	437.6420	13444.73	15497.85

注：①* $p<0.05$、** $p<0.01$、*** $p<0.001$；

②括号内为对应解释变量的 t 值；

③RE 和 FGLS 回归结果给出的是 Wald 检测值，根据 Wald 值与 F 值的换算关系，可得到两者的 F 统计量分别为 F（RE）=746.929，FE（FGLS）=860.9917。

EC 环境条款的回归系数为 -0.0003，*EC_ APEC* 虚拟变量的交叉项系数为0.0031，不显著。*FTA* 和 *FTA_ APEC* 都是在5%的水平上显著，其中 *FTA_ APEC* 的系数表明，如果伙伴国与我国之间签订自贸协定，并且双方都是 APEC 的成员，则对环境产品清单涉及的环境产品的贸易有促进作用。此估计结果说明，对目前我国已经签订的自贸协定来说，签订 FTA 本身比在 FTA 中设置环境条款对环境产品贸易的影响更大。

出现这种情况的原因有以下几个。第一，实证研究中我国目前所签订的FTA，除了单独设置环境章节的中瑞 FTA 和中韩 FTA 外，其他多为原则性阐述，仅有少量促进环境合作的条款，另外在技术性贸易壁垒和一般例外中可能有对环境合作和贸易产生阻碍的条款，而且中瑞 FTA 在环境章节里，并没有专门提到环境产品，因此目前 FTA 中的环境条款确实难以对环境产品的贸易产生实质性的影响。

第二，环境条款量化困难。将文本进行量化存在很大的难度，用字数来代替只是在一定程度上反映条款与贸易额的关系，并不准确。虽然知道这个方法的局限，但目前为止还没有找到更好的办法，期待后续研究能更准确更深入。

第三，缺乏贸易数据。中瑞 FTA 签署于 2013 年，生效于 2014 年。虽然在实证中包括了中瑞 FTA，但时间仍很短，完全不足以显现环境条款对贸易的影响。一般来讲，即便 FTA 能够有效促进某领域的贸易，在短时间内也难以反映到贸易额上。中韩 FTA 签署时间在 2015 年，12 月份才正式生效。由于本报告写作期间只能得到 2014 年的贸易数据，所以未能将中韩 FTA 计入在内。

四　总结与建议

（一）总结

本报告首先分析了我国现有 FTA 中的环境条款，将其与 TPP 进行了对比。其次用竞争力指标体系分析了 54 种环境产品的竞争力，了解具体产品的优劣势。最后，也是本报告的创新点，使用贸易引力模型，对环境条款和环境产品贸易的关系进行实证研究。回归结果表明，从我国目前已签订的 FTA 及其中的环境条款来看，单纯在 FTA 中加入环境条款，并不能对环境产品的进出口产生积极的影响，而与我国缔结 FTA 又同样是 APEC 成员的国家，环境产品贸易额则会显著的增长。

（二）建议

环境将逐渐成为FTA谈判的必备议题，增加环境章节也是大势所趋。为此，对在FTA中设置环境相关内容，我国应积极应对，主动行动。

第一，积极参与环境产品谈判。2014年在达沃斯论坛上，中美欧盟等14国宣布，启动环境产品谈判。虽然我国相关产品的关税仍然较高，但这并不代表我们不应该参与谈判。相反地，正是因为需要进步，所以才更要积极参与，把握主动权和话语权，这样才能在相关政策的制定中争取到最大的利益。

第二，深入分析TPP等高水平FTA的环境条款，并积极学习和借鉴。分析发达国家主导的FTA环境条款，发现其可借鉴之处，是自我改进的良方。当然，我们也要看到有些条款是虚有其表，没有实质上的效力，因此理性待之非常重要。

第三，积极落实FTA及APEC的相关义务和措施，积极承担责任。在环境方面我国一直处于劣势，54种产品需要降税的不在少数。降低环境产品的关税，难免使一些产品或行业受损。我们需要痛定思痛，发现自身的劣势，寻求改进的渠道，从根源上提高竞争力。

参考文献

［1］龚清华：《中国环境产品的国际竞争优势评估》，《对外经贸实务》2014年第2期。

［2］黄烨菁、张煜：《中国对外贸易新趋势的实证分析——基于扩展型贸易引力模型》，《国际经贸探索》2008年第2期。

［3］李丽平、张彬、肖俊霞等：《TPP的环境标准到底有多高?》，《环境经济》2015第ZA期。

［4］李丽平、张彬：《APEC环境产品清单对中国的影响及其战略选择》，《上海对外经贸大学学报》2014年第3期。

［5］史朝兴、顾海英：《贸易引力模型研究新进展及其在中国的应用》，《财贸研

究》2005 年第 3 期。

[6] 屠新泉、刘斌:《环境产品谈判现状与中国谈判策略》,《国际经贸探索》2015 年第 3 期。

[7] 张乃根:《试析环境产品协定谈判》,《海关与经贸研究》2014 年第 5 期。

[8] Deardorff, Alan, "Determinants of Bilateral Trade: Does Gravity Work in a Neoclassical World?" *The Regionalization of the World Economy* (1998).

[9] Grossman, Gene M., and Alan B. Krueger, "*Environmental Impacts of a North American Free Trade Agreement*," *National Bureau of Economic Research*, W3914 1991.

[10] Krueger, A. O., *Trade Creation and Trade Diversion under NAFTA* (National Bureau of Economic Research, 1999).

B.15

低碳能源技术创新思维：以碳排放资源化为例

仲 武*

摘 要： 本报告提出几个关于碳排放问题的新观点，并据此得出解决环境二氧化碳气体积累的新思路。首先，从碳排放的来源方面建议改变传统观念，大幅度减少直接碳排放，实现系统的资源化高效利用，使得碳减排具有来自市场的推动力。其次，在碳排放的资源化利用方面也提出了几个具体的创新方案。

关键词： 碳排放 碳捕集 碳资源化利用 温室效应 温室气体

人类碳排放主要来自化石燃料的使用以及其他工业生产。煤炭、天然气、石油、水泥产生的碳排放在1960～2012年的累计排放量占总排放量的比例依次为39.2%、17.2%、40.5%、3.1%。2012年的比例依次为42.8%、19.0%、33.0%、5.2%。从上述数据得知化石燃料能源生产和利用的碳排放占排放量2/3，因此一般认为减少碳排放的出路是减少化石燃料消耗。

能源是经济增长的基础，所有的发展中国家都面临两难境地，既要发展经济，又要应对、减缓气候变化。在现有理念和技术条件下，如果减少碳排放，就意味着它们要承担经济放缓甚至停滞的巨大成本。这无论从现实和道

* 仲武，北京东方恒源科技有限公司总工程师。

义上都讲不通。对于中国来说不是一件容易的事情。中国即使采取较积极的能源政策，包括提高可再生能源和油气等清洁能源的比例，到2020年我国煤炭消费仍占约60%。

本报告用一种新的角度对碳排放现状进行重新分析，提出系列创新理论来减少碳排放、加大碳固定，并以资源化高效利用来保证减排全过程的市场化动力，实现可持续的碳资源循环利用和经济的低碳发展。

一　碳排放现状成因的创新分析

现在学术界认为森林、海洋吸收二氧化碳的能力是有限的，只能吸收人类活动新增排放的很小一部分。但事实上，人类活动产生的碳排放与自然界本来已有的碳循环总量相比只占很小的一部分。仅仅土壤碳循环过程中对环境的碳排放就达到3000亿吨~5000亿吨，是人类每年约500亿吨碳排放的8~10倍。2010年，这个比例曾经是12~16倍。每年全球由于毁林造成碳循环破坏所产生的二氧化碳排放与同期化石燃料燃烧释放量相当。

我们也都知道，不论是陆生植物还是水生植物或藻类，都是碳水化合物，绝大多数植物的碳元素的唯一来源就是二氧化碳，植物每生成1kg干物质就要消耗二氧化碳约1.6kg。在进行无土栽培植物的过程中，只要营养液中有少量必要的无机盐，不需要任何有机物，也就是说不需要碳元素，就可以完全保证植物正常生长发育。那么我们在粮食作物种植的过程中施的有机肥为什么能促进作物生长发育呢？其作用主要是有机物在微生物作用下分解产生二氧化碳和热量。没有有机肥，作物不是不能生长，而是长不好，究其原因也是没有足够的二氧化碳来进行高效率的光合作用。试验研究表明，人类生产生活的环境大气的二氧化碳浓度在100ppm~2000ppm（0.01%~0.2%），作物产量随二氧化碳浓度增加而提高。如果把二氧化碳浓度降到50ppm，光合作用就会停止。在生产实践中发现，农业温室大棚中夜间因植物呼吸作用和土壤有机物分解释放的二氧化碳不断积累，达到较高水平，在日出前一般都在600ppm~1500ppm，日出后作物开始光合作用，温室内二氧化碳浓度迅速下降，如果没有充足的补充，2 小时左右二氧化碳浓度将降至 100ppm 以下，作物处于二氧化碳饥饿状态。

一般认为植物进行光合作用最适宜的二氧化碳浓度是 800ppm ~ 1500ppm，温棚中喷施二氧化碳，将空气中二氧化碳浓度从野外平均浓度 200ppm，提高到 1200ppm，即达到或接近我们办公室内的二氧化碳浓度，这使不同品种农作物的生长速度和产量提高了 60% ~200%。也就是说提高二氧化碳的浓度可以大大改善植物光合作用的条件，促进光合作用，改善植物的养分合成和加工。当然，这也意味着植物固定二氧化碳的能力成倍增加。

显然，大自然植物的主要碳元素来源，不是依靠人类活动提供，植物吸收、再利用的碳元素主要来自其附近土壤因其含有的有机物分解释放的二氧化碳。通过空气对流、扩散带来的二氧化碳只是占很小的比例。即便是地球大气层二氧化碳浓度上升 50%，从 280ppm 达到现在的约 380ppm，这个浓度还是难以让植物的光合作用有大的变化。因此，靠增加水生、陆生植物面积来大幅度增加环境固碳能力的思路是行不通的。

我们曾经到数个化工厂调研，这种工厂通常都有大量的二氧化碳排放量，每小时都有数十吨、数百吨碳排放。交流中，工厂的朋友都不约而同说到一个现象，工厂建成开工短短几年内，周边小环境、小气候发生很大改观，没有进行人工的特殊干预，不毛之地很快变得郁郁葱葱、风调雨顺，植物非常容易生长、发育。我们分析，这应该就是二氧化碳“气肥”起到的“意外”作用。

因此，我们大胆地提出一个结论：自然界的植物碳汇的潜力是巨大的，远远大于人类活动产生的排放。森林植被破坏能造成碳排放快速增加，而通过植树种草产生的碳固定效果则是缓慢和长期的。利用、影响、恢复碳循环来解决碳排放问题，远比通过减少石化燃料消耗、化学利用二氧化碳、直接物理存贮封存、增加森林植被面积吸收等方式更快速有效。

让我们把新产生的碳排放尽可能“捕集”起来，输送到海洋、森林、草原、农田、温棚里去，会使局部二氧化碳浓度大幅度增加，影响碳呼吸、碳循环过程，让植物固碳的作用成倍提高，同时也促进植物的快速生长，农作物产量也会大幅度增加，实现低碳、减排、增效多赢的局面。

二　碳排放来源的创新控制

我们现在还有必要分析一下人类工业化过程产生大量碳排放的历史成因。即使到了今天，在工业领域和人们日常生活中都把排放二氧化碳当成一件理所当然的事。进行环境评价的时候，排放物里面如果没有特殊化合物（如硫化物、氮氧化物、粉尘），即达到清洁排放的标准，排放物含有的二氧化碳、水蒸气、热量其实都是局部环境空气的增量和干扰，也会影响局部环境指标，本应同样得到处理。

每个锅炉都有烟囱，煤炭燃烧后碳排放成为习惯，但是仔细分析一下，煤炭的燃烧过程是一个化学反应过程，在生成近 4 倍重量二氧化碳的同时，释放燃烧热。排放的二氧化碳其实是比燃烧过程释放的热更有价值的资源，目前市场批发价每吨高达 500 ~ 800 元，淘宝零售价更达到每吨 1 万元。化学产物的价值比释放的热能价值高 2 ~ 3 倍，人们长期以来都是抓了燃烧热这个“芝麻”，扔了燃烧化学产物这个“西瓜”。

这个结果有其历史原因，倒退几十年，烟气中二氧化碳几乎无法回收，回收了也没有什么太多用途，人类当时也没有减少碳排放的环境保护压力。但是今天则完全不同了，回收烟气中二氧化碳的技术已经成熟，回收成本低廉，回收的二氧化碳用途广泛。人们也已经认识到碳排放对环境的危害，到了应该彻底处理碳排放、必须处理碳排放问题、可以从根本上解决碳排放问题的时候了。

我们再提出一个建议，对我们人类普遍使用的燃煤、燃油、燃气过程进行改革，让每一台锅炉、每台燃烧装置像化工厂的反应设备那样工作，既利用燃烧反应释放的热量，又利用化学反应产生的化学产物，把化石资源的价值“吃光榨净”，在减少环境污染物排放的同时，实现效益的大幅度增加，实现低碳、减排、增效的有机统一。

我们还提醒，对于那些建设在远离城市的化工企业、大量碳排放企业，也许没有必要进行碳捕集，只要要求它们在周围小环境加强植物培育，相信很快就可以和前面所说的化工企业一样，通过碳排放的“自产自销”，就地实现低成本、高效率、环境友好的碳固定。而那些周围没有大量植被实现碳固定的碳排放企业，应该加强碳捕集、碳回收，通过城市捕集、野外排放的空间转移以及冬季捕集、夏季排放的时间转移，借助绿色植物的光合作用，高效率实现碳固定，同时直接、间接创造新的经济效益。

三　碳排放资源化利用的创新

目前工业领域的碳排放比较容易集中捕集，捕集的方法很多，每捕集1吨二氧化碳的成本合100多元人民币或更低。但近年来碳排放的资源化利用几乎没有大的突破，究其原因是理论界思想观念陈旧，必须进行观念创新和理论创新，才能彻底改变碳排放资源化利用的现状。本报告将以干冰作为一种动力转化介质入手，探讨一下碳排放资源化利用的创新。

多年来，有无数的科学家试图让二氧化碳能再次逆变成为某种“燃料”。这些人几乎都在化学逆向反应上做文章。但是这样的过程，都需要能量，实现燃烧逆向反应也非常困难，而且除了考虑采用太阳能、模拟植物光合作用的方案以外，即便实现逆向反应，也只能算是对高品位能源的储能再释放，得不偿失。

近年来，我们通过对热机的工作原理进行再认识，提出“让热机冷下来”的观点。热机的本质是热量引起介质升温膨胀、做功，加热升温是手段，膨胀增压是目的。人们不应该将热机的工作温段僵化、固定在从常温到高温，而从低温升温到常温也会引起某种介质升温、膨胀，推动活塞、涡轮叶片运动做功，将常温、低温的热量同样转化为机械能。

二氧化碳是个很神奇的物质，常压下，它可以以－78.5℃超低温、固态的形式“干冰”存在；到了约10个大气压的环境中，二氧化碳又会变成液体便于输送流动。用干冰作为工质，可以吸收利用环境介质空气、水的热量，如果限制在一个封闭的容器中，就可以得到数十个大气压压力的常温二氧化碳气体。这个高压、常温的二氧化碳气体完全可以推动气动机械输出动力做功。由于热机的原理没有改变，热机也无须大的改动，只需要对现有的汽车稍加改进，就可以使得原来消耗燃料、工作在高温温段的发动机改为利用超低温工质、撬动环境热能参与、让气缸内产生同样大小的膨胀压力来推动活塞，在常温温段继续工作。

改造前，汽车带着能源物质，吸入不需要付费的环境空气，燃烧后释放的热量让反应后的混合气体升温、膨胀，高压高温气体的膨胀势能在发动机内转换为动能，带动车辆运动，做功后尚有余热的高温废气被排放到环境中；改造后，汽车带着超低温的工作介质干冰，通过换热器，吸收不需要付费的常温空气的热量，汽化、升温膨胀，最后是高压常温二氧化碳气体推动发动机运转，带动车辆运动，膨胀释放内能后大幅度降温的低温二氧化碳气体则被排放到空气中。这个过程已经在实验中得到验证。初步估算，让发动机输出同样的动力消耗的“工作介质”体积虽是原来燃料消耗的5～8倍，而综合成本是使用燃料时的1/3。相当于又回到了蒸汽机时代，不同的只是工质从水变成了干冰，热量的来源不是依靠燃煤，而是取自环境空气或水等常温物质。

改装实验中还注意到，干冰首次汽化的过程，其实是一个吸热过程，也就是一个制冷降温过程，是一个非常不错的“冷源”，可以在提供动力的同时，为冷藏、冷冻运输设备提供大量冷量，为冷冻法海水淡化设备提供优质冷源。做功后，气体温度因为内能减少而再次下降，又达到－50℃或更低，还可以再次作为冷源输出冷量。

四　二氧化碳综合利用范例

本报告提出解决碳排放的思路主要是设法通过大幅度提高植物生长环境周围二氧化碳的浓度，来充分发挥自然界的植物通过光合作用吸收、固定二氧化碳的巨大潜力，进而从根本上解决大气层二氧化碳气体积累、增加的问题。实现这个过程主要有碳捕集、碳运输、碳布撒等若干环节。其中碳捕集的有关技术已经相当成熟，本报告不再赘述。

二氧化碳的运输曾经是一个较大的问题，因为这个过程是消耗能源、成本较高、没有经济回报的过程。现在，利用干冰作为介质，吸收环境的热量，并通过热机转化为动力输出，解决了碳运输过程的高能耗成本的问题。运输过程中少量的消耗其实也实现了某种意义的碳肥“布撒”过程。下面通过几个利用二氧化碳的应用范例，来进一步解释说明。

1. 干冰用于森林灭火

森林火灾时有发生，常用的灭火方法很多，但都是常规的手段。以水灭火为例，如果喷洒的消防灭火用水、灭火干粉没有直接喷淋到火源，则几乎不能发挥降温和隔绝空气的作用，即便有条件大量使用，灭火效果也不好。

以前限于经济条件和技术条件，使用干冰灭火都是“高端消费”和“奢侈品”。但是到了今天，干冰容易生产、运输、储存，目前的成本也不高，应该考虑大量采用干冰这个非常理想的灭火材料来实现森林应急灭火。采用干冰进行森林灭火，制作成一个个干冰炸弹，通过提前布设形成阻火带，通过定时、定温起爆，或者飞机空投、触地爆炸，或者巨型迫击炮抛射、近炸引信引爆。不管干冰是否能接触火源，只要炸碎的干冰颗粒布撒在火源附近、火源的上风口、火源的高处，都能迅速汽化实现降低火场温度、隔绝空气阻止燃烧的作用。汽化的二氧化碳就像一张巨大的“冷气毯”，覆盖整个火场，并且随着气流的流动自动流向火源，持续汽化的干冰还能有效阻止火灾复燃，实现快速、彻底灭火。

最后残留在森林火场的二氧化碳气体，是森林很好的气肥，逐渐被周围的林木吸收，没有任何污染物残留，渗入地下土壤、水分吸收的二氧化碳气体，也有利于火灾现场的植被恢复生长，一举数得。人类用水灭火，已经有数千年历史了，今天该创新、改进一下了，该淘汰这种陈旧、低效率的传统灭火方式了。

2. 干冰作为动力介质

大型渔轮功率在500马力以上，每小时消耗燃油数十公升，需要消耗大量的燃油作为动力。固体二氧化碳（干冰）吸收海水的热量可以汽化为50个大气压以上的高压气体，为远洋渔轮提供动力；在这个过程中，约10公斤干冰相当于1公斤燃油，输出的动力相当于2～4千瓦时电力。吸热的过程还相当于制冷，提供的“冷量”可以用于冰冻海产品、淡化海水，这10公斤干冰同时累计可以吸收的热量，相当于0.5公斤燃油做功制冷的冷量。10公斤干冰汽化过程还能同时淡化产生10公斤以上的淡水。综合估算干冰替代燃油的重量比为6∶1，即干冰的使用量比燃油高6倍。而干冰的价格是燃油的1/10或更低，因此使用干冰的成本是燃油的1/2，而且实现了真正的“零排放”。

使用干冰作为动力介质，是一个非常好的环保、节能、增效的方案。首先采用的干冰是从其他直接排放到环境中的二氧化碳捕集制取而来的，不是增量排放。使用过程中能量的来源取自环境，没有消耗化石燃料；排放的二氧化碳“尾气”增加了海洋、海平面的二氧化碳浓度，甚至可以直接注入水中，增加了水体的二氧化碳溶解度，促进海洋植物、藻类的光合作用，通过食物链促进了海洋生物、海洋水产资源的再生和恢复，实现安全、低碳、减排、增效、环境友好的综合效益。这种应用方案也同样适用于海岛、远洋货轮、邮轮。

我们现在的高铁的每一节车都叫动车，都有独立的动力系统，高铁的车头仅仅是控制室，反而没有动力，合在一起称为动车组。如果每节车厢都能携带5吨干冰作为动力工质，则在运行中可以提供500匹马的动力长达6～8小时。在列车进入人口稠密区域时使用电力牵引，行驶到旷野、草原、森林的时候切换到“干冰”介质的环境热能动力模式，既提供了一种清洁的动力，又实现了碳布撒、碳转移，强化、利用了绿色植物固碳能力，实现了绿色动力。

这些绝非科幻，具体实施过程不存在理论障碍和技术壁垒，推广应用就在眼前。马戏团里表演的大象，都是从小就开始训练的。小象很调皮，故常把小象拴在木桩上。由于小象力量小，经过很多次试验，它都无法将木桩拖出来，时间久了，只要把小象拴在木桩上，它就知道自己无法挣脱，也就会很安分了。小象长成了大象，力大无穷，可以轻松拔起一棵大树，但能很老实地被绳子拴在木桩上。因为从小的经验告诉它们，木桩的力量比自己大，是可以拴住自己的东西。

基础科学理论确实已经发展完善，但是我们是不是还存在对理论的认识偏颇或惯性思维？应用科学理论和历史生产力发展水平相关，早期提出并沿用至今的一些应用理论肯定存在时代和历史的局限性和不足。《国际歌》有一句歌词唱得好："要冲破思想的牢笼。"而一旦冲破思想的牢笼，走出思维定式，甩掉那根"木桩"，我们的潜力将会得到极大释放，将会创造各种奇迹。

五　小结

在撰写这篇文章的时候，笔者开始的思路是为了解决温室气体对环境的影响，而"科学家们"特别是掌握先进科技手段和话语权的国外"专家"们"一致"认为二氧化碳、水蒸气、臭氧层破坏是气候变暖、海平面上升、南极冰川消融的主要原因。但随着相关资料的收集整理，一个意外的结论出现了，碳排放真的是造成气候异常的主要原因吗？

大气中水蒸气的含量占1%，是二氧化碳含量的25倍，靠近地面的水汽含量则更高，为二氧化碳的100倍。二氧化碳的分子结构决定其只能和阳光中15微米带、10微米带、5.2微米带等波段的长波辐射产生共振。而水汽的共振区间几乎覆盖了所有波段。翻译过来就是水汽的吸收热量、红外线的能力远远大于二氧化碳。更可怕的是我们现在推广"清洁能源"的一个重要举措就是将燃煤改为天然气和燃油，这个过程造成大量的水汽排放，不仅是增加了空气中吸收热量的气体，而且大幅度增加了雾霾的主要载体水蒸气的排放。

再冷静地思考一下，地球热容量如此巨大的地表空气和土壤、海洋，怎么就能被含量不到0.04%的微量气体所吸收的热量影响了呢？我们所学的科技理论知识已经难以解释这一结论了。回答这个问题已经超越科技领域，属于政治的范畴了。因此笔者为了维护自己的科技道德，从自己的科技素养和认识水平出发，在文章中最终删除了所有关于二氧化碳和温室效应的关联文字，避免给文章的严肃性带来损害。本报告提出的技术方案都是为了环境资源、能源的合理利用、循环利用、高效利用，以创造更好的社会效益和经济效益为出发点，具有可行性和很大的商业价值。

参考文献

[1] 查同刚等：《森林生态系统碳积蓄与碳循环》，《科技中国水土保持科学》2008 年第 6 期。

[2] 李玉宁等：《土壤呼吸作用和全球碳循环》，《地学前缘》2002 年第 4 期。

[3] 汪业勖等：《陆地土壤碳循环的研究动态》，《生态学杂志》1999 年第 18 期。

[4] 李芬芬等：《电厂烟气中二氧化碳的捕获》，《化学工程与技术》2011 年第 1 期。

[5] 刘文宗：《二氧化碳的资源化利用》，《科学发展》2007 年第 5 期。

[6] 黄伟夫：《揭穿二氧化碳导致全球变暖的谎言》，《博览群书》2010 年第 9 期。

[7] 杨新琴等：《大棚草莓增施二氧化碳的增产效应》，《浙江农业学报》2002 第 14 期。

[8] 王志春等：《塑料大棚内沼气燃烧增温和增加二氧化碳浓度的效应》，《江苏农业科学》2014 年第 5 期。

[9] 沈国良：《二氧化碳在化工中的利用》，二氧化碳减排控制技术与资源化利用研讨会，2008 年 9 月。

[10] 梁国仑：《国外二氧化碳的应用及市场概况》，《低温与特气》1997 年第 1 期。

[11] 许宏：《气动汽车的研究》，《机床与液压》2002 年第 3 期。

B.16
21世纪的能源革命

仲　武*

摘　要：　本报告不研究能源的获取，呼吁重视调整、改变、改进长期形成的能源利用理念、利用方式，实现各种能源的高效率利用、循环利用、系统利用、阶梯利用、全面利用，“让能量动起来”、“让热机冷下来”、“让排放变资源”。希望通过应用观念创新、应用理论创新、应用技术创新、多学科技术交叉应用创新，带来能源应用的变革，进而推动一次新的能源革命的展开。

关键词：　能源危机　能源革命　用能模式　热泵技术　阶梯利用　热电联供

能源危机、环境危机已经迫在眉睫，人类亟须一场能源革命。但是革命从哪里开始？靠什么革命？能称之为革命的，应该是大动作，是让能源产业、能源结构、能源效率、能源设备、能源状态发生巨大变化的东西。

创造是从无到有，创新是从有到用。人类现在对地球资源已经基本上了解清楚，容易获得的资源已经开发殆尽，从创造、发现的角度，已经开始研究、开发页岩气、可燃冰了，能不能回头看看，还有什么可以创新的地方？我们有没有忽略什么东西？如果没有太多机会创造，我们就要更加认真看看还能不能创新。

本报告不研究能源的获取，着重从已有能源的利用方式、利用效率等方

* 仲武，北京东方恒源科技有限公司总工程师。

面进行探讨，希望能通过创新，在同样满足人类目前生产、生活热量、动力需求的情况下，大幅度减少能源的直接消耗，通过模式改变、效率提高，让已有的、少量的可再生能源、清洁能源资源逐步满足全社会目前甚至未来发展的能源需求，从而用新的方式找到解决能源危机、环境污染等一系列问题的出路，开展一场新的、伟大的能源革命。

一　改进能源应用方式

人类千百年来养成一个惯性思维：需要热量，就习惯用传统的煤、气、油、电等能源转换成热能来利用。人们熟知的能量守恒定律，让我们许多人忽略了一种叫“热泵”技术的热能搬运“杠杆”作用。即消耗一份能量，带动其他介质中已有热量的再利用，同样得到热能，但新消耗的高品位能源、石化燃料大大减少，用非直接转换利用的方式和“让能量动起来”的方式，实现大幅度节能减排。

1. 狭义的热量流动应用

能实现热量流动的装置就是各种形式的热泵。热泵技术有很多种，空调、制冷系统采用的是一种压缩式热泵系统，空调可以高效率地将室内外的热量来回搬运，夏天把房间里的热量搬到室外，冬天把室外的热量搬到室内，能效比普遍在 3 倍以上，换句话说，比直接消耗能源物质获得热量的方法，节约能源 2/3 以上。

人们使用空调、冰箱已超百年，这些年逐步推广开的水源热泵、地源热泵，也都是该原理的典型应用。遗憾的是，虽然能效比高，节能效果明显，但这些应用场合的设计温度太低，这些应用以输出温热水为主，主要用于空调、制冷、采暖、生活洗浴等，没有更高的工业利用价值，未能涉及工业领域的高耗能环节，难以产生更好的节能减排社会效益。

其实热泵技术本身从来没有“说过”自己不能超过 100℃，这二三十摄氏度的温差会成为物理学上的一个瓶颈吗？难道只能用在几十度上？答案当然是否定的！我们的研究实践证明现有的热泵系统输出可以很容易为 100℃

以上，并且长时间高效率运行，这完全可以介入大多数工业领域的高耗能环节，实现能源消耗关键环节的大比例节能。例如蒸汽锅炉，以前热泵技术只能在水加热70℃以下时起作用，涉及的工作范围太小，所节约的热能最大只能占到全热的3%～8%，从系统复杂性、成本增加量等综合考虑，没有实用价值。当热泵介入“水－汽”沸腾高耗能环节，且保持较高能效比时，才是热泵技术得以获得应用上的突破的基础。

热泵有太多种类，从某种意义说，凡是带有热量的物质移动，如果关注的是物质本身，那就是“水泵”、“气泵”；但如果设法让移动的物质尽可能多地携带热量，以热量为关注对象，热量的移动为主要目的的话，那就是热泵了。驱动热泵工作的能量来源包括电能、热能、势能等。以目前的各种成熟的技术来说，只要你的需求不要太高，比如超过200℃，现有的设备、技术、工艺完全可以组合出你要的系统，通过热泵方式满足用热需求，实现大幅度节能的目的。

如果我们的锅炉能从现在努力追求100%的效率，变成“起步”就是200%～300%的效率或更高，节能50%以上，若我们家家户户的厨具节能60%以上，发热量就会成倍减少，厨房、车间就会变得凉爽。采用热泵蒸发方法处理污水、淡化海水，一吨污水耗电仅数十度，还能生产纯水。

进一步推广开来，将热泵技术在能源综合利用的场合充分利用，实现将空气中的、污水里的、土壤里的、回收其他排放热源得到的热量搬到生产、生活设备中循环利用，实现企业内冷热作业面的热能调度，从原来需要热量就消耗能源物质转换获得，变为从其他环节高效率回收、搬运获得，系统新增的能量消耗、环境热排放仅是原有直接能耗模式的几分之一、几十分之一，大大提高了能源的利用效率。

应该让全社会重视“让能量动起来”，甚至有必要从小学、中学教育开始，让学生在了解能量守恒定律的同时，就了解能量获取不是只有消耗能源物质一对一换取一种方式，还有更高效率获取能量的手段！

2. 广义的热量流动应用

本报告提出的所谓广义的热量流动应用，是指将上述的热泵技术实现时间、空间上的开放式应用。有点像古时候的冬天冰块蓄冷、夏天用储存的冰块吸热降温，现有的错峰用电蓄冷、蓄热，天然气液化运输后的液态天然气所含冷量再利用等。热泵技术的热媒、冷媒传输不要局限于小系统，应实现大系统、跨场景、跨地区、跨时段应用。

比如，我们常用的空调，是冷媒在压缩机的抽吸作用下，在蒸发器里降压、吸热蒸发；携带汽化热的物质，被压缩机增压，温度随压力增加自然升高，并随着管路移动到另一个位置进入冷凝器后，遇到相对较低的温度条件，就会冷凝、放热，释放大量热量。

如果基于这个道理，我们利用热泵技术制作一种新的空气源热泵锅炉，它能把环境空气的热量高效率搬运到水里，实现输出热水、蒸汽。这种新的“锅炉”根据逆卡诺循环理论，其效率在100%以上，远远大于现有的电加热锅炉。那些失去热量的环境空气温度降低。如果能实现部分空气的热量进一步被“搬走”，温度大幅度降低，空气就会变成液体，它的凝结热也将一并被搬运到水中；而某种意义上就可以得到“免费”的液态空气这个“副产品”。进一步，将这种约 -200℃的含有冷量的物质，通过车辆、管路运输到需要动力的场合，让它通过热交换器、汽化器吸收免费的环境空气热或其他废热，实现沸腾、汽化、膨胀成为高压气体，该气体可以推动发动机、气缸活塞运动，将低温的、免费的环境热量转化为人们需要的动力，满足新的需求。能量在甲地从空气中进入水里、变成蒸汽进入生产生活环节，最后散发到环境中；失去热量的液态空气经空间移动到达乙地，乙地由于它自身极低的温度，则又可以吸收、撬动当地已有的“低温”热量转化为高压空气的势能，通过热机部分转化为输出动力，泄压后的空气排放回环境；最后在大环境下、大气层内实现热平衡。上述过程中一次电力能源消耗，实现、启动了空气所含的热量流动，进而分别满足了甲地蒸汽、乙地动力的两个需求，用能量流动的方式，替代了原来需要在甲乙两地分别消耗能源物质的能耗模式。

英国高瞻公司利用“垃圾电”制作“液态空气”，实现储热、储冷，利用时间、空间差，再次实现储能发电、高压空气动力输出等系统应用。

狭义的热泵应用是通过实现小范围的、实时的热量流动满足不同环节的热能、动力需求，广义的热泵应用是通过实现大范围的、异步的、跨时空能量载体的搬移、流动，它们分别满足不同场合、不同时间的热能、动力需求。类似的应用早有先例，只是没有系统的、全面的推广应用来发挥出其更大的社会效益和经济效益。

二　发展能源基础理论

目前中国电力能源约70%靠火电提供，但是火力发电的工作原理还是基于100多年前诞生的郎肯循环，几乎没有发展改进。人们获得动力的主要理论是卡诺循环。现代的汽车虽然外观、构造、舒适度、信息化装置已经千变万化，但是用卡诺循环理论设计的内燃机的工作原理、能源供应模式则几乎没有变化。

产业的革命，首先是理论的革命，只有理论的革命性发展，才会带来产业的革命性变革。本报告将从基本的郎肯循环和卡诺循环入手，探讨如何结合这两大理论诞生后100多年来人们取得的技术进步，进行一次认识创新和理论创新。

1. 改进热电基本理论

朗肯循环（Rankine Cycle）也被称为兰金循环，是一种将热能转化为功的热力学循环。郎肯循环从外界吸收热量，将其闭环的工质（通常使用水）加热，实现热能转化做功。朗肯循环理论虽然诞生于19世纪中期，但即便到了今天，郎肯循环仍产生世界上90%的电力，包括几乎所有的太阳能热能、生物质能、煤炭与核能的电站。

“郎肯循环”诞生的年代研究热力学的技术条件、流体力学理论、材料和控制理论和现在差距很大，难免存在一些缺陷和不足，必然存在历史局限性。其主要的问题是输出效率低、热量浪费巨大。系统能效理论值上限约为50%，而且随着效率的提高，系统成本、安全风险、实施难度均大幅度增加。通过对朗肯循环特点分析可以得知，造成其效率低下的主要环节就在于冷凝放热部分。因此，想要大幅度提高郎肯循环的效率，只有两个出路：①尽可能减少冷凝放热；②回收再利用冷凝热。常用的回收再利用冷凝热的方法主要是设法利用冷凝废热输出温水、热水、低压蒸汽，但综合利用的效率也受环境基础条件和季节变化等诸多因素影响和限制，而且无法提高热－电、热－功转换效率，不能输出高品位的能源产品。

尽可能减少冷凝放热，就意味着应该尽可能直接利用做功后的乏汽。实现蒸汽直接再利用通常能想到的就是对蒸汽进行机械再压缩，但由于工作过程中需要消耗机械能，通过直观的能量守恒定律分析费效比较低，实际应用中均没有采用这种技术来实现蒸汽再循环利用，久而久之人们形成的普遍认识就是“不可能、不经济、不合理的”，不再考虑这个问题了。随着技术进步，现代已经有许多技术可以采用更科学、合理、高效的方式来解决冷凝热再利用的问题，有可能实现对郎肯循环的改进和发展。

一个对高低温、高低压变化非常敏感的蒸汽动力循环系统，应该充分考虑流管面积、空间、流速、压力、温度、动压、静压等混合因素，充分利用这些因素之间的关系，实现高效率的热动力循环。原来因为工艺复杂、成本高昂、材料难以保障而不敢想、不能做的事情，现在有可能、有条件考虑实施了。比如，提高锅炉的压力输出，利用新增的蒸汽压差先驱动蒸汽机械再压缩装置，对部分乏汽实现直接增压，与初步做功后的中压乏汽混合，供给原有中低压蒸汽发电机组去工作；同时利用流体热力学理论改进传统凝汽器结构，将蒸汽乏汽一分为二，利用涡流技术和流管变化使得其中一部分增压、升温、冷凝成水；一部分减压、降温、吸热以供直接压缩再利用，让不需凝结直接利用的再压缩乏汽带走冷凝热，最大限度地减少冷凝热的散失，提高热量的利用率。

改进后新的循环，首先应利用非机械动力的方式实现对完成做功后的乏汽进行再利用，其次充分设法直接回收再利用未能直接利用的乏汽凝结释放的冷凝热，让未能通过汽轮机一次转化为功的热量有机会参与下一次做功循环，经过多次转化做功，在理论上实现蒸汽动力循环整体热效率的大幅度提高。

2. 正确认识热机理论

卡诺循环是1824年N. L. S. 卡诺在对热机的最大可能效率问题做理论研究时提出的。卡诺循环阐明了热机效率的限制，指出了提高热机效率的方向，可以简要理解为提高高温温度、降低低温温度、减少其他机械摩擦和热损耗。老师在给学生传授有关卡诺循环知识的时候，常常忘不了额外补充几句，比如：实际上，低温热源温度T2降低很难实现，人们大都考虑如何提高高温热源温度T1，来提高效率；显然，高温热源温度T1越高，过程效率越高；卡诺循环决定了热机的最高理想效率，任何系统的效率都不可能超过这一结果；等等。这几句话表面上看好像没有问题，但是再仔细推敲一下，还是有点问题，需要回到原点，重新认识一下卡诺循环。

首先，现在的热泵技术（逆卡诺循环）已经很成熟，T2的降低不仅很容易，而且还是一个高效率获取热量的过程；回收热量的过程也不一定需要消耗机械功；回收获取的热量可以用于维持T1，也可以用于其他系统、场合。整体的热功转换效率、热能利用率可以大幅度提高。

其次，从卡诺循环的公式可以看出，想要提高热效率，除了增大处于分子位置的高温热源T1外，还可以通过降低处于分母位置的低温热源T2。而且显然，在热量总量有限、高低热源温度绝对值差值不大的情况下，减小分母可以迅速提高效率。实际是工作温段越低，热机越容易获得高效。因此，我们应该设法采用“让热机冷下来”的思路，提高低能量消耗、低能量密度的热机效率。

最后，即便采用增加高温热源T1的方式提高效率，大量的热量高密度聚集，必然抬高低温热源，或者说低温热源确实难以维持、降低。应该可以利用低温热源设法启动第二个、第三个卡诺循环，利用多个热机做功过程组合改善提高全系统热效率。这可以解释为什么会有涡轮喷气发动机喷水加力、柴油乳化加水、涡轮风扇发动机等技术应用。事实上其应用还不彻底，飞机、火箭、内燃机还在喷火、排热，应该让浪费的、大量的热充分地、多次地、尽可能地转化为功，只有“让热机冷下来”才能大幅度提高动力设备的能源利用率。

2014 年底英国空天飞机发动机研究工作取得较大进展，从中央电视台 13 频道 2014 年 12 月 17 日相关新闻消息中看到的发动机工作动画和同时公布的三种燃料成分，已经明确说明液氮是除了液氢、液氧之外的第三种“燃料”介质成分，说明了空天飞机发动机用它确保发动机内部工作在较低温度，同时发动机仍然保持较高效率。

我们提出一个用液态空气作为“工质”的扩展卡诺循环应用的思路。利用超低温的液态空气“撬动”常温热量作为能源。液态空气汽化开始，就从环境空气、水、土壤中吸热获取能量变成势能，形成高压、常温的气体，然后适时、适量地进入现有内燃机的气缸等膨胀做功环节，模拟实现原来靠燃烧释放热量、介质吸热膨胀得到的同等压力场景，后续输出动力的过程则完全一样。卡诺循环的 T1/T2 大幅度降低。汽车由携带能源利用免费空气改变为携带空气利用免费能源。

我们做了一个使用液氮、干冰吸收环境热的“蒸汽机”实验，由原来酒精灯烧开水，产生的水蒸气推动活塞运动，改为空气热量“烧开”液氮、汽化干冰，产生的高压氮气或二氧化碳气体推动活塞运动。蒸汽机从使用水作为工作介质，工作在 100℃以上的“高温”温段，变为使用低温液态或固态气体为工作介质，吸收环境热能工作在低温到常温这一温段。

对卡诺循环的再认识，实现“让热机冷下来”，没有改变基础理论，因此几乎不需要改变现有的各种发动机的主要结构。各种使用传统内燃机的车辆、轮船、机械，甚至飞机、火箭等特殊设备，稍加改动就可以实现不烧油、不用电、不消耗或者少消耗能源物质，部分或全部利用环境热能，几乎可以实现全物理过程无化学反应，做到真正“零排放”动力、绿色动力。

三　创新能源应用模式

前面提到的“让能量动起来”、“让热机冷下来”观点，把能源的直接利用改变为促使自然界已有的热量、能量形成一个流动利用链，一次、一个环节的能源消耗，依次满足多个场景、环节的热量、动力的能源需求，实现能源物质的高效率利用。除此之外，通过对能源、能量、热量具体利用过程的微观分析，本报告再提出以下几点具体建议和思路，以期进一步提高能源利用的综合社会效益、经济效益、环境效益。

1. 阶梯高效利用

用通俗的理论来理解能源利用的过程，不外乎热量产生和传递给携带热量的高温工作介质，以及最终在利用过程中高温工作介质再把热量传递给低温环境。再简单理解就是一个加热升温过程和一个热量利用过程。其中升温过程是引起工作介质内能增加的过程，这个内能变化过程有机会输出机械能发电。电能是目前最方便、最干净、最高效、最优质的高品位能源，因此，如果能在每次消耗能源的过程中，优先以电能的方式利用能源，然后再利用常规、低水平的简单热量，那么就能大大提高能源的使用效率。

近年来，人们已经逐步认识到原始、粗糙的能源利用方式是有缺陷的。比如设计发电站，就只考虑利用燃料消耗可以输出机械能的过程，而把大量“余热”作为必然产生的废热用巨大的散热塔散掉，最多冬季供暖利用一部分；设计供热站，就忽略燃料消耗可以输出机械能发电的过程，而只简单利用最终产生的热量。虽然已经在有些场合使用所谓“热电联供”、“冷热电联供”的系统能源利用解决方案，遗憾的是这种阶梯高效利用能源的方案应用并不普及，主要消耗能源的火电厂、工业生产、居民供暖仍是传统的简单、直接方式。即便采用“联供”，使用的设备也是不经济、不适合长期使用的内燃机、燃气轮机等，燃料也多是昂贵的高品位燃料。

科学的能源阶梯高效利用的模式，以锅炉为例，首先设计锅炉产生尽可能高压高温的蒸汽，并通过内置小型汽轮机发电输出，发电以后的乏汽再用于蒸汽输出或用于加热循环水。发出的电能，即便不入公网，也可以驱动水源、地源、空气源热泵给锅炉补热或回收烟气热量，使得燃料燃烧综合热效率达到甚至远远超过 100% 。

2. 冷热综合利用

长期以来大多数工程技术人员几乎从来不考虑实现热量的综合利用。笔者曾经和一个国内最知名的空调生产厂总工交流，他们的商用空调事业部做制冷工程的时候设计大型冷却系统对冷却过程产生的热水散热降温；他们的另一个热泵热水器事业部门则只琢磨从空气、土壤、地下水、污水资源中换热获取可供利用的热量，两个部门不跨部门、跨界交流。问他们能不能把空调热水的热量转移到热水器里面变成热水输出，他们说：能！为什么不做？回答仅仅是：没想到！

这样的应用太普遍了。食品厂生产食品要用高温把产品做熟，又需要马上冷藏降温去包装，结果是一个车间用锅炉耗能加热，另一个车间大功率制冷并在室外采用大型冷却塔散热。类似情况在制药厂、牛奶厂、饮料厂等各行各业比比皆是。

实际上很少有产品能把加工过程消耗的能量储存在产品中带走利用，高温往往是工艺条件，高耗能大都意味着有大比例节能的基础条件。应该对传统工业产业生产过程进行梳理，实现过程的能量、热量综合调度和系统循环利用，企业通过能源高效利用实现大幅度的节能、减排、增效。

3. 冷量系统利用

近年来随着深冷技术的推广引用，人们越来越多接触超低温的液氮、液氧、干冰、LNG 等液态、固态气体。这些超低温、低温气体经过储存、运输后，使用前均需要汽化。液态 LNG 沸点为 -160℃ ~ -174℃，液氮沸点是 -196℃，二氧化碳在 -50℃ ~ -70℃发生沸腾、汽化、升华状态的变化，它们吸收空气源、水源、地热源、废热源等的热量汽化，汽化后体积可以膨胀到 600 ~1000 倍。利用超低温液态气体吸收环境热能后膨胀得到的高压气体推动膨胀机做功，膨胀机带动发电机发电，有效利用了液态气体的“冷量”，将环境常温的热量转化为电能，过程还可以实现“制冷”，利用冷冻法实现海水淡化或污水处理。

随着“让能量动起来”的能源利用模式不断推广，这种“丢失”热量的液态、固态气体会越来越常见，或成为撬动环境热能驱动汽车、轮船的工作介质，被大量使用。利用冷源吸热的能力冷量的过程有很多和使用能源物质不同的特性，下面列举几个主要方面。

利用吸热能力冷量造成的热量流动实现机械能、电能输出，能量的来源不仅是免费的，而且是取之不尽用之不竭的，一旦在能量转化过程中部分能量变成电能、机械能输出，则很容易追加免费热量供应，继续去满足冷量吸热的需求，多次撬动的热量流动的总量将远远大于冷量，这很奇特。

以往利用热量的过程，总是设法防止宝贵的热量在过程中散失，而利用冷量撬动环境热量转化的时候，几乎每个环节都能从环境中获取热量、补充热量，源源不断。

整个工作过程工作在低温、超低温到常温这一段落，根据热机理论，高温热源和低温热源温度都接近绝对零度，特别是低温温度很低，虽然温差并不大，但热机对热量的利用效率很高。

用好冷量，可以带来巨大的经济效益和社会效益。仅仅大连港，每年进口 600 万吨 LNG 到港均需要汽化进入 CNG 管网，这些液态气体能吸收的热量达到 2.4 万亿千卡，如果实现 30% 的发电效率，则可以发电 9 亿度，同时还可以淡化超过 2400 万吨海水。利用冷量的时候，由于热量来自环境，没有成本，因此，这些电能和淡水完全是“白捡的”。仅 9 亿度电就相当于节约 27 万吨标准煤。

四　能源应用技术创新

随着能源应用变革的深入展开，必然要求一些传统的能源应用产品发生一些改进、变化，从而进一步提高能源利用过程的综合效率。需要改变的环节很多，不能一一列举，本报告只提出几个示例、思路供大家交流、思考。

1. 要重视换能模式改变

当我们从直接消耗能源变成促进能源“流动”获取方式，传统的供热、供冷方式也必须进行调整，从而降低“热泵”的能源消耗，进一步提高利用效率。最典型的理论就是“低温制热、高温制冷”。在空调领域近几年有专家提出这个概念，但在设计应用方面还没有得到足够的重视和应用。未来能源应用模式有了重大改变后，要想确保实现较高的能源利用率，必须尽可能落实、实施这一概念。

低温制热：在采用传统模式消耗能源物质获取热量的方式下，目标温度的高低和热量的来源与成本无关。当热源温度高时，可以减少热媒流动、减少换热体面积，减少成本。但采用热泵方式获取环境热量、工业余热废热输出热量时，热泵的效率和热源温度、输出温度的差值有很大关系，会引起能源效率的成倍增大或减小。以供暖为例，同样保持室温18℃，采用75℃热水供暖和采用45℃热水供暖，热泵能效可能会从3倍左右提高到6倍。类似的高温制冷：在同样保持室温25℃的情况下，采用18℃冷源制冷和8℃冷源输出制冷，其热泵系统能效分别是5~8倍和3~4倍。

2. 重视热量回收再利用

现在人们都比较重视如何获得热量，较少分析热量散失，特别是一些传统行业。比如医药、食品等行业，更多关注如何改进锅炉，不重视废热排放回收利用。在实际工作中，只要需要大量热能消耗的过程几乎都存在大量热能排放，而以前人们常常熟视无睹。比如，建筑节能普遍关注如何改进、补充建筑物的能耗，很少关注回收建筑物新风系统、污水系统的热量浪费。

现在建筑保温方法很多，保温效果也很好了，再加上建筑接受的太阳能、建筑物内活动的人发出的热、照明电器的发热量等，累计下来也是不小的数目，为什么还需要每平方米数十瓦的供暖能耗呢？主要是通风、排污带走了大量的热。采用热泵系统，在建筑物的能量排放出口“守株待兔”，以较小的温差、很高的效率回收利用能量、热量，是未来建筑节能的主要手段之一。

3. 要重视终端设备改进

现在使用的热交换器，几十年没有大的发展变化，习惯于冷热媒直接热传导交换，很少考虑利用其他领域的技术。现在，情况已经有所改善，比如利用热管进行冷热交换的中介，其导热性能比最好的金属铜要高近千倍。还有，对冷热源进行调整准备。例如，对空气增压就可以让空气源换热器的换热起点升高，对空气减压则可以降低散热器冷源温度起点。这种新型散热器、蒸发器则可以改变温差，改善换热效果，甚至因其具有防止结霜的能力而大幅度改善系统综合性能。

4. 要重视系统设备改进

大量的工业系统冷量、热量利用都是独立设计，对单一系统无用的资源普遍采用直接排放的方式。例如，CNG 液化过程产生大量热，LNG 汽化过程产生大量冷量。现在有些企业已经开始关注，并系统研究跨时间、跨空间实现资源调配调度和综合利用。

传统的能源利用观念和节能、减排技术手段无法实现高耗能环节的大比例节能降耗。社会能耗水平随着经济社会的发展只能不断增加。本报告提出的这些观点和思路，未来几年将直接影响所有使用能源的环节、设施、设备，引起广泛的社会变革。能源消耗量的成倍下降，将大大减少社会的能源需求，同时由于能源消耗的直接减少，产生的连锁反应也会带来更多间接环节的能耗降低、环境改善。

事实上要想实现人类能源资源的成倍增加几乎不可能，采用技术创新将社会能耗降低 1/3、2/3 甚至更多则完全可能。只要设法“让能量动起来”、“让热机冷下来”，能量守恒定律就能保证人类有用不完的能源，地球也就没有日益变暖的危险了。

本报告后记：笔者 2015 年 8 月参加中国能源科学家论坛，听了多位中国顶级能源科学家、院士的发言后，更加感到能源领域需要理念革命。科学家都是追求新的能源，追求增加能源输出。只有一个科学家表示出对热泵、对能源高效利用的一点认识，跨界应用则几乎空白。他们在自己的领域确实顶尖，但是让社会能源供应翻番是不可能完成的任务！只有类似热泵应用的技术才能让能源需求成倍减少！他们的发言也提出需要能源革命，但没有具体的手段、方法、思路，只有忧虑。

会议期间笔者进行免费赠书，当时看到一个专家，指着书的封面上“让热机冷下来”这句话给另一个专家看，一边说着什么还一边摇头；还有一个专家朋友会议期间翻看了笔者的书，特别找到笔者、提醒笔者要注意学术的正确性。笔者问他热泵，他说知道；笔者说能效比几倍，你感觉怎样？他说这就是别人不看你的书的原因，你提高百分之几还有人看，提高几倍，就没人看，没人信，大家会认为那不可能。

这几年来，经常遇到的这种情况更让人觉得悲哀和着急。能源领域亟须大力普及新思路、新理念、新知识、跨界新技术，并得到社会各界足够重视和更加广泛应用。

附　　录

Appendix

B.17

附录1　中国统计数据 - 中文

表1　中国能源与经济主要指标

项目	1990 年	1995 年	2000 年	2005 年	2010 年	2013 年	2014 年	2015 年
人口(万人)	114333	121121	126743	130756	134091	136072	136782	137462
城镇人口比重(%)	26.4	29.0	36.2	43.0	47.5	53.7	54.8	56.1
GDP 增长率(%)	3.8	10.9	8.4	11.3	10.4	7.7	7.3	6.9
GDP(亿元)	18668	60794	99215	184937	401513	588019	635910	676708
经济结构(%)								
第一产业占比	26.7	19.7	14.7	11.7	9.6	9.4	9.2	9.0
第二产业占比	40.9	46.7	45.4	46.9	46.2	43.7	42.7	40.5
第三产业占比	32.4	33.7	39.8	41.4	44.2	46.9	48.1	50.5
人均 GDP(美元/人)	344	604	949	1732	4434	6995	7591	7924
一次能源消费量(Mtce)	987.0	1311.8	1469.6	2613.7	3606.5	4169.1	4260	4300
原油进口依存度(%)	-18.4	-1.1	26.4	36.4	54.5	57.6	59.7	60.9
城镇居民人均可支配收入(元)	1510	4283	6280	10493	19109	26955	28844	29129
农村居民家庭人均纯收入(元)	686	1578	2253	3255	5919	8896	10489	10772

续表

项目	1990 年	1995 年	2000 年	2005 年	2010 年	2013 年	2014 年	2015 年
民用汽车拥有量(万辆)	551.4	1040.0	1608.9	3159.7	7801.8	12670.1	14598.1	16273.0
私人载客汽车(万辆)	24.1	114.2	365.1	1383.9	4989.5	9198.2	12584	14399
人均能耗(kgce)	864	1083	1148	1805	2426	3064	3114	3128
居民家庭人均生活用电(kWh)	42	83	132	217	380	500	508	—
全社会固定资产投资(亿元)	4517	20019	32918	88774	278140	436528	512761	562000
能源工业固定资产投资(亿元)	847	2369	2840	10206	20899	29009	31725	—
发电量(TWh)	621.2	1007.0	1355.6	2500.3	4207.1	5397.6	5649.6	5810.6
钢产量(Mt)	66.4	95.4	128.5	353.2	637.2	779.0	822.7	803.8
水泥产量(Mt)	209.7	475.6	597.0	1068.9	1881.9	2416.1	2480	2360
货物出口总额(亿美元)	620.9	1487.8	2492.0	7619.5	15777.5	22093.7	23427.8	22679.2
货物进口总额(亿美元)	533.5	1320.8	2250.9	6599.5	13962.4	19503.2	19603.9	16775.6
SO_2 排放量(Mt)	15.02	23.70	19.95	25.49	21.85	20.44	19.74	—
人民币兑美元汇率	4.783	8.351	8.278	8.192	6.7695	6.1932	6.1428	6.2284

注：① GDP 按当年价格计算，增长率按可比价格计算；②能源工业固定资产投资包括煤炭开采洗选业、石油和天然气开采业、石油加工和炼焦业、电力和热水生产及供应业、燃气生产和供应业，1990 年为全民所有制企业，1995～2015 年为城镇固定资产投资。

资料来源：国家统计局，国家海关总署，中国电力企业联合会，环境保护部。

表 2　中国分品种能源产量

年份	原煤(Mt)	原油(Mt)	天然气(亿 m^3)	发电量(TWh)	其中:水电发电量(TWh)
1990	1080	138.3	153.0	621.2	126.7
1991	1087	141.0	160.7	677.5	124.7
1992	1116	142.1	157.9	753.9	130.7
1993	1150	145.2	167.7	839.5	151.8
1994	1240	146.1	175.6	928.1	167.4
1995	1361	150.1	179.5	1007.0	190.6
1996	1397	157.3	201.1	1081.3	188.0
1997	1388	160.7	227.0	1135.6	196.0
1998	1332	161.0	232.8	1167.0	198.9
1999	1364	160.0	252.0	1239.3	196.6
2000	1384	163.0	272.0	1355.6	222.4
2001	1472	164.0	303.3	1480.8	277.4
2002	1550	167.0	326.6	1654.0	288.0
2003	1835	169.6	350.2	1910.6	283.7

续表

年份	原煤(Mt)	原油(Mt)	天然气(亿 m^3)	发电量(TWh)	其中:水电发电量(TWh)
2004	2123	175.9	414.6	2203.3	353.5
2005	2350	181.4	493.2	2500.3	397.0
2006	2529	184.8	585.5	2865.7	435.8
2007	2692	186.3	692.4	3281.6	485.3
2008	2802	190.4	803.0	3495.8	637.0
2009	2973	189.5	852.7	3714.7	615.6
2010	3235	202.4	948.5	4207.2	722.2
2011	3520	202.9	1030.6	4713.0	699.0
2012	3650	205.7	1070.4	5021.0	863.4
2013	3680	209.5	1170.5	5397.6	911.6
2014	3870	211.4	1301.6	5649.6	1064.3
2015	3750	214.6	1346.1	5810.6	1126.4

资料来源：国家统计局。

表 3　中国一次能源消费量及结构

年份	能源消费总量(万 tce)	构成(%)			
		煤炭	石油	天然气	水电、核电、风电
1978	57144	70.7	22.7	3.2	3.4
1980	60275	72.2	20.7	3.1	4.0
1985	76682	75.8	17.1	2.2	4.9
1990	98703	76.2	16.6	2.1	5.1
1991	103783	76.1	17.1	2.0	4.8
1992	109170	75.7	17.5	1.9	4.9
1993	115993	74.7	18.2	1.9	5.2
1994	122737	75.0	17.4	1.9	5.7
1995	131176	74.6	17.5	1.8	6.1
1996	135192	73.5	18.7	1.8	6.0
1997	135909	71.4	20.4	1.8	6.4
1998	136184	70.9	20.8	1.8	6.5
1999	140569	70.6	21.5	2.0	5.9
2000	146964	68.5	22.0	2.2	7.3
2001	155547	68.0	21.2	2.4	8.4
2002	169577	68.5	21.0	2.3	8.2
2003	197083	70.2	20.1	2.3	7.4

续表

年份	能源消费总量(万 tce)	构成(%)			
		煤炭	石油	天然气	水电、核电、风电
2004	230281	70.2	19.9	2.3	7.6
2005	261369	72.4	17.8	2.4	7.4
2006	286467	72.4	17.5	2.7	7.4
2007	311442	72.5	17.0	3.0	7.5
2008	320611	71.5	16.7	3.4	8.4
2009	336126	71.6	16.4	3.5	8.5
2010	360648	69.2	17.4	4.0	9.4
2011	387043	70.2	16.8	4.6	8.4
2012	402138	68.5	17.0	4.8	9.7
2013	416913	67.4	17.1	5.3	10.2
2014	426000	66.0	17.1	5.7	11.2
2015	430000	64.0	18.1	5.9	12.0

资料来源：国家统计局。

表4　中国2013年分部门、分品种终端能源消费量

项目	煤炭（万吨）	石油（万吨）	天然气（亿立方米）	热力（万百万千焦）	电力（亿千瓦时）
农、林、牧、渔业	2450.6	1650.3	0.69	118.6	1026.9
工业	98222.5	15235.4	593.3	261608.6	36096.2
用作原料、材料	9164.9	7480.0	114.1	—	—
建筑业	811.4	3090.6	2.0	779.4	675.1
交通运输、仓储和邮政业	615.4	18815.0	138.3	2289.8	1000.9
批发、零售业和住宿、餐饮业	3966.2	565.4	39.3	5065.0	1875.9
其他	4135.6	3349.7	35.6	9075.9	3397.6
生活消费	9289.8	4752.4	322.9	81472.0	6989.2
城镇	1458.1	3288.8	322.0	81472.0	3859.8
乡村	7831.7	1463.6	0.94	—	3129.4
终端消费总量	119491.4	47458.8	1132.1	360409.2	51062.7

资料来源：《中国能源统计年鉴2014》。

表5　中国各种运输方式运量、周转量和交通工具拥有量

项目	2000年	2005年	2010年	2012年	2013年	2014年
运量						
客运(亿人)	147.8	184.7	327.0	380.4	212.3	220.9
铁路	10.5	11.6	16.8	18.9	21.1	23.6
公路	134.7	169.7	305.3	355.7	185.3	190.8
水路	1.9	2.0	2.2	2.6	2.4	2.6
民航	0.7	1.4	2.7	3.2	3.5	3.9
货运(亿吨)	134	183.1	319.2	403.8	403.5	431.3
铁路	17.86	26.93	36.4	39.0	39.7	38.1
公路	103.88	134.18	244.8	318.8	307.7	333.3
水路	12.24	21.96	37.9	45.9	56.0	59.8
民航	0.02	0.03	0.1	0.1	0.1	0.1
周转量						
客运(亿人－千米)	12262	17467	27894	33383.5	27572.3	30097.4
铁路	4533	6062	8762	9812	10596	11604.8
公路	6657	9292	15021	18468	11251	12084.1
水路	101	68	72	77.5	68.3	74.3
民航	971	2045	4039	5026	5657	6334.2
货运(亿吨－千米)	43683	79170	139640.9	170593.9	164518.3	181509.8
铁路	13770	20726	27644	29187	29174	27530
公路	6129	8693	43390	59535	55738	61017
水路	23734	49672	68428	81708	79436	92775
民航	50	79	178.9	163.9	170.3	187.8
民用汽车拥有量(万辆)	1608.9	3159.1	7801.8	10933.1	12670.1	14598.1
私人载客车(万辆)	365.1	1383.9	5938.7	8838.6	10501.7	12339.4
铁路机车拥有量(台)	14472	16547	18349	19625	19686	19990
民用机动船拥有量(万艘)	18.5	16.6	17.8	17.9	17.3	17.2
民用飞机拥有量(架)	982	1386	2405	3589	4004	4168

资料来源：《中国统计年鉴2015》。

表6 中国交通运输能源消费量

项目	2005年	2009年	2010年	2011年	2012年	2013年
公路						
汽油(Mt)	46.08	60.35	67.5	72.1	85.1	95.5
柴油(Mt)	54.60	72.20	77.9	88.2	96.9	106.0
铁路						
柴油(Mt)	5.61	5.25	6.72	6.85	6.94	6.81
电力(亿kWh)	198.1	275.4	307.0	354.4	394.3	428.4
水路						
柴油(Mt)	5.02	7.40	7.75	8.19	8.9	9.2
燃料油(Mt)	7.08	12.80	14.70	15.35	15.6	17.6
民航						
煤油(Mt)	9.52	13.14	16.01	18.0	18.4	19.8

注：公路交通用油量未计入车用替代燃料。
资料来源：国家统计局，国家发改委，中国汽车工业协会，中国汽车技术研究中心。

表7 “十二五”时期主要节能指标

项目	单位	2010年	2015年	变化幅度/变化率
工业				
单位工业增加值(规模以上)能耗	%			[－21%]
火电供电煤耗	克标准煤/千瓦时	333	325	－8
火电厂厂用电率	%	6.33	6.2	－0.13
电网综合线损率	%	6.53	6.3	－0.23
吨钢综合能耗	千克标准煤	605	580	－25
铝锭综合交流电耗	千瓦时/吨	14013	13300	－713
铜冶炼综合能耗	千克标准煤/吨	350	300	－50
原油加工综合能耗	千克标准煤/吨	99	86	－13
乙烯综合能耗	千克标准煤/吨	886	857	－29
合成氨综合能耗	千克标准煤/吨	1402	1350	－52
烧碱(离子膜)综合能耗	千克标准煤/吨	351	330	－21
水泥熟料综合能耗	千克标准煤/吨	115	112	－3
平板玻璃综合能耗	千克标准煤/重量箱	17	15	－2
纸及纸板综合能耗	千克标准煤/吨	680	530	－150
纸浆综合能耗	千克标准煤/吨	450	370	－80
日用陶瓷综合能耗	千克标准煤/吨	1190	1110	－80

续表

项目	单位	2010年	2015年	变化幅度/变化率
建筑				
北方采暖地区既有居住建筑改造面积	亿平方米	1.8	5.8	4
城镇新建绿色建筑标准执行率	%	1	15	14
交通运输				
铁路单位运输工作量综合能耗	吨标准煤/百万换算吨公里	5.01	4.76	[-5%]
营运车辆单位运输周转量能耗	千克标准煤/百吨公里	7.9	7.5	[-5%]
营运船舶单位运输周转量能耗	千克标准煤/千吨公里	6.99	6.29	[-10%]
民航业单位运输周转量能耗	千克标准煤/吨公里	0.450	0.428	[-5%]
公共机构				
公共机构单位建筑面积能耗	千克标准煤/平方米	23.9	21	[-12%]
公共机构人均能耗	千克标准煤/人	447.4	380	[15%]
终端用能设备能效				
燃煤工业锅炉(运行)	%	65	70~75	5~10
三相异步电动机(设计)	%	90	92~94	2~4
容积式空气压缩机输入比功率	千瓦/(立方米·分$^{-1}$)	10.7	8.5~9.3	-2.2~-1.4
电力变压器损耗	千瓦	空载:43 负载:170	空载:30~33 负载:151~153	-13~-10 -19~-17
汽车(乘用车)平均油耗	升/百公里	8	6.9	-1.1
房间空调器(能效比)	-	3.3	3.5~4.5	0.2~1.2
电冰箱(能效指数)	%	49	40~46	-9~-3
家用燃气热水器(热效率)	%	87~90	93~97	3~10

注:[ ]内为变化率。

资料来源:《节能减排“十二五”规划》。

表8 “十二五”各地区节能目标

单位:%

地区	单位国内生产总值能耗降低率		
	“十一五”时期	“十二五”时期	2006~2015年累计
北京	26.59	17	39.07
天津	21.00	18	35.22
河北	20.11	17	33.69
山西	22.66	16	35.03

续表

地　区	单位国内生产总值能耗降低率		
	“十一五”时期	“十二五”时期	2006～2015 年累计
内蒙古	22.62	15	34.23
辽　宁	20.01	17	33.61
吉　林	22.04	16	34.51
黑龙江	20.79	16	33.46
上　海	20.00	18	34.40
江　苏	20.45	18	34.77
浙　江	20.01	18	34.41
安　徽	20.36	16	33.10
福　建	16.45	16	29.82
江　西	20.04	16	32.83
山　东	22.09	17	35.33
河　南	20.12	16	32.90
湖　北	21.67	16	34.20
湖　南	20.43	16	33.16
广　东	16.42	18	31.46
广　西	15.22	15	27.94
海　南	12.14	10	20.93
重　庆	20.95	16	33.60
四　川	20.31	16	33.06
贵　州	20.06	15	32.05
云　南	17.41	15	29.80
西　藏	12.00	10	20.80
陕　西	20.25	16	33.01
甘　肃	20.26	15	32.22
青　海	17.04	10	25.34
宁　夏	20.09	15	32.08
新　疆	8.91	10	18.02
全　国	19.06	16	32.01

注：“十一五”各地区单位国内生产总值能耗降低率除新疆外均为国家统计局最终公布数据，新疆为初步核实数据。

资料来源：《“十二五”节能减排综合性工作方案》（国发〔2011〕26 号）。

表9 "十二五"时期淘汰落后产能目标

行 业	主要内容	单位	产能
电力	大电网覆盖范围内，单机容量在10万千瓦及以下的常规燃煤火电机组，单机容量在5万千瓦及以下的常规小火电机组，以发电为主的燃油锅炉及发电机组（5万千瓦及以下）；大电网覆盖范围内，设计寿命期满的单机容量在20万千瓦及以下的常规燃煤火电机组	万千瓦	2000
炼铁	400立方米及以下炼铁高炉等	万吨	4800
炼钢	30吨及以下转炉、电炉等	万吨	4800
铁合金	6300千伏安以下铁合金矿热电炉，3000千伏安以下铁合金半封闭直流电炉、铁合金精炼电炉等	万吨	740
电石	单台炉容量小于12500千伏安电石炉及开放式电石炉	万吨	380
铜（含再生铜）冶炼	鼓风炉、电炉、反射炉炼铜工艺及设备等	万吨	80
电解铝	100千安及以下预焙槽等	万吨	90
铅（含再生铅）冶炼	采用烧结锅、烧结盘、简易高炉等落后方式炼铅工艺及设备，未配套建设制酸及尾气吸收系统的烧结机炼铅工艺等	万吨	130
锌（含再生锌）冶炼	采用马弗炉、马槽炉、横罐、小竖罐等进行焙烧、简易冷凝设施进行收尘等落后方式炼锌或生产氧化锌工艺装备等	万吨	65
焦炭	土法炼焦（含改良焦炉），单炉产能7.5万吨/年以下的半焦（兰炭）生产装置，炭化室高度小于4.3米焦炉（3.8米及以上捣固焦炉除外）	万吨	4200
水泥（含熟料及磨机）	立窑，干法中空窑，直径3米以下水泥粉磨设备等	万吨	37000
平板玻璃	平拉工艺平板玻璃生产线（含格法）	万重量箱	9000
造纸	无碱回收的碱法（硫酸盐法）制浆生产线，单条产能小于3.4万吨的非木浆生产线，单条产能小于1万吨的废纸浆生产线，年生产能力5.1万吨以下的化学木浆生产线等	万吨	1500
化纤	2万吨/年及以下粘胶常规短纤维生产线，湿法氨纶工艺生产线，二甲基酰胺溶剂法氨纶及腈纶工艺生产线，硝酸法腈纶常规纤维生产线等	万吨	59
印染	未经改造的74型染整生产线，使用年限超过15年的国产和使用年限超过20年的进口前处理设备、拉幅和定型设备、圆网和平网印花机、连续染色机，使用年限超过15年的浴比大于1:10的棉及化纤间歇式染色设备等	亿米	55.8

续表

行　业	主要内容	单位	产能
制革	年加工生皮能力5万标张牛皮、年加工蓝湿皮能力3万标张牛皮以下的制革生产线	万标张	1100
酒精	3万吨/年以下酒精生产线(废糖蜜制酒精除外)	万吨	100
味精	3万吨/年以下味精生产线	万吨	18.2
柠檬酸	2万吨/年及以下柠檬酸生产线	万吨	4.75
铅蓄电池(含极板及组装)	开口式普通铅蓄电池生产线,含镉高于0.002%的铅蓄电池生产线,20万千伏安时/年规模以下的铅蓄电池生产线	万千伏安时	746
白炽灯	60瓦以上普通照明用白炽灯	亿只	6

资料来源:《节能减排“十二五”规划》。

表10　“十二五”时期主要减排指标

项目	单　位	2010年	2015年	变化幅度/变化率
工业				
工业化学需氧量排放量	万吨	355	319	[－10%]
工业二氧化硫排放量	万吨	2073	1866	[－10%]
工业氨氮排放量	万吨	28.5	24.2	[－15%]
工业氮氧化物排放量	万吨	1637	1391	[－15%]
火电行业二氧化硫排放量	万吨	956	800	[－16%]
火电行业氮氧化物排放量	万吨	1055	750	[－29%]
钢铁行业二氧化硫排放量	万吨	248	180	[－27%]
水泥行业氮氧化物排放量	万吨	170	150	[－12%]
造纸行业化学需氧量排放量	万吨	72	64.8	[－10%]
造纸行业氨氮排放量	万吨	2.14	1.93	[－10%]
纺织印染行业化学需氧量排放量	万吨	29.9	26.9	[－10%]
纺织印染行业氨氮排放量	万吨	1.99	1.75	[－12%]
农业				
农业化学需氧量排放量	万吨	1204	1108	[－8%]
农业氨氮排放量	万吨	82.9	74.6	[－10%]
城市				
城市污水处理率	%	77	85	8

注:[　]内为变化率。

资料来源:《节能减排“十二五”规划》。

表 11　“十二五”各地区化学需氧量排放总量控制计划

单位：万吨，%

地　区	2010 年		2015 年		变化率	
	排放量	其中:工业和生活	控制量	其中:工业和生活	增加或减少	其中:工业和生活
北　京	20.0	10.9	18.3	9.8	-8.5	-10.1
天　津	23.8	12.3	21.8	11.2	-8.4	-8.9
河　北	142.2	45.6	128.3	40.7	-9.8	-10.7
山　西	50.7	31.2	45.8	27.9	-9.7	-10.6
内蒙古	92.1	27.5	85.9	25.4	-6.7	-7.6
辽　宁	137.3	47.0	124.7	42.1	-9.2	-10.4
吉　林	83.4	28.8	76.1	26.1	-8.8	-9.4
黑龙江	161.2	47.8	147.3	43.4	-8.6	-9.2
上　海	26.6	22.5	23.9	20.1	-10.2	-10.7
江　苏	128.0	86.3	112.8	75.3	-11.9	-12.7
浙　江	84.2	61.4	74.6	53.7	-11.4	-12.5
安　徽	97.3	55.6	90.3	52.0	-7.2	-6.5
福　建	69.6	45.8	65.2	43.1	-6.3	-5.9
江　西	77.7	51.9	73.2	48.3	-5.8	-6.9
山　东	201.6	62.7	177.4	54.6	-12.0	-12.9
河　南	148.2	62.0	133.5	55.8	-9.9	-10.0
湖　北	112.4	62.1	104.1	59.0	-7.4	-5.0
湖　南	134.1	71.8	124.4	66.8	-7.3	-7.0
广　东	193.3	130.6	170.1	113.8	-12.0	-12.9
广　西	80.7	58.1	74.6	53.6	-7.6	-7.7
海　南	20.4	9.2	20.4	9.2	0	0
重　庆	42.6	29.4	39.5	27.5	-7.3	-6.5
四　川	132.4	75.0	123.1	71.3	-7.0	-4.9
贵　州	34.8	28.1	32.7	26.4	-6.0	-6.0
云　南	56.4	48.0	52.9	45.0	-6.2	-6.3
西　藏	2.7	2.3	2.7	2.3	0	0
陕　西	57.0	36.4	52.7	33.5	-7.5	-8.0
甘　肃	40.2	25.5	37.6	23.7	-6.5	-7.1
青　海	10.4	8.1	12.3	9.6	18.3	18.5
宁　夏	24.0	13.3	22.6	12.5	-5.8	-6.0
新　疆	56.9	26.2	56.9	26.2	0	0
新疆生产建设兵团	9.5	4.7	9.5	4.7	0	0
合　计	2551.7	1328.1	2335.2	1214.6	-8.5	-8.5

注：全国化学需氧量排放量削减 8% 的总量控制目标为 2347.6 万吨（其中工业和生活 1221.9 万吨），实际分配给各地区 2335.2 万吨（其中工业和生活 1214.6 万吨），国家预留 12.4 万吨，用于化学需氧量排污权有偿分配和交易试点工作。

资料来源：《“十二五”节能减排综合性工作方案》（国发〔2011〕26 号）。

表 12　“十二五”各地区氨氮排放总量控制计划

单位：万吨，%

地　区	2010 年		2015 年		变化率	
	排放量	其中:工业和生活	控制量	其中:工业和生活	增加或减少	其中:工业和生活
北　京	2.20	1.64	1.98	1.47	-10.0	-10.4
天　津	2.79	2.18	2.50	1.95	-10.4	-10.6
河　北	11.61	6.98	10.14	6.10	-12.7	-12.6
山　西	5.93	4.66	5.21	4.08	-12.1	-12.4
内蒙古	5.45	4.19	4.92	3.79	-9.7	-9.5
辽　宁	11.25	7.56	10.01	6.69	-11.0	-11.5
吉　林	5.87	3.92	5.25	3.49	-10.6	-11.0
黑龙江	9.45	6.14	8.47	5.49	-10.4	-10.6
上　海	5.21	4.83	4.54	4.21	-12.9	-12.8
江　苏	16.12	11.98	14.04	10.40	-12.9	-13.2
浙　江	11.84	8.96	10.36	7.84	-12.5	-12.5
安　徽	11.20	7.07	10.09	6.38	-9.9	-9.9
福　建	9.72	6.16	8.90	5.67	-8.4	-8.0
江　西	9.45	6.18	8.52	5.57	-9.8	-9.8
山　东	17.64	10.06	15.29	8.70	-13.3	-13.5
河　南	15.57	8.80	13.61	7.66	-12.6	-13.0
湖　北	13.29	8.25	12.00	7.43	-9.7	-9.9
湖　南	16.95	10.15	15.29	9.16	-9.8	-9.8
广　东	23.52	17.53	20.39	15.16	-13.3	-13.5
广　西	8.45	5.63	7.71	5.13	-8.8	-8.9
海　南	2.29	1.36	2.29	1.37	0	0.7
重　庆	5.59	4.19	5.10	3.81	-8.8	-9.1
四　川	14.56	8.50	13.31	7.78	-8.6	-8.5
贵　州	4.03	3.19	3.72	2.94	-7.7	-7.8
云　南	6.00	4.66	5.51	4.29	-8.2	-7.9
西　藏	0.33	0.28	0.33	0.28	0	0
陕　西	6.44	4.80	5.81	4.34	-9.8	-9.6
甘　肃	4.33	3.70	3.94	3.38	-9.0	-8.6
青　海	0.96	0.87	1.10	1.00	14.6	14.9
宁　夏	1.82	1.60	1.67	1.47	-8.2	-8.1
新　疆	4.06	3.08	4.06	3.08	0	0
新疆生产建设兵团	0.51	0.25	0.51	0.25	0	0
合　计	264.4	179.4	236.6	160.4	-10.5	-10.6

注：全国氨氮排放量削减 10% 的总量控制目标为 238.0 万吨（其中工业和生活 161.5 万吨），实际分配给各地区 236.6 万吨（其中工业和生活 160.4 万吨），国家预留 1.4 万吨，用于氨氮排污权有偿分配和交易试点工作。

资料来源：《“十二五”节能减排综合性工作方案》（国发〔2011〕26 号）。

表 13 “十二五”各地区二氧化硫排放总量控制计划

单位：万吨，%

地 区	2010 年排放量	2015 年控制量	变化率
北 京	10.4	9.0	-13.5
天 津	23.8	21.6	-9.2
河 北	143.8	125.5	-12.7
山 西	143.8	127.6	-11.3
内蒙古	139.7	134.4	-3.8
辽 宁	117.2	104.7	-10.7
吉 林	41.7	40.6	-2.6
黑龙江	51.3	50.3	-1.9
上 海	25.5	22.0	-13.7
江 苏	108.6	92.5	-14.8
浙 江	68.4	59.3	-13.3
安 徽	53.8	50.5	-6.1
福 建	39.3	36.5	-7.1
江 西	59.4	54.9	-7.6
山 东	188.1	160.1	-14.9
河 南	144.0	126.9	-11.9
湖 北	69.5	63.7	-8.3
湖 南	71.0	65.1	-8.3
广 东	83.9	71.5	-14.8
广 西	57.2	52.7	-7.9
海 南	3.1	4.2	35.5
重 庆	60.9	56.6	-7.1
四 川	92.7	84.4	-9.0
贵 州	116.2	106.2	-8.6
云 南	70.4	67.6	-4.0
西 藏	0.4	0.4	0
陕 西	94.8	87.3	-7.9
甘 肃	62.2	63.4	1.9
青 海	15.7	18.3	16.6
宁 夏	38.3	36.9	-3.7
新 疆	63.1	63.1	0
新疆生产建设兵团	9.6	9.6	0
合 计	2267.8	2067.4	-8.8

注：全国二氧化硫排放量削减8%的总量控制目标为2086.4万吨，实际分配给各地区2067.4万吨，国家预留19.0万吨，用于二氧化硫排污权有偿分配和交易试点工作。

资料来源：《“十二五”节能减排综合性工作方案》（国发〔2011〕26号）。

表14 “十二五”各地区氮氧化物排放总量控制计划

单位：万吨，%

地区	2010年排放量	2015年控制量	变化率
北京	19.8	17.4	-12.1
天津	34.0	28.8	-15.3
河北	171.3	147.5	-13.9
山西	124.1	106.9	-13.9
内蒙古	131.4	123.8	-5.8
辽宁	102.0	88.0	-13.7
吉林	58.2	54.2	-6.9
黑龙江	75.3	73.0	-3.1
上海	44.3	36.5	-17.6
江苏	147.2	121.4	-17.5
浙江	85.3	69.9	-18.1
安徽	90.9	82.0	-9.8
福建	44.8	40.9	-8.7
江西	58.2	54.2	-6.9
山东	174.0	146.0	-16.1
河南	159.0	135.6	-14.7
湖北	63.1	58.6	-7.1
湖南	60.4	55.0	-8.9
广东	132.3	109.9	-16.9
广西	45.1	41.1	-8.9
海南	8.0	9.8	22.5
重庆	38.2	35.6	-6.8
四川	62.0	57.7	-6.9
贵州	49.3	44.5	-9.7
云南	52.0	49.0	-5.8
西藏	3.8	3.8	0
陕西	76.6	69.0	-9.9
甘肃	42.0	40.7	-3.1
青海	11.6	13.4	15.5
宁夏	41.8	39.8	-4.8
新疆	58.8	58.8	0
新疆生产建设兵团	8.8	8.8	0
合计	2273.6	2021.6	-11.1

注：全国氮氧化物排放量削减10%的总量控制目标为2046.2万吨，实际分配给各地区2021.6万吨，国家预留24.6万吨，用于氮氧化物排污权有偿分配和交易试点工作。

资料来源：《“十二五”节能减排综合性工作方案》（国发〔2011〕26号）。

表 15 “十二五”规划中主要节能减排目标完成情况

指 标	规划目标(2015 年)	实现情况(2015 年)
非化石能源占一次能源消费比重(%)	11.4	12
单位 GDP 能源消耗强度下降(%)	16	18.2
单位 GDP 二氧化碳排放强度下降(%)	17	20
化学需氧量排放总量减少(%)	8	12.9
二氧化硫排放总量减少(%)	8	18.0
氨氮排放总量减少(%)	10	13.0
氮氧化物排放总量减少(%)	10	18.6
森林覆盖率(%)	21.66	21.66
森林蓄积量(亿立方米)	143	151

表 16 2014 年各地区万家企业节能目标完成情况汇总

地 区	企业数量(家)			企业节能目标考核情况(家)			“十二五”节能量目标(万吨标准煤)	2011～2014 年年累计完成节能量(万吨标准煤)
	国家公告万家企业数量	实际考核企业数量	超额完成企业数量	完成企业数量	基本完成企业数量	未完成企业数量		
北 京	241	225	8	115	90	12	224	586
天 津	211	180	55	116	6	3	486	650
河 北	803	653	229	338	64	22	2175	1912
山 西	638	499	49	208	165	77	1395	1570
内蒙古	697	570	127	307	91	45	1160	1344
辽 宁	524	473	93	272	36	72	1402	1152
吉 林	247	219	81	97	20	21	437	659
黑龙江	489	366	143	122	38	63	626	618
上 海	269	248	106	88	16	38	685	1121
江 苏	1221	1021	397	567	34	23	2205	2426
浙 江	1220	1116	294	653	98	71	1006	1370
安 徽	349	319	98	167	25	29	840	937
福 建	458	371	64	248	41	18	525	713
江 西	297	228	106	104	2	16	620	764
山 东	1188	1016	576	414	8	18	2530	3548
河 南	1032	707	155	395	72	85	1584	1547
湖 北	812	726	314	340	70	2	996	1131
湖 南	552	410	191	148	29	42	619	792
广 东	970	894	87	578	210	19	1563	1430

续表

地 区	企业数量(家)			企业节能目标考核情况(家)			"十二五"节能量目标(万吨标准煤)	2011～2014年年累计完成节能量(万吨标准煤)
	国家公告万家企业数量	实际考核企业数量	超额完成企业数量	完成企业数量	基本完成企业数量	未完成企业数量		
广 西	440	413	131	239	32	11	446	655
海 南	45	44	10	27	2	5	37	84
重 庆	221	158	16	100	33	9	306	330
四 川	989	784	289	353	89	53	1009	1122
贵 州	275	180	36	134	3	7	391	433
云 南	399	324	134	165	11	14	502	760
西 藏	8	7	1	2	3	1	3	22
陕 西	516	394	96	234	10	54	667	1218
甘 肃	245	177	31	91	34	21	370	965
青 海	115	128	40	60	3	25	83	75
宁 夏	269	224	29	71	88	36	305	395
新 疆	278	204	129	36	16	23	267	474
新疆生产建设兵团	60	50	11	25	1	13	48	100

资料来源：中华人民共和国发展和改革委员会。

表17 2014年度中国淘汰落后产能目标任务完成情况

单位：万吨（平板玻璃：万重量箱；制革：万标张；印染：万米；电力：万千瓦）

部门	淘汰产能	部门	淘汰产能
炼铁	2823	平板玻璃	3760
炼钢	3113	造纸	547
焦炭	1853	制革	622
铁合金	262	印染	209314
电石	194	化纤	11
电解铝	50.5	铅蓄电池(极板及组装)	3020
铜冶炼	76	稀土	11.37
铅冶炼	36	电力	485.8
水泥(熟料及磨机)	8773	煤炭	23528

资料来源：中华人民共和国发展和改革委员会。

表 18　2014 年各省、自治区、直辖市主要污染物总量减排考核结果

地　区	化学需氧量			氨氮			二氧化硫			氮氧化物		
	2013 年排放量（万吨）	2014 年排放量（万吨）	较 2013 年增减（%）	2013 年排放量（万吨）	2014 年排放量（万吨）	较 2013 年增减（%）	2013 年排放量（万吨）	2014 年排放量（万吨）	较 2013 年增减（%）	2013 年排放量（万吨）	2014 年排放量（万吨）	较 2013 年增减（%）
北　京	17.85	16.88	-5.43	1.97	1.90	-3.55	8.70	7.89	-9.31	16.63	15.10	-9.20
天　津	22.15	21.43	-3.25	2.48	2.45	-1.21	21.68	20.92	-3.51	31.17	28.23	-9.43
河　北	130.99	126.85	-3.16	10.71	10.27	-4.11	128.47	118.99	-7.38	165.24	151.24	-8.47
山　西	46.13	44.13	-4.34	5.53	5.37	-2.89	125.54	120.82	-3.76	115.78	106.99	-7.59
内蒙古	86.32	84.77	-1.8	5.11	4.93	-3.52	135.87	131.24	-3.41	137.76	125.83	-8.66
辽　宁	125.26	121.7	-2.84	10.33	10.01	-3.10	102.7	99.46	-3.15	95.54	90.2	-5.59
吉　林	76.12	74.3	-2.39	5.47	5.31	-2.93	38.15	37.23	-2.41	56.05	54.92	-2.02
黑龙江	144.73	142.39	-1.62	8.77	8.49	-3.19	48.91	47.22	-3.46	75.16	73.05	-2.81
上　海	23.56	22.44	-4.75	4.58	4.46	-2.62	21.58	18.81	-12.84	38.03	33.26	-12.54
江　苏	114.89	110	-4.26	14.74	14.25	-3.32	94.17	90.47	-3.93	133.80	123.26	-7.88
浙　江	75.51	72.54	-3.93	10.75	10.32	-4	59.34	57.41	-3.25	75.30	68.79	-8.65
安　徽	90.27	88.56	-1.89	10.33	10.05	-2.71	50.13	49.30	-1.66	86.37	80.73	-6.53
福　建	63.9	62.98	-1.44	9.09	8.93	-1.76	36.10	35.59	-1.41	43.83	41.17	-6.07
江　西	73.45	72.01	-1.96	8.88	8.60	-3.15	55.77	53.44	-4.18	57.04	54.01	-5.31
山　东	184.57	178.04	-3.54	16.15	15.50	-4.02	164.5	159.02	-3.33	165.13	159.33	-3.51
河　南	135.42	131.87	-2.62	14.42	13.90	-3.61	125.4	119.82	-4.45	156.56	142.20	-9.17
湖　北	105.82	103.31	-2.37	12.49	12.04	-3.60	59.94	58.38	-2.60	61.24	58.03	-5.24
湖　南	124.90	122.90	-1.60	15.77	15.44	-2.09	64.13	62.38	-2.73	58.82	55.28	-6.02
广　东	173.39	167.06	-3.65	21.64	20.82	-3.79	76.19	73.01	-4.17	120.42	112.21	-6.82
广　西	75.94	74.4	-2.03	8.10	7.93	-2.10	47.20	46.66	-1.14	50.43	44.24	-12.27
海　南	19.44	19.60	0.82	2.26	2.29	1.33	3.24	3.26	0.62	10.02	9.50	-5.19
重　庆	39.18	38.64	-1.38	5.22	5.13	-1.72	54.77	52.69	-3.80	36.20	35.51	-1.91
四　川	123.2	121.63	-1.27	13.70	13.48	-1.61	81.67	79.64	-2.49	62.43	58.54	-6.23
贵　州	32.82	32.67	-0.46	3.82	3.80	-0.52	98.65	92.58	-6.15	55.73	49.11	-11.88
云　南	54.72	53.38	-2.45	5.81	5.65	-2.75	66.31	63.67	-3.98	52.38	49.89	-4.75
西　藏	2.79	2.79	0	0.34	0.34	0	0.42	0.42	0	4.42	4.83	9.28
陕　西	51.92	50.49	-2.75	5.95	5.82	-2.18	80.62	78.10	-3.13	75.89	70.58	-7.00
甘　肃	37.91	37.32	-1.56	3.92	3.81	-2.81	56.20	57.56	2.42	44.29	41.84	-5.53
青　海	10.34	10.50	1.55	0.97	0.98	1.03	15.67	15.43	-1.53	13.23	13.45	1.66
宁　夏	22.19	21.98	-0.95	1.70	1.66	-2.35	38.97	37.71	-3.23	43.74	40.40	-7.64
新疆 自治区	57.37	57.21	-0.28	4.12	4.07	-1.21	67.55	68.39	1.24	75.42	71.36	-5.38
新疆 兵团	9.86	9.81	-0.51	0.53	0.52	-1.89	15.40	16.91	9.81	13.27	14.92	12.43
全国	2352.70	2294.60	-2.47	245.70	238.50	-2.93	2043.90	1974.40	-3.40	2227.30	2078	-6.70

表 19　2014 年度中国 8 家中央企业主要污染物减排考核结果

中央企业	化学需氧量			氨氮			二氧化硫			氮氧化物		
	2013年排放量（万吨）	2014年排放量（万吨）	较2013年增减（%）	2013年排放量（万吨）	2014年排放量（万吨）	较2013年增减（%）	2013年排放量（万吨）	2014年排放量（万吨）	较2013年增减（%）	2013年排放量（万吨）	2014年排放量（万吨）	较2013年增减（%）
中国石油天然气集团公司	3.29	3.13	-4.86	1.37	1.25	-8.76	21.46	19.73	-8.05	19.55	17.79	-9.01
中国石油化工集团公司	3.89	3.68	-5.4	1.14	1.07	-6.14	33.77	30.85	-8.65	21.17	19.75	-6.71
中国华能集团公司							74.39	57.85	-22.23	115.23	83.75	-27.32
中国大唐集团公司							69.11	50.86	-26.4	106.50	77.18	-27.53
中国华电集团公司							71.08	57.57	-19	91.30	64.74	-29.1
中国国电集团公司							67.52	55.04	-18.49	103.61	76.31	-26.35
原中国电力投资集团公司							56.12	45.36	-19.18	69.69	52.36	-24.87
神华集团有限责任公司							42.15	35.18	-16.52	59.22	43.03	-27.32

资料来源：国家环境保护部。

表 20　“十三五”规划的主要节能减排目标

指　标	2015 年	2020 年	五年累计增加/下降
非化石能源占一次能源消费比重（%）	12	15	3 个百分点
单位 GDP 能源消耗强度下降（%）	—	—	15 个百分点
单位 GDP 二氧化碳排放强度下降（%）	—	—	18 个百分点
化学需氧量排放总量减少（%）	—	—	10 个百分点
氨氮排放总量减少（%）	—	—	10 个百分点
二氧化硫排放总量减少（%）	—	—	15 个百分点
氮氧化物排放总量减少（%）	—	—	15 个百分点
森林覆盖率（%）	21.66	23.04	1.38 个百分点
森林蓄积量（亿立方米）	151	165	14 亿立方米
地级及以上城市空气质量优良天数比率（%）	76.7	>80	—
细颗粒物（PM2.5）未达标地级及以上城市浓度下降（%）	—	—	18 个百分点
达到或好于Ⅲ类水体比例（%）	66	>70	—
劣Ⅴ类水体比例（%）	9.7	<5	—

B.18

附录2 中国统计数据 - 英文

Table 1 Key indicators of China's energy and economy

Item	1990	1995	2000	2005	2010	2013	2014	2015
Population(10 - thousand)	114333	121121	126743	130756	134091	136072	136782	137462
Proportion of the urban population (%)	26.4	29.0	36.2	43.0	47.5	53.7	54.8	56.1
GDP increaserate(%)	3.8	10.9	8.4	11.3	10.4	7.7	7.3	6.9
GDP(100 - million)	18668	60794	99215	184937	401513	588019	635910	676708
Economic structure(%)								
Primary industry(%)	26.7	19.7	14.7	11.7	9.6	9.4	9.2	9.0
The secondary industry(%)	40.9	46.7	45.4	46.9	46.2	43.7	42.7	40.5
The tertiary industry(%)	32.4	33.7	39.8	41.4	44.2	46.9	48.1	50.5
GDP per capita (dollar)(person)	344	604	949	1732	4434	6995	7591	7924
Primary energy consumption (Mtce)	987.0	1311.8	1455.3	2360.0	3249.4	4169.1	4260	4300
Dependence on oil imports (%)	-18.4	-1.1	26.4	36.4	54.5	57.6	59.7	60.9
Per capita disposable Income of urban households(yuan)	1510	4283	6280	10493	19109	26955	28844	29129
Per capita net income of rural households (yuan)	686	1578	2253	3255	5919	8896	10489	10772
Possession of civil vehicles (10 - thousand)	551.4	1040.0	1608.9	3159.7	7801.8	12670.1	14598.1	16273.0
Private passenger vehicles(10 - thousand)	24.1	114.2	365.1	1383.9	4989.5	9198.2	12584	14399
Primary energy consumption per capita (kgce)	864	1083	1148	1805	2426	3064	3114	3128
Residents per capita household living power (kWh)	42	83	132	217	380	500	508	—
Total investment in fixed assets in the whole country (100 - million yuan)	4517	20019	32918	88774	278140	436528	512761	562000

续表

Item	1990	1995	2000	2005	2010	2013	2014	2015
Investment in fixed assets in energy industry (100 - million) yuan	847	2369	2840	10206	20899	29009	31725	—
Generating capacity (TWh)	621. 2	1007. 0	1355. 6	2500. 3	4207. 1	5397. 6	5649. 6	5810. 6
Crude steel output (Mt)	66. 4	95. 4	128. 5	353. 2	637. 2	779. 0	822. 7	803. 8
Cement output (Mt)	209. 7	475. 6	597. 0	1068. 9	1881. 9	2416. 1	2480	2360
Total value of exports (USD 100 - million)	620. 9	1487. 8	2492. 0	7619. 5	15777. 5	22093. 7	23427. 8	22679. 2
Total value of imports (USD 100 - million)	533. 5	1320. 8	2250. 9	6599. 5	13962. 4	19503. 2	19603. 9	16775. 6
SO_2 Emission (Mt)	15. 02	23. 70	19. 95	25. 49	21. 85	20. 44	19. 74	—
Exchange rate (CNY vs Dollar)	4. 783	8. 351	8. 278	8. 192	6. 7695	6. 1932	6. 1428	6. 2284

Note: ① GDP is calculated by current price, increase rate is calculated by comparable price.

② The energy industry fixed capital investment includes Mining and Washing of Coal, Processing of Petroleum, Coking, Production and Supply of Electric Power and Heat Power, Production and Supply of Gas. Owned enterprises in1990, 1995—2015urban.

Source: The national Bureau of Statistics of China; General Administration of Customs of the People's Republic of China; China Electricity Council; Ministry of Environmental Protection of China.

Table 2　China's energy production by types

Year	Coal (Mt)	Crude oil (Mt)	Natural gas (100 - million m^3)	Electricity (TWh)	Within which: hydropower (TWh)
1990	1080	138. 3	153. 0	621. 2	126. 7
1991	1087	141. 0	160. 7	677. 5	124. 7
1992	1116	142. 1	157. 9	753. 9	130. 7
1993	1150	145. 2	167. 7	839. 5	151. 8
1994	1240	146. 1	175. 6	928. 1	167. 4
1995	1361	150. 1	179. 5	1007. 0	190. 6
1996	1397	157. 3	201. 1	1081. 3	188. 0
1997	1388	160. 7	227. 0	1135. 6	196. 0
1998	1332	161. 0	232. 8	1167. 0	198. 9
1999	1364	160. 0	252. 0	1239. 3	196. 6
2000	1384	163. 0	272. 0	1355. 6	222. 4
2001	1472	164. 0	303. 3	1480. 8	277. 4
2002	1550	167. 0	326. 6	1654. 0	288. 0

续表

Year	Coal(Mt)	Crude oil (Mt)	Natural gas (100 - million m^3)	Electricity (TWh)	Within which: hydropower(TWh)
2003	1835	169.6	350.2	1910.6	283.7
2004	2123	175.9	414.6	2203.3	353.5
2005	2350	181.4	493.2	2500.3	397.0
2006	2529	184.8	585.5	2865.7	435.8
2007	2692	186.3	692.4	3281.6	485.3
2008	2802	190.4	803.0	3495.8	637.0
2009	2973	189.5	852.7	3714.7	615.6
2010	3235	202.4	948.5	4207.2	722.2
2011	3520	202.9	1030.6	4713.0	699.0
2012	3650	205.7	1070.4	5021.0	863.4
2013	3680	209.5	1170.5	5397.6	911.6
2014	3870	211.4	1301.6	5649.6	1064.3
2015	3750	214.6	1346.1	5810.6	1126.4

Source: National Bureau of Statistics of China.

Table 3 Primary energy consumption and composition of China

Year	Total energy consumption (10000 tce)	Composition(%)			
		Coal	Oil	Natural gas	Hydropower, nuclear power, wind power
1978	57144	70.7	22.7	3.2	3.4
1980	60275	72.2	20.7	3.1	4.0
1985	76682	75.8	17.1	2.2	4.9
1990	98703	76.2	16.6	2.1	5.1
1991	103783	76.1	17.1	2.0	4.8
1992	109170	75.7	17.5	1.9	4.9
1993	115993	74.7	18.2	1.9	5.2
1994	122737	75.0	17.4	1.9	5.7
1995	131176	74.6	17.5	1.8	6.1
1996	135192	73.5	18.7	1.8	6.0
1997	135909	71.4	20.4	1.8	6.4
1998	136184	70.9	20.8	1.8	6.5
1999	140569	70.6	21.5	2.0	5.9
2000	146964	68.5	22.0	2.2	7.3

续表

Year	Total energy consumption (10000 tce)	Composition(%)			
		Coal	Oil	Natural gas	Hydropower, nuclear power, wind power
2001	155547	68.0	21.2	2.4	8.4
2002	169577	68.5	21.0	2.3	8.2
2003	197083	70.2	20.1	2.3	7.4
2004	230281	70.2	19.9	2.3	7.6
2005	261369	72.4	17.8	2.4	7.4
2006	286467	72.4	17.5	2.7	7.4
2007	311442	72.5	17.0	3.0	7.5
2008	320611	71.5	16.7	3.4	8.4
2009	336126	71.6	16.4	3.5	8.5
2010	360648	69.2	17.4	4.0	9.4
2011	387043	70.2	16.8	4.6	8.4
2012	402138	68.5	17.0	4.8	9.7
2013	416913	67.4	17.1	5.3	10.2
2014	426000	66.0	17.1	5.7	11.2
2015	430000	64.0	18.1	5.9	12.0

Source: National Bureau of Statistics of China.

Table 4　2013 Final energy consumption in China by sector and type

Item	Coal (10000 tons)	Oil (10000 tons)	Gas (100 - million cubic meters)	Thermal (million kJ)	Electric power (100 - million kWh)
Agriculture, forestry, animal husbandry, fishery	2450.6	1650.3	0.69	118.6	1026.9
Industry	98222.5	15235.4	593.3	261608.6	36096.2
Used for material	9164.9	7480.0	114.1		
Construction	811.4	3090.6	2.0	779.4	675.1
Transport, storage and post	615.4	18815.0	138.3	2289.8	1000.9
Wholesale and retail trades, hotels and catering services	3966.2	565.4	39.3	5065.0	1875.9
Other sectors	4135.6	3349.7	35.6	9075.9	3397.6
Household consumption	9289.8	4752.4	322.9	81472.0	6989.2
Urban	1458.1	3288.8	322.0	81472.0	3859.8
Rural	7831.7	1463.6	0.94		3129.4
Total	119491.4	47458.8	1132.1	360409.2	51062.7

Source: *China Energy Statistical Yearbook 2014*.

Table 5 Passenger and freight traffic, turnover and possession of vehicles in China

Item	2000	2005	2010	2012	2013	2014
Passenger and freight traffic						
Passenger traffic (100 - million persons)	147. 8	184. 7	327. 0	380. 4	212. 3	220. 9
Railway	10. 5	11. 6	16. 8	18. 9	21. 1	23. 6
Highway	134. 7	169. 7	305. 3	355. 7	185. 3	190. 8
Waterway	1. 9	2. 0	2. 2	2. 6	2. 4	2. 6
Civil Aviation	0. 7	1. 4	2. 7	3. 2	3. 5	3. 9
Freight traffic (100 - million tons)	134	183. 1	319. 2	403. 8	403. 5	431. 3
Railway	17. 86	26. 93	36. 4	39. 0	39. 7	38. 1
Highway	103. 88	134. 18	244. 8	318. 8	307. 7	333. 3
Waterway	12. 24	21. 96	37. 9	45. 9	56. 0	59. 8
Civil Aviation	0. 02	0. 03	0. 1	0. 1	0. 1	0. 1
Turnover						
Passenger - kilometers (100 - million person - km)	12262	17467	27894	33383. 5	27572. 3	30097. 4
Railway	4533	6062	8762	9812	10596	11604. 8
Highway	6657	9292	15021	18468	11251	12084. 1
Waterway	101	68	72	77	68	74. 3
Civil Aviation	971	2045	4039	5026	5657	6334. 2
Freight ton - kilometers (100 - million ton - km)	43683	79170	139640. 9	170593. 9	164518. 3	181509. 8
Railway	13770	20726	27644	29187	29174	27530
Highway	6129	8693	43390	59535	55738	61017
Waterway	23734	49672	68428	81708	79436	92775
Civil Aviation	50	79	178. 9	163. 9	170. 3	187. 8
Possession of Civil Vehicles (10000 units)	1608. 9	3159. 1	7801. 8	10933. 1	12670. 1	14598. 1
Within which: Private passenger vehicle	365. 1	1383. 9	5938. 7	8838. 6	10501. 7	12339. 4
Number of railway locomotives (unit)	14472	16547	18349	19625	19686	19990
Possession of civil motor vessels (10000 units)	18. 5	16. 6	17. 8	17. 9	17. 3	17. 2
Number of civil aircrafts (unit)	982	1386	2405	3589	4004	4168

Source: The National Bureau of Statistics of China, China Statistical Yearbook 2015.

Table 6 Energy consumption of traffic in China

Item	2005	2009	2010	2011	2012	2013
Highway						
Gasoline (Mt)	46. 08	60. 35	67. 5	72. 1	85. 1	95. 5
Diesel oil (Mt)	54. 60	72. 20	77. 9	88. 2	96. 9	106. 0
Railway						
Diesel oil (Mt)	5. 61	5. 25	6. 72	6. 85	6. 94	6. 81
Electricity (100 - million kWh)	198. 1	275. 4	307. 0	354. 4	394. 3	428. 4

续表

Item	2005	2009	2010	2011	2012	2013
Waterway						
Diesel oil(Mt)	5.02	7.40	7.75	8.19	8.9	9.2
Fuel oil(Mt)	7.08	12.80	14.70	15.35	15.6	17.6
Civil Aviation						
Kerosene(Mt)	9.52	13.14	16.01	18.0	18.4	19.8

Note: Oil consumption of road transport don't include vehicle alternative fuel.

Source: National Bureau of Statistics of China; National Development and Reform Commission; China Automotive Technology & Research Center.

Table 7 Key energy conservation target in the period of the 12th five - year plan

Item	Unit	2010	2015	change range / change rate
Industry				
Energy consumption per unit of industrial value (above designated size)	%			[-21%]
Net coal consumption rate for fossil - fired power plant	gce/kWh	333	325	-8
Power consumption rate for plant use	%	6.33	6.2	-0.13
Fully line loss rate for power grid	%	6.53	6.3	-0.23
Fully energy consumption for steel	kgce	605	580	-25
Fully AC power consumption for aluminum ingot	kWh/t	14013	13300	-713
Fully energy consumption for copper smelting	kgce/t	350	300	-50
Fully energy consumption for processing of crude oil	kgce/t	99	86	-13
Fully energy consumption for ethylene	kgce/t	886	857	-29
Fully energy consumption for synthetic ammonia	kgce/t	1402	1350	-52
Fully energy consumption for caustic soda (ion - exchange membrane)	kgce/t	351	330	-21
Fully energy consumption for cement clinker	kgce/t	115	112	-3
Fully energy consumption for flat glass	kgce/weight cases	17	15	-2

续表

Item	Unit	2010	2015	change range / change rate
Fully energy consumption for paper and paperboard	kgce/t	680	530	-150
Fully energy consumption for pulp	kgce/t	450	370	-80
Fully energy consumption for daily ceramic	kgce/t	1190	1110	-80
Buildings				
The renovating area of existing buildings in northern heating areas	100 million square meters	1.8	5.8	4
The rate of implementing the green standards for new urban buildings	%	1	15	14
Transportation				
Fully energy consumption per unit of railway transport workload	tce/Mt - km	5.01	4.76	[-5%]
Energy consumption per unit of transport ton - kilometers for operating vehicle	kgce / 100 ton - km	7.9	7.5	[-5%]
Energy consumption per unit of transport ton - kilometers for operating vessel	kgce / 1000 ton - km	6.99	6.29	[-10%]
Energy consumption per unit of transport ton - kilometers for civil aviation	kgce / t - km	0.450	0.428	[-5%]
Public institution				
Energy consumption per unit of building area for public institution	kgce/ square meter	23.9	21	[-12%]
Energy consumption per capita for public institution	kgce/person	447.4	380	[15%]
End - use energy efficiency				
Industrial coal - fired boiler (operation)	%	65	70 ~ 75	5 ~ 10
Three - phase asynchronous motor (design)	%	90	92 ~ 94	2 ~ 4
Input specific power for positive - displacement air compressor	kW/ (m^3/min)	10.7	8.5 ~ 9.3	-2.2 ~ -1.4
Loss of power transformer	kW	no - load: 43 load: 170	no - load: 30 ~ 33 load: 151 ~ 153	-13 ~ -10 -19 ~ -17

续表

Item	Unit	2010	2015	change range / change rate
Average oil consumption for vehicle (passenger car)	L/100 – km	8	6. 9	－1. 1
Air – conditioning (energy efficiency ratio)	–	3. 3	3. 5 ~ 4. 5	0. 2 ~ 1. 2
Refrigerator (energy efficiency index)	%	49	40 ~ 46	－9 ~ －3
Gas water heater (thermal efficiency)	%	87 ~ 90	93 ~ 97	3 ~ 10

Note: [ ] is change rate.

Source: Plan for Energy Conservation and Emissions Reduction During the Period of 12th Five – Year Plan.

Table 8 Energy conservation target in the period of 12th five – year plan by province

Region	Decrease rate of energy consumption per GDP (%)		
	11th five – year period	12th five – year period	2006 ~ 2015 (Accumulative value)
National Total	19. 06	16	32. 01
Beijing	26. 59	17	39. 07
Tianjin	21. 00	18	35. 22
Hebei	20. 11	17	33. 69
Shanxi	22. 66	16	35. 03
Inner Mongolia	22. 62	15	34. 23
Liaoning	20. 01	17	33. 61
Jilin	22. 04	16	34. 51
Heilongjiang	20. 79	16	33. 46
Shanghai	20. 00	18	34. 40
Jiangsu	20. 45	18	34. 77
Zhejiang	20. 01	18	34. 41
Anhui	20. 36	16	33. 10
Fujian	16. 45	16	29. 82
Jiangxi	20. 04	16	32. 83
Shandong	22. 09	17	35. 33
Henan	20. 12	16	32. 90
Hubei	21. 67	16	34. 20
Hunan	20. 43	16	33. 16
Guangdong	16. 42	18	31. 46

续表

Region	Decrease rate of energy consumption per GDP (%)		
	11th five - year period	12th five - year period	2006 ~ 2015 (Accumulative value)
Guangxi	15.22	15	27.94
Hainan	12.14	10	20.93
Chongqing	20.95	16	33.60
Sichuan	20.31	16	33.06
Guizhou	20.06	15	32.05
Yunnan	17.41	15	29.80
Tibet	12.00	10	20.80
Shaanxi	20.25	16	33.01
Gansu	20.26	15	32.22
Qinghai	17.04	10	25.34
Ningxia	20.09	15	32.08
Xinjiang	8.91	10	18.02

Note: Except Xinjiang, the other region's data is from State Statistics Bureau, The data of Xinjiang is preliminary data.

Source: The Comprehensive Work Plan on Energy Conservation and Emission Reduction During the 12th Five - Year Plan Period. State Council [2011] 26.

Table 9 Elimination of backward capacity target in the period of the 12th five - Year plan

Item	Main Contents	Unit	Goal
Electric Power	In the large power grid, conventional coal - fired generating units with unit capacity of 100 MW and below, conventional small thermal power units with unit capacity of 50 MW and below, oil - fired boiler which is mainly for power generation and power units (50 MW and below); In the large power grid, conventional coal - fired generating units with unit capacity of 200 MW and below (design life expiration)	GW	20
Iron Smelting	Blast furnace of 400 cubic meters and below etc	10000 tons	4800
Steel Smelting	Converter, electric furnace of 30 tons and below etc	10000 tons	4800
Ferroalloy	Ferroalloys submerged arc furnace below 6300 kVA, Ferroalloys semi - enclosed direct - current furnace, Ferroalloys refining furnace etc. below 3000 kVA	10000 tons	740
Calcium Carbide	Calcium carbide furnace with single capacity below 12500 kVA and open type calcium carbide furnace	10000 tons	380

续表

Item	Main Contents	Unit	Goal
Copper (including secondary copper) Smelting	The copper smelting technologies and equipments including blast furnace, electric furnace, reverberatory furnace etc	10000 tons	80
Electrolytic Aluminum	Pre - baked Cell of 100 kA and below etc	10000 tons	90
Lead (including secondary lead) Smelting	Backward lead smelting technologies and equipments including sintering pot, sintering pan, simple blast furnace etc.. Sintering machine without acid making and tail gas absorption system	10000 tons	130
Zinc (including regenerated zinc) Smelting	Backward zinc smelting or zinc oxide producing technologies like using muffle furnace, manger furnace, horizontal pot, small vertical pot etc. to roast, using simple condenser for collecting dust	10000 tons	65
Coke	Indigenous coking (including improved coke oven), semi - coke equipment with single furnace production capacity below 75000 tons/year, coke oven with coking chamber below 4. 3m (except stamp - charging coke oven higher than 3. 8m)	10000 tons	4200
Cement (including clinker and mill)	Shaft kiln, hollow dry cement kiln, cement mill with diameter below 3m etc	10000 tons	37000
Flat Glass	Horizontal sheet process production line (including glaverbel glass)	10 000 weight cases	9000
Papermaking	Alkaline pulping (sulfate process) production line without alkali recovery, non - wood pulp production line with single production capacity below 34000 tons, waste paper pulp production line with single production capacity below 10000 tons, chemical wood pulp production line with annual production below 51000 tons etc	10000 tons	1500
Chemical Fiber	Conventional viscose staple fiber production line with annual production below 20000 tons, Wet - process spandex production line, dimethylformamide solvent method spandex and acrylic fiber production line, nitrate method conventional acrylic fiber production line etc	10000 tons	59
Printing and Dyeing	Unreconstructed 74 type dyeing production line, domestic pretreatment equipment, stentering and setting equipment, rotary screen and flat screen printing machine, continuous dyeing machine with service life exceed 15 years and import equipment with service life exceed 20 years, cotton and chemical fiber batch dyeing equipment with service life exceed 15 years and bath ratio above 1 : 10 etc	100 million meters	55. 8

续表

Item	Main Contents	Unit	Goal
Leather Making	Leather making production line with annual production capacity below 50000 standard pieces cattle hides, leather making production line with annual production capacity below 30000 standard pieces wet blues	10000 standard pieces	1100
Alcohol	Alcohol production line with annual production below 30000 tons (except making alcohol by using waste molasses)	10000 tons	100
Monosodium Glutamate	Monosodium glutamate production line with annual production below 30000 tons	10000 tons	18. 2
Citric Acid	Citric acid annual production of 20000 tons and below	10000 tons	4. 75
Lead – acid Battery (including plate and assembly)	Ordinary lead – acid battery production line, lead – acid battery production line with cadmium content higher than 0. 002% , lead – acid battery production line with annual production below 0. 2 million kVAh	10000 kVAh	746
Incandescent Lamp	Ordinary Incandescent lamp higher than 60 watt	100 million pieces	6

Source: Plan for Energy Conservation and Emissions Reduction During the Period of 12th Five – Year Plan.

Table 10 Key emission reduction target in the period of the 12th five – year plan

Indicator	Unit	2010	2015	change range / change rate
Industry				
Emission of industrial COD	10000 tons	355	319	[–10%]
Emission of industrial SO_2	10000 tons	2073	1866	[–10%]
Emission of industrial ammonia and nitrogen	10000 tons	28. 5	24. 2	[–15%]
Emission of industrial NO_x	10000 tons	1637	1391	[–15%]
SO_2 emission of thermal power	10000 tons	956	800	[–16%]
NO_x emission of thermal power	10000 tons	1055	750	[–29%]
SO_2 emission of steel industry	10000 tons	248	180	[–27%]
NO_x emission of cement industry	10000 tons	170	150	[–12%]
COD emission of paper making industry	10000 tons	72	64. 8	[–10%]
Ammonia and nitrogen emission of paper making industry	10000 tons	2. 14	1. 93	[–10%]

续表

Indicator	Unit	2010	2015	change range / change rate
COD emission of textile and dyeing industry	10000 tons	29. 9	26. 9	[-10%]
Ammonia and nitrogen emission of textile and dyeing industry	10000 tons	1. 99	1. 75	[-12%]
Agriculture				
Emission of agricultural COD	10000 tons	1204	1108	[-8%]
Emission of agricultural ammonia and nitrogen	10000 tons	82. 9	74. 6	[-10%]
Urban				
Urban sewage treatment rate	%	77	85	8

Note: [ ] is change rate.

Source: Plan for Energy Conservation and Emissions Reduction During the Period of 12th Five - Year Plan.

Table 11 Regional emissions control target of COD in the period of the 12th five - year plan

Unit: 10000 tons

Region	2010		2015		change rate (%)	
	Emission	Within which: industry and life	Target	Within which: industry vand life	Increase or decrease	Within which: industry and life
Beijing	20. 0	10. 9	18. 3	9. 8	-8. 5	-10. 1
Tianjin	23. 8	12. 3	21. 8	11. 2	-8. 4	-8. 9
Hebei	142. 2	45. 6	128. 3	40. 7	-9. 8	-10. 7
Shanxi	50. 7	31. 2	45. 8	27. 9	-9. 7	-10. 6
Inner Mongolia	92. 1	27. 5	85. 9	25. 4	-6. 7	-7. 6
Liaoning	137. 3	47. 0	124. 7	42. 1	-9. 2	-10. 4
Jilin	83. 4	28. 8	76. 1	26. 1	-8. 8	-9. 4
Heilongjiang	161. 2	47. 8	147. 3	43. 4	-8. 6	-9. 2
Shanghai	26. 6	22. 5	23. 9	20. 1	-10. 2	-10. 7
Jiangsu	128. 0	86. 3	112. 8	75. 3	-11. 9	-12. 7
Zhejiang	84. 2	61. 4	74. 6	53. 7	-11. 4	-12. 5

续表

Region	2010		2015		change rate (%)	
	Emission	Within which: industry and life	Target	Within which: industry vand life	Increase or decrease	Within which: industry and life
Anhui	97.3	55.6	90.3	52.0	-7.2	-6.5
Fujian	69.6	45.8	65.2	43.1	-6.3	-5.9
Jiangxi	77.7	51.9	73.2	48.3	-5.8	-6.9
Shandong	201.6	62.7	177.4	54.6	-12.0	-12.9
Henan	148.2	62.0	133.5	55.8	-9.9	-10.0
Hubei	112.4	62.1	104.1	59.0	-7.4	-5.0
Hunan	134.1	71.8	124.4	66.8	-7.3	-7.0
Guangdong	193.3	130.6	170.1	113.8	-12.0	-12.9
Guangxi	80.7	58.1	74.6	53.6	-7.6	-7.7
Hainan	20.4	9.2	20.4	9.2	0	0
Chongqing	42.6	29.4	39.5	27.5	-7.3	-6.5
Sichuan	132.4	75.0	123.1	71.3	-7.0	-4.9
Guizhou	34.8	28.1	32.7	26.4	-6.0	-6.0
Yunnan	56.4	48.0	52.9	45.0	-6.2	-6.3
Tibet	2.7	2.3	2.7	2.3	0	0
Shaanxi	57.0	36.4	52.7	33.5	-7.5	-8.0
Gansu	40.2	25.5	37.6	23.7	-6.5	-7.1
Qinghai	10.4	8.1	12.3	9.6	18.3	18.5
Ningxia	24.0	13.3	22.6	12.5	-5.8	-6.0
Xinjiang	56.9	26.2	56.9	26.2	0	0
Xinjiang production and construction corps	9.5	4.7	9.5	4.7	0	0
Total	2551.7	1328.1	2335.2	1214.6	-8.5	-8.5

Note: The national 8% reduction target of COD is 23.476 million tons (including 12.219 million tons of industry and household), and the actual allocation to the regions is 23.352 million tons (including 12.146 million tons of industry and household), besides 124000 tons is saved for the COD emission rights allocation and trading pilot.

Source: The Comprehensive Work Plan on Energy Conservation and Emission Reduction During the 12th Five-Year Plan Period. State Council〔2011〕26.

Table 12 Regional emissions control target of ammonia and nitrogen in the period of the 12th five-year plan

Unit: 10000 tons

Region	2010		2015		change rate (%)	
	Emission	Within which: industry and life	Target	Within which: industry vand life	Increase or decrease	Within which: industry and life
Beijing	2.20	1.64	1.98	1.47	-10.0	-10.4
Tianjin	2.79	2.18	2.50	1.95	-10.4	-10.6
Hebei	11.61	6.98	10.14	6.10	-12.7	-12.6
Shanxi	5.93	4.66	5.21	4.08	-12.1	-12.4
Inner Mongolia	5.45	4.19	4.92	3.79	-9.7	-9.5
Liaoning	11.25	7.56	10.01	6.69	-11.0	-11.5
Jilin	5.87	3.92	5.25	3.49	-10.6	-11.0
Heilongjiang	9.45	6.14	8.47	5.49	-10.4	-10.6
Shanghai	5.21	4.83	4.54	4.21	-12.9	-12.8
Jiangsu	16.12	11.98	14.04	10.40	-12.9	-13.2
Zhejiang	11.84	8.96	10.36	7.84	-12.5	-12.5
Anhui	11.20	7.07	10.09	6.38	-9.9	-9.9
Fujian	9.72	6.16	8.90	5.67	-8.4	-8.0
Jiangxi	9.45	6.18	8.52	5.57	-9.8	-9.8
Shandong	17.64	10.06	15.29	8.70	-13.3	-13.5
Henan	15.57	8.80	13.61	7.66	-12.6	-13.0
Hubei	13.29	8.25	12.00	7.43	-9.7	-9.9
Hunan	16.95	10.15	15.29	9.16	-9.8	-9.8
Guangdong	23.52	17.53	20.39	15.16	-13.3	-13.5
Guangxi	8.45	5.63	7.71	5.13	-8.8	-8.9
Hainan	2.29	1.36	2.29	1.37	0	0.7
Chongqing	5.59	4.19	5.10	3.81	-8.8	-9.1
Sichuan	14.56	8.50	13.31	7.78	-8.6	-8.5
Guizhou	4.03	3.19	3.72	2.94	-7.7	-7.8
Yunnan	6.00	4.66	5.51	4.29	-8.2	-7.9
Tibet	0.33	0.28	0.33	0.28	0	0
Shaanxi	6.44	4.80	5.81	4.34	-9.8	-9.6
Gansu	4.33	3.70	3.94	3.38	-9.0	-8.6
Qinghai	0.96	0.87	1.10	1.00	14.6	14.9

续表

Region	2010		2015		change rate (%)	
	Emission	Within which: industry and life	Target	Within which: industry vand life	Increase or decrease	Within which: industry and life
Ningxia	1.82	1.60	1.67	1.47	-8.2	-8.1
Xinjiang	4.06	3.08	4.06	3.08	0	0
Xinjiang production and construction corps	0.51	0.25	0.51	0.25	0	0
Total	264.4	179.4	236.6	160.4	-10.5	-10.6

Note: The national 10% reduction target of ammonia and nitrogen is 2.38 million tons (including 1.615 million tons of industry and household), and the actual allocation to the regions is 2.366 million tons (including 1.604 million tons of industry and household), besides 14 thousand tons is saved for the ammonia and nitrogen emission rights allocation and trading pilot.

Source: The Comprehensive Work Plan on Energy Conservation and Emission Reduction During the 12th Five - Year Plan Period. State Council〔2011〕26.

Table 13　Regional emissions control target of SO_2 in the period of the 12th five - year plan

Unit: 10000 tons

Region	Emission in 2010	Target of 2015	change range (%)
Beijing	10.4	9.0	-13.5
Tianjin	23.8	21.6	-9.2
Hebei	143.8	125.5	-12.7
Shanxi	143.8	127.6	-11.3
Inner Mongolia	139.7	134.4	-3.8
Liaoning	117.2	104.7	-10.7
Jilin	41.7	40.6	-2.6
Heilongjiang	51.3	50.3	-1.9
Shanghai	25.5	22.0	-13.7
Jiangsu	108.6	92.5	-14.8
Zhejiang	68.4	59.3	-13.3
Anhui	53.8	50.5	-6.1
Fujian	39.3	36.5	-7.0
Jiangxi	59.4	54.9	-7.5
Shandong	188.1	160.1	-14.9

续表

Region	Emission in 2010	Target of 2015	change range (%)
Henan	144.0	126.9	-11.9
Hubei	69.5	63.7	-8.3
Hunan	71.0	65.1	-8.3
Guangdong	83.9	71.5	-14.8
Guangxi	57.2	52.7	-7.9
Hainan	3.1	4.2	35.5
Chongqing	60.9	56.6	-7.1
Sichuan	92.7	84.4	-9.0
Guizhou	116.2	106.2	-8.6
Yunnan	70.4	67.6	-4.0
Tibet	0.4	0.4	0
Shaanxi	94.8	87.3	-7.9
Gansu	62.2	63.4	1.9
Qinghai	15.7	18.3	16.6
Ningxia	38.3	36.9	-3.7
Xinjiang	63.1	63.1	0
Xinjiang production and construction corps	9.6	9.6	0
Total	2267.8	2067.4	-8.8

Note: The national 8% reduction target ofSO_2 is 20.864 million tons, and the actual allocation to the regions is 20.674 million tons, besides 190 thousand tons is saved for the SO_2 emission rights allocation and trading pilot.

Source: The Comprehensive Work Plan on Energy Conservation and Emission Reduction During the 12th Five－Year Plan Period. State Council〔2011〕26.

Table 14 Regional emissions control target of NO_x in the period of the 12th five－year plan

Unit: 10000 tons

Region	Emission in 2010	Target of 2015	change range (%)
Beijing	19.8	17.4	-12.1
Tianjin	34.0	28.8	-15.3
Hebei	171.3	147.5	-13.9
Shanxi	124.1	106.9	-13.9
Inner Mongolia	131.4	123.8	-5.8
Liaoning	102.0	88.0	-13.7
Jilin	58.2	54.2	-6.9
Heilongjiang	75.3	73.0	-3.1
Shanghai	44.3	36.5	-17.6

续表

Region	Emission in 2010	Target of 2015	change range (%)
Jiangsu	147.2	121.4	-17.5
Zhejiang	85.3	69.9	-18.1
Anhui	90.9	82.0	-9.8
Fujian	44.8	40.9	-8.7
Jiangxi	58.2	54.2	-6.9
Shandong	174.0	146.0	-16.1
Henan	159.0	135.6	-14.7
Hubei	63.1	58.6	-7.1
Hunan	60.4	55.0	-8.9
Guangdong	132.3	109.9	-16.9
Guangxi	45.1	41.1	-8.9
Hainan	8.0	9.8	22.5
Chongqing	38.2	35.6	-6.8
Sichuan	62.0	57.7	-6.9
Guizhou	49.3	44.5	-9.7
Yunnan	52.0	49.0	-5.8
Tibet	3.8	3.8	0
Shaanxi	76.6	69.0	-9.9
Gansu	42.0	40.7	-3.1
Qinghai	11.6	13.4	15.5
Ningxia	41.8	39.8	-4.8
Xinjiang	58.8	58.8	0
Xinjiang production and construction corps	8.8	8.8	0
Total	2273.6	2021.6	-11.1

Note: The national 10% reduction target of NO_x is 20.462 million tons, and the actual allocation to the regions is 20.216 million tons, besides 246 thousand tons is saved for the NO_x emission rights allocation and trading pilot.

Source: The Comprehensive Work Plan on Energy Conservation and Emission Reduction During the 12th Five-Year Plan Period. State Council〔2011〕26.

Table 15 The completion of the main energy saving and emission reduction targets in 12th five-year

Indicator	Target (2015)	Achievement (2015)
Share of non-fossil fuels in primary energy consumption (%)	11.4	12
The decrease of energy consumption per unit of GDP (%)	16	18.2
The decrease of carbon dioxide emissions per unit of GDP (%)	17	20
Reduction of Chemical Oxygen Demand (%)	8	12.9

续表

Indicator	Target (2015)	Achievement (2015)
Reduction of Sulfur Dioxide (%)	8	18.0
Reduction of Ammonia Nitrogen (%)	10	13.0
Reduction of Nitrogen Oxide (%)	10	18.6
Forest cover rate (%)	21.66	21.66
Forest stock volume(0.1 billion cubic meters)	143	151

Table 16 TOP – 10000 enterprises indicators of energy conservation by region 2014

Region	Number of enerprises			The completion situation			the energy consumption target during the 12th five – year plan (10000 tce)	Energy conservation amount during 2011 ~ 2014 (10000 tce)
	Number in the announcement	The real number	Overfulfil	Completed	Basically completed	Uncompleted		
Beijing	241	225	8	115	90	12	224	586
Tianjin	211	180	55	116	6	3	486	650
Hebei	803	653	229	338	64	22	2175	1912
Shanxi	638	499	49	208	165	77	1395	1570
Inner Mongolia	697	570	127	307	91	45	1160	1344
Liaoning	524	473	93	272	36	72	1402	1152
Jilin	247	219	81	97	20	21	437	659
Heilongjiang	489	366	143	122	38	63	626	618
Shanghai	269	248	106	88	16	38	685	1121
Jiangsu	1221	1021	397	567	34	23	2205	2426
Zhejiang	1220	1116	294	653	98	71	1006	1370
Anhui	349	319	98	167	25	29	840	937
Fujian	458	371	64	248	41	18	525	713
Jiangxi	297	228	106	104	2	16	620	764
Shandong	1188	1016	576	414	8	18	2530	3548
Henan	1032	707	155	395	72	85	1584	1547
Hubei	812	726	314	340	70	2	996	1131
Hunan	552	410	191	148	29	42	619	792
Guangdong	970	894	87	578	210	19	1563	1430
Guangxi	440	413	131	239	32	11	446	655
Hainan	45	44	10	27	2	5	37	84
Chongqing	221	158	16	100	33	9	306	330

续表

Region	Number of enerprises			The completion situation			the energy consumption target during the 12th five – year plan (10000 tce)	Energy conservation amount during 2011 ~ 2014 (10000 tce)
	Number in the announcement	The real number	Overfulfil	Completed	Basically completed	Uncompleted		
Sichuan	989	784	289	353	89	53	1009	1122
Guizhou	275	180	36	134	3	7	391	433
Yunnan	399	324	134	165	11	14	502	760
Tibet	8	7	1	2	3	1	3	22
Shaanxi	516	394	96	234	10	54	667	1218
Gansu	245	177	31	91	34	21	370	965
Qinghai	115	128	40	60	3	25	83	75
Ningxia	269	224	29	71	88	36	305	395
Xinjiang	278	204	129	36	16	23	267	474
Xinjiang production and construction corps	60	50	11	25	1	13	48	100

Source: National Development and Reform Commission.

Table 17 China's Elimination of backward capacity achievement (2014)

Unit: 10000t (Flat Glass: 10000 Weight cases; Leather making: 10000 standard pieces; Printing and dyeing: 10000 meters; Electric power: 10000 kW)

Sector	Capacity	Sector	Capacity
Iron smelting	2823	Flat Glass	3760
Steel smelting	3113	Papermaking	547
Coke	1853	Leathermaking	622
Ferroalloy	262	Printing and dyeing	209314
Calcium carbide	194	Chemical fiber	11
Electrolytic aluminum	50.5	Lead storage battery	3020
Copper smelting	76	Tombarthite	11.37
Lead smelting	36	Electric power	485.8
Cement (including clinker and mill)	8773	Coal	23528

Source: National Development and Reform Commission.

Table 18 Regional pollutants emissions of China in 2014

Region	COD			Ammonia and nitrogen			SO2			Nitrogen oxides		
	Emission in 2013 (10000 tons)	Emission in 2014 (10000 tons)	Increase or decrease (%)	Emission in 2013 (10000 tons)	Emission in 2014 (10000 tons)	Increase or decrease (%)	Emission in 2013 (10000 tons)	Emission in 2014 (10000 tons)	Increase or decrease (%)	Emission in 2013 (10000 tons)	Emission in 2014 (10000 tons)	Increase or decrease (%)
Beijing	17.85	16.88	-5.43	1.97	1.90	-3.55	8.70	7.89	-9.31	16.63	15.10	-9.20
Tianjin	22.15	21.43	-3.25	2.48	2.45	-1.21	21.68	20.92	-3.51	31.17	28.23	-9.43
Hebei	130.99	126.85	-3.16	10.71	10.27	-4.11	128.47	118.99	-7.38	165.24	151.24	-8.47
Shanxi	46.13	44.13	-4.34	5.53	5.37	-2.89	125.54	120.82	-3.76	115.78	106.99	-7.59
Inner Mongolia	86.32	84.77	-1.80	5.11	4.93	-3.52	135.87	131.24	-3.41	137.76	125.83	-8.66
Liaoning	125.26	121.70	-2.84	10.33	10.01	-3.10	102.70	99.46	-3.15	95.54	90.20	-5.59
Jilin	76.12	74.30	-2.39	5.47	5.31	-2.93	38.15	37.23	-2.41	56.05	54.92	-2.02
Heilongjiang	144.73	142.39	-1.62	8.77	8.49	-3.19	48.91	47.22	-3.46	75.16	73.05	-2.81
Shanghai	23.56	22.44	-4.75	4.58	4.46	-2.62	21.58	18.81	-12.84	38.03	33.26	-12.54
Jiangsu	114.89	110.00	-4.26	14.74	14.25	-3.32	94.17	90.47	-3.93	133.80	123.26	-7.88
Zhejiang	75.51	72.54	-3.93	10.75	10.32	-4.00	59.34	57.41	-3.25	75.30	68.79	-8.65
Anhui	90.27	88.56	-1.89	10.33	10.05	-2.71	50.13	49.30	-1.66	86.37	80.73	-6.53
Fujian	63.90	62.98	-1.44	9.09	8.93	-1.76	36.10	35.59	-1.41	43.83	41.17	-6.07
Jiangxi	73.45	72.01	-1.96	8.88	8.60	-3.15	55.77	53.44	-4.18	57.04	54.01	-5.31
Shandong	184.57	178.04	-3.54	16.15	15.50	-4.02	164.5	159.02	-3.33	165.13	159.33	-3.51
Henan	135.42	131.87	-2.62	14.42	13.90	-3.61	125.40	119.82	-4.45	156.56	142.20	-9.17
Hubei	105.82	103.31	-2.37	12.49	12.04	-3.60	59.94	58.38	-2.60	61.24	58.03	-5.24
Hunan	124.9	122.9	-1.60	15.77	15.44	-2.09	64.13	62.38	-2.73	58.82	55.28	-6.02
Guangdong	173.39	167.06	-3.65	21.64	20.82	-3.79	76.19	73.01	-4.17	120.42	112.21	-6.82
Guangxi	75.94	74.40	-2.03	8.10	7.93	-2.10	47.20	46.66	-1.14	50.43	44.24	-12.27
Hainan	19.44	19.60	0.82	2.26	2.29	1.33	3.24	3.26	0.62	10.02	9.50	-5.19
Chongqing	39.18	38.64	-1.38	5.22	5.13	-1.72	54.77	52.69	-3.80	36.20	35.51	-1.91
Sichuan	123.20	121.63	-1.27	13.70	13.48	-1.61	81.67	79.64	-2.49	62.43	58.54	-6.23
Guizhou	32.82	32.67	-0.46	3.82	3.80	-0.52	98.65	92.58	-6.15	55.73	49.11	-11.88
Yunnan	54.72	53.38	-2.45	5.81	5.65	-2.75	66.31	63.67	-3.98	52.38	49.89	-4.75
Tibet	2.79	2.79	0	0.34	0.34	0	0.42	0.42	0	4.42	4.83	9.28
Shaanxi	51.92	50.49	-2.75	5.95	5.82	-2.18	80.62	78.10	-3.13	75.89	70.58	-7.00
Gansu	37.91	37.32	-1.56	3.92	3.81	-2.81	56.20	57.56	2.42	44.29	41.84	-5.53
Qinghai	10.34	10.50	1.55	0.97	0.98	1.03	15.67	15.43	-1.53	13.23	13.45	1.66
Ningxia	22.19	21.98	-0.95	1.70	1.66	-2.35	38.97	37.71	-3.23	43.74	40.40	-7.64
Xinjiang municipality	57.37	57.21	-0.28	4.12	4.07	-1.21	67.55	68.39	1.24	75.42	71.36	-5.38
Xinjiang corps	9.86	9.81	-0.51	0.53	0.52	-1.89	15.40	16.91	9.81	13.27	14.92	12.43
Total	2352.70	2294.60	-2.47	245.70	238.50	-2.93	2043.90	1974.40	-3.40	2227.30	2078.00	-6.70

Table 19 Major pollutants emissions of China's eight central enterprises in 2014

Cntral Enterprises	COD			Ammonia and nitrogen			SO_2			NO_x		
	Emission in 2013 (10000 tons)	Emission in 2014 (10000 tons)	Increase or decrease (%)	Emission in 2013 (10000 tons)	Emission in 2014 (10000 tons)	Increase or decrease (%)	Emission in 2013 (10000 tons)	Emission in 2014 (10000 tons)	Increase or decrease (%)	Emission in 2013 (10000 tons)	Emission in 2014 (10000 tons)	Increase or decrease (%)
China National Petroleum Corporation	3.29	3.13	-4.86	1.37	1.25	-8.76	21.46	19.73	-8.05	19.55	17.79	-9.01
Sinopec Group	3.89	3.68	-5.4	1.14	1.07	-6.14	33.77	30.85	-8.65	21.17	19.75	-6.71
China Huaneng Group							74.39	57.85	-22.23	115.23	83.75	-27.32
China Datang Corporation							69.11	50.86	-26.4	106.50	77.18	-27.53
China Huadian Corporation							71.08	57.57	-19	91.30	64.74	-29.1
China Guodian Corporation							67.52	55.04	-18.49	103.61	76.31	-26.35
China Power Investment Corporation							56.12	45.36	-19.18	69.69	52.36	-24.87
China Shenhua Corporation							42.15	35.18	-16.52	59.22	43.03	-27.32

Source: Ministry of Environmental Protection of China.

Table 20 The main energy saving and emission reduction targets in 13th five-year plan

Indicator	2015	2020	Change in five years
Share of non-fossil fuels in primary energy consumption (%)	12	15	3
The decrease of energy consumption per unit of GDP (%)	-	-	15
The decrease of carbon dioxide emissions per unit of GDP (%)	-	-	18
Reduction of Chemical Oxygen Demand (%)	-	-	10
Reduction of Ammonia Nitrogen (%)	-	-	10
Reduction of Sulfur Dioxide (%)	-	-	15
Reduction of Nitrogen Oxide (%)	-	-	15
Forest cover rate (%)	21.66	23.04	1.38
Forest stock volume (0.1 billion cubic meters)	151	165	14
Air quality excellent rate in cities and provinces (%)	76.7	>80	-
The decrease of PM2.5 concentrations (%)	-	-	18
The water quality better than Grade Ⅲ (%)	66	>70	-
The water quality worse than Grade Ⅴ (%)	9.7	<5	-

B.19
附录3 国际数据－中文

表 1 世界分能源种类历年 CO_2 排放量

单位：百万吨 CO_2

年份	OECD 国家 CO_2 排放				非 OECD 国家 CO_2 排放			
	总计	煤炭使用产生的	石油使用产生的	天然气使用产生的	总计	煤炭使用产生的	石油使用产生的	天然气使用产生的
1971	9341	3200	4656	1485	4130	2082	1489	559
1972	9757	3196	4997	1564	4363	2165	1610	588
1973	10287	3318	5358	1611	4647	2245	1780	622
1974	10073	3294	5153	1626	4858	2299	1899	660
1975	9750	3207	4989	1554	5273	2501	2077	695
1976	10310	3384	5307	1619	5527	2554	2222	751
1977	10542	3437	5475	1630	5837	2689	2348	800
1978	10660	3422	5577	1661	6222	2874	2500	848
1979	10910	3623	5542	1745	6475	2949	2617	909
1980	10576	3684	5156	1736	6638	2991	2674	973
1981	10311	3762	4840	1709	6689	2962	2693	1034
1982	9978	3726	4615	1637	6863	3035	2716	1112
1983	9906	3817	4496	1593	7064	3122	2758	1184
1984	10226	3958	4566	1702	7312	3293	2739	1280
1985	10330	4122	4506	1702	7447	3347	2732	1368
1986	10327	4058	4619	1650	7738	3487	2786	1465
1987	10574	4166	4670	1738	8116	3702	2862	1553
1988	10885	4255	4830	1800	8434	3879	2923	1632
1989	11039	4265	4899	1875	8645	3970	2943	1731
1990	10962	4240	4841	1881	8987	4158	3033	1796
1991	10994	4177	4863	1954	9062	4173	3045	1844
1992	11024	4073	4957	1994	8927	4173	2968	1786
1993	11106	4045	4996	2065	8959	4228	2963	1768
1994	11279	4054	5103	2122	8875	4256	2884	1735

续表

年份	OECD 国家 CO_2 排放				非 OECD 国家 CO_2 排放			
	总计	煤炭使用产生的	石油使用产生的	天然气使用产生的	总计	煤炭使用产生的	石油使用产生的	天然气使用产生的
1995	11430	4114	5086	2230	9261	4509	2995	1741
1996	11808	4244	5209	2355	9376	4514	3064	1787
1997	11957	4310	5238	2409	9437	4440	3199	1785
1998	11946	4262	5262	2422	9570	4521	3214	1822
1999	12018	4198	5319	2501	9598	4416	3274	1893
2000	12365	4422	5350	2593	10021	4711	3348	1942
2001	12379	4439	5364	2576	10299	4867	3407	2003
2002	12346	4366	5325	2655	10649	5078	3450	2099
2003	12573	4476	5406	2691	11469	5707	3508	2235
2004	12706	4509	5460	2737	12444	6341	3758	2320
2005	12738	4513	5470	2755	13229	6939	3843	2423
2006	12657	4535	5350	2772	14060	7523	3961	2550
2007	12817	4615	5307	2895	14779	8002	4100	2655
2008	12481	4447	5103	2931	15195	8154	4226	2792
2009	11722	4036	4848	2838	15446	8412	4280	2730
2010	12201	4266	4896	3039	16406	8874	4508	2973
2011	12018	4158	4828	3032	18012	10190	4673	3093
2012	11873	4003	4784	3086	18405	10318	4871	3157
2013	11925	4040	4738	3147	19053	10769	4987	3234

资料来源：IEA。

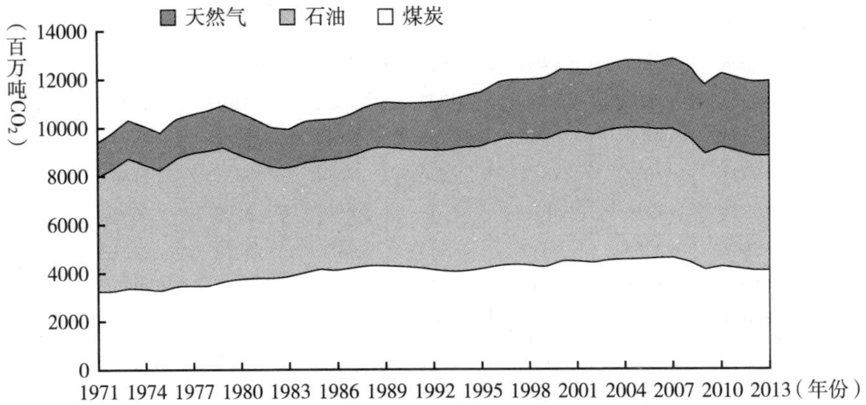

图 1　OECD 国家分能源种类历年 CO_2 排放

资料来源：IEA。

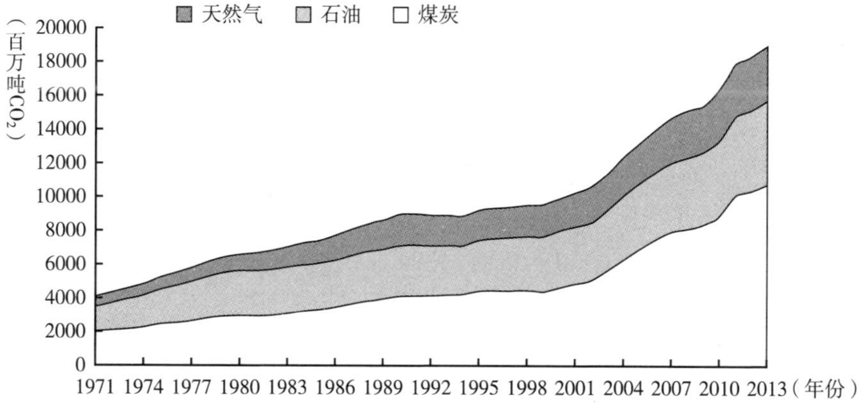

图2　非 OECD 国家分能源种类历年 CO_2 排放

资料来源：IEA。

表2　世界主要国家及地区历年人均 CO_2 排放

单位：吨

年份	美国	澳大利亚	OECD 国家	日本	非 OECD 国家	中国	亚洲
1971	20.65	10.86	10.40	7.15	1.44	0.99	0.40
1972	21.56	11.07	10.74	7.41	1.49	1.03	0.41
1973	22.13	11.59	11.19	8.24	1.55	1.04	0.42
1974	21.22	12.47	10.84	8.02	1.59	1.04	0.43
1975	20.16	12.85	10.39	7.60	1.69	1.19	0.44
1976	21.17	12.89	10.88	7.75	1.73	1.21	0.46
1977	21.70	13.72	11.02	7.89	1.80	1.35	0.47
1978	21.43	13.24	11.05	7.77	1.88	1.52	0.48
1979	21.32	13.52	11.20	7.90	1.91	1.52	0.51
1980	20.18	13.96	10.75	7.43	1.92	1.46	0.53
1981	19.71	13.78	10.38	7.18	1.90	1.43	0.54
1982	18.60	13.98	9.97	6.91	1.91	1.46	0.55
1983	18.32	13.03	9.82	6.91	1.93	1.52	0.57
1984	18.97	13.27	10.06	7.37	1.96	1.63	0.59
1985	18.92	13.85	10.08	7.15	1.95	1.62	0.60
1986	18.60	13.73	10.01	7.12	1.99	1.67	0.63
1987	19.08	14.14	10.17	7.13	2.05	1.78	0.65
1988	19.76	14.43	10.39	7.63	2.08	1.88	0.68
1989	19.82	15.01	10.46	7.83	2.09	1.91	0.71
1990	19.20	15.12	10.29	8.49	2.14	1.92	0.75
1991	18.80	15.04	10.23	8.51	2.12	2.00	0.78
1992	18.83	15.11	10.18	8.54	2.05	2.07	0.79
1993	19.03	15.20	10.17	8.47	2.02	2.22	0.82

续表

年份	美国	澳大利亚	OECD 国家	日本	非 OECD 国家	中国	亚洲
1994	19.07	15.38	10.25	8.86	1.97	2.29	0.85
1995	19.03	15.77	10.31	8.95	2.03	2.50	0.90
1996	19.39	16.13	10.57	9.04	2.02	2.48	0.94
1997	19.77	16.39	10.64	8.97	2.00	2.46	0.97
1998	19.61	17.27	10.55	8.71	2.00	2.51	0.97
1999	19.47	17.40	10.55	9.01	1.97	2.42	1.01
2000	19.98	17.51	10.78	9.12	2.03	2.59	1.03
2001	19.65	17.61	10.72	9.00	2.06	2.63	1.05
2002	19.22	17.82	10.61	9.26	2.10	2.77	1.06
2003	19.30	17.85	10.73	9.30	2.23	3.19	1.09
2004	19.39	18.35	10.76	9.31	2.38	3.68	1.15
2005	19.26	18.31	10.72	9.36	2.50	4.12	1.18
2006	18.75	18.28	10.58	9.25	2.63	4.49	1.22
2007	18.85	18.41	10.64	9.54	2.72	4.75	1.28
2008	18.10	18.15	10.28	8.88	2.77	4.80	1.31
2009	16.66	18.07	9.60	8.41	2.78	4.98	1.36
2010	17.29	17.39	9.93	8.79	2.91	5.30	1.42
2011	16.73	17.15	9.73	9.21	3.16	6.28	1.43
2012	16.01	16.91	9.56	9.54	3.18	6.31	1.49
2013	16.18	16.70	9.55	9.70	3.25	6.60	1.54

资料来源：IEA。

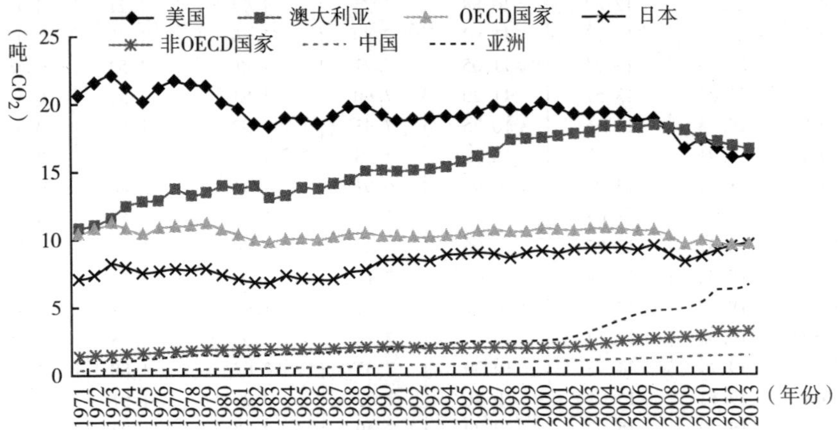

图 3　世界主要国家及地区历年人均 CO_2 排放

资料来源：IEA。

表 3 2013 年世界主要国家及地区分部门人均 CO_2 排放

单位：kg－CO_2/人

国际及地区	能源消耗产生的总 CO_2 排放量	电力以及制热	其他能源工业	制造业及建筑业	交通业	其他部门
哥伦比亚	1415	244	156	286	540	189
印　度	1495	756	34	394	178	133
玻利维亚	1624	298	135	188	656	347
巴　西	2262	383	142	503	1040	194
古　巴	2644	1529	72	744	118	181
墨西哥	3816	1271	450	556	1272	267
瑞　典	3906	752	210	711	2049	184
阿根廷	4398	1245	381	721	1144	907
智　利	4650	1996	184	738	1388	344
法　国	4789	652	158	760	1837	1382
西班牙	5057	1482	375	761	1764	675
瑞　士	5134	339	112	662	2113	1908
意大利	5576	1833	188	640	1660	1255
希　腊	6246	3381	387	510	1478	490
中　国	6600	3225	270	2063	554	488
丹　麦	6913	3015	379	623	1995	901
挪　威	6948	393	2049	1154	2742	610
英　国	6999	2646	434	611	1778	1530
波　兰	7595	4094	185	750	1121	1445
南　非	7910	4413	825	987	1040	645
新加坡	8624	4047	947	2129	1393	108
德　国	9251	4169	285	1129	1856	1812
荷　兰	9301	3216	602	1351	1901	2231
日　本	9700	4668	332	1749	1677	1274
加拿大	15257	2984	2596	2066	4942	2669
美　国	16178	6725	893	1334	5374	1852
澳大利亚	16701	8541	1406	2003	3904	847

资料来源：IEA。

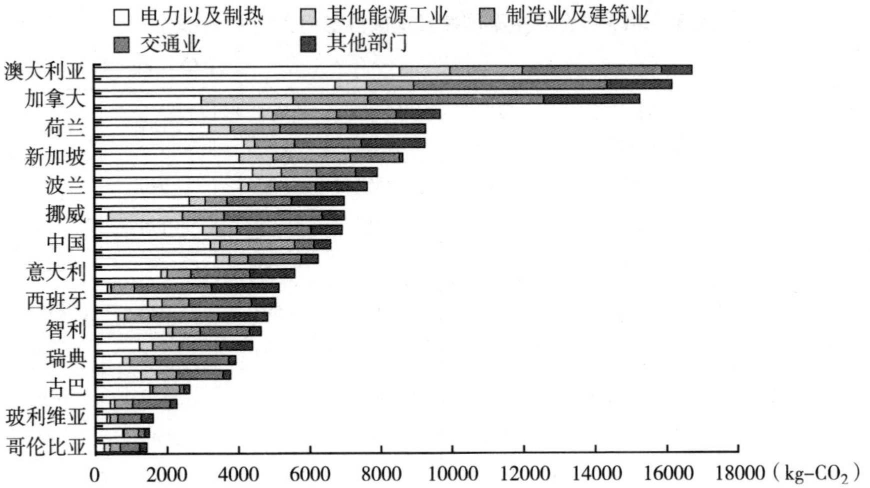

图 4　2013 年世界主要国家分部门人均 CO_2 排放

资料来源：IEA。

表 4　世界主要国家及地区历年 CO_2 排放强度 GDP 按照美元 2000 年不变价计算

单位：吨 - CO_2/GDP

年份	OECD 国家	非 OECD 国家	美国	日本	中国	澳大利亚
1971	0. 67	1. 54	0. 96	0. 45	6. 56	0. 55
1972	0. 67	1. 54	0. 96	0. 44	6. 73	0. 55
1973	0. 66	1. 51	0. 94	0. 46	6. 49	0. 56
1974	0. 64	1. 49	0. 91	0. 46	6. 46	0. 61
1975	0. 62	1. 55	0. 88	0. 43	6. 90	0. 62
1976	0. 63	1. 52	0. 88	0. 43	7. 28	0. 60
1977	0. 62	1. 52	0. 88	0. 42	7. 64	0. 64
1978	0. 60	1. 55	0. 83	0. 40	7. 77	0. 60
1979	0. 59	1. 52	0. 81	0. 39	7. 35	0. 60
1980	0. 57	1. 52	0. 77	0. 36	6. 64	0. 61
1981	0. 54	1. 53	0. 74	0. 33	6. 24	0. 60
1982	0. 52	1. 55	0. 72	0. 31	5. 95	0. 63
1983	0. 50	1. 55	0. 69	0. 30	5. 64	0. 57
1984	0. 50	1. 55	0. 67	0. 31	5. 34	0. 55
1985	0. 48	1. 54	0. 65	0. 29	4. 72	0. 56
1986	0. 47	1. 54	0. 62	0. 28	4. 58	0. 55
1987	0. 46	1. 57	0. 62	0. 27	4. 39	0. 55
1988	0. 46	1. 58	0. 62	0. 27	4. 25	0. 55
1989	0. 45	1. 57	0. 61	0. 26	4. 23	0. 56
1990	0. 43	1. 64	0. 58	0. 27	4. 16	0. 57

续表

年份	OECD 国家	非 OECD 国家	美国	日本	中国	澳大利亚
1991	0.43	1.63	0.58	0.27	4.01	0.57
1992	0.42	1.60	0.57	0.27	3.66	0.56
1993	0.42	1.57	0.57	0.26	3.50	0.55
1994	0.41	1.51	0.55	0.27	3.23	0.54
1995	0.41	1.51	0.54	0.27	3.20	0.54
1996	0.41	1.46	0.54	0.27	2.94	0.53
1997	0.40	1.40	0.53	0.26	2.69	0.52
1998	0.39	1.40	0.51	0.26	2.57	0.53
1999	0.38	1.36	0.49	0.27	2.31	0.52
2000	0.37	1.34	0.49	0.27	2.30	0.52
2001	0.37	1.33	0.48	0.26	2.18	0.51
2002	0.36	1.32	0.47	0.27	2.12	0.51
2003	0.36	1.34	0.46	0.27	2.24	0.49
2004	0.35	1.34	0.45	0.26	2.36	0.50
2005	0.35	1.33	0.44	0.26	2.37	0.49
2006	0.33	1.31	0.42	0.25	2.31	0.48
2007	0.33	1.26	0.42	0.26	2.16	0.47
2008	0.32	1.23	0.40	0.24	1.99	0.47
2009	0.31	1.22	0.39	0.24	1.90	0.46
2010	0.32	1.20	0.39	0.24	1.85	0.44
2011	0.31	1.25	0.38	0.25	2.01	0.43
2012	0.30	1.21	0.36	0.26	1.89	0.42
2013	0.30	1.20	0.35	0.26	1.85	0.41

资料来源：IEA。

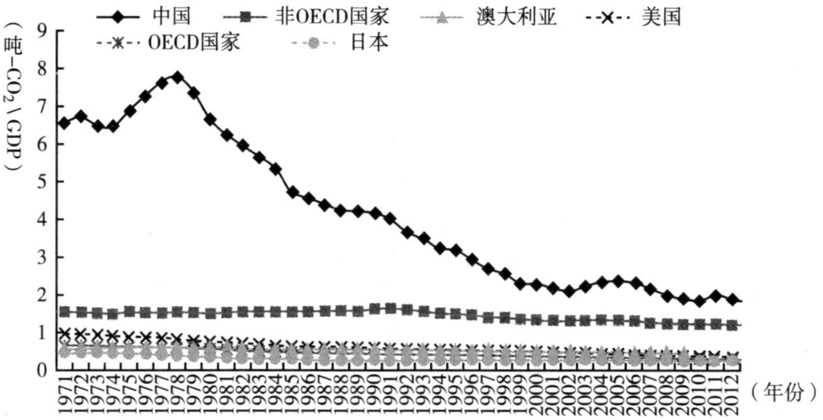

图 5 世界主要国家及地区历年 CO_2 排放强度

（GDP 按照美元 2000 年不变价计算）

资料来源：IEA。

表 5　世界主要国家和地区 2013 年 CO_2 总排放量

单位：百万吨 CO_2，%

国家/地区	排放量	占世界总排放的比例
中国	9 023.1	28.0
美国	5 119.7	15.9
印度	1 868.6	5.8
俄罗斯联邦	1 543.1	4.8
日本	1 235.1	3.8
德国	759.6	2.4
韩国	572.2	1.8
加拿大	536.3	1.7
伊朗	525.9	1.6
沙特阿拉伯	472.4	1.5
巴西	452.4	1.4
墨西哥	451.8	1.4
英国	448.7	1.4
印度尼西亚	424.6	1.3
南非	420.4	1.3
澳大利亚	388.7	1.2
意大利	338.2	1.1
法国	315.6	1.0
波兰	292.4	0.9
土耳其	283.8	0.9
乌克兰	265.0	0.8
中国台湾	248.7	0.8
泰国	247.4	0.8
哈萨克斯坦	244.9	0.8
西班牙	235.7	0.7
马来西亚	207.2	0.6
埃及	184.3	0.6
阿根廷	182.3	0.6
阿拉伯联合酋长国	167.6	0.5
荷兰	156.2	0.5

资料来源：IEA。

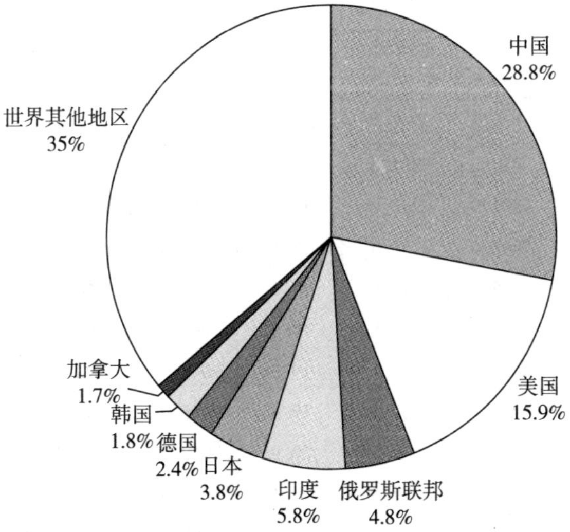

图 6　世界主要国家 2013 年 CO_2 总排放比例

资料来源：IEA。

表 6　中日二氧化碳排放结构

单位：百万吨 CO_2

年份	中国 CO_2 排放量				日本 CO_2 排放量			
	总计	煤炭使用产生的	石油使用产生的	天然气使用产生的	总计	煤炭使用产生的	石油使用产生的	天然气使用产生的
1971	831.3	710.5	113.4	7.4	750.7	201.4	540.7	8.6
1972	884.9	744.1	131.3	9.5	788.5	206.7	573.1	8.7
1973	919.9	756.8	151.3	11.8	897.5	211.6	672.2	13.7
1974	937.4	749.5	173.1	14.8	885.7	211.3	656.9	17.5
1975	1087.3	876.4	193.5	17.4	849.6	205.3	625.0	19.3
1976	1129.8	880.9	229.0	19.9	876.2	204.2	649.0	23.0
1977	1275.8	1007.0	245.0	23.8	900.7	193.4	679.1	28.2
1978	1448.3	1153.4	268.0	26.9	895.3	175.3	681.6	38.4
1979	1474.7	1184.1	262.1	28.5	917.5	188.6	683.6	45.3
1980	1435.5	1173.2	234.2	28.1	870.3	198.3	620.5	51.5
1981	1419.7	1173.5	221.2	25.0	846.2	212.0	581.5	52.7
1982	1477.7	1238.0	216.2	23.5	819.9	222.4	543.8	53.4
1983	1553.3	1308.3	221.0	24.0	825.5	219.2	549.3	57.0
1984	1692.2	1441.2	226.2	24.9	886.0	243.3	566.1	76.6

续表

年份	中国 CO_2 排放量				日本 CO_2 排放量			
	总计	煤炭使用产生的	石油使用产生的	天然气使用产生的	总计	煤炭使用产生的	石油使用产生的	天然气使用产生的
1985	1698.6	1457.4	225.0	16.2	865.5	255.0	528.6	81.9
1986	1791.1	1531.9	241.9	17.3	865.4	246.1	536.0	83.3
1987	1919.6	1648.0	253.5	18.1	870.5	244.2	540.3	86.0
1988	2064.8	1775.0	271.9	17.9	936.1	264.4	581.5	90.2
1989	2137.9	1840.0	278.8	19.1	963.7	265.9	601.3	96.5
1990	2183.5	1885.6	278.1	19.8	1048.5	298.2	635.6	114.7
1991	2297.5	1977.5	300.1	19.9	1056.7	296.3	637.0	122.6
1992	2399.8	2054.1	324.8	20.9	1062.7	293.2	645.6	123.9
1993	2613.8	2213.2	375.5	25.1	1057.3	300.4	630.0	126.9
1994	2724.8	2337.2	363.7	23.9	1108.0	311.7	663.5	132.8
1995	2998.2	2571.0	400.4	26.8	1120.8	322.5	660.9	137.4
1996	3024.3	2586.8	411.7	25.8	1134.6	333.4	657.7	143.5
1997	3028.3	2553.0	445.3	30.0	1128.6	342.0	638.2	148.4
1998	3117.5	2631.3	457.2	29.0	1097.4	327.8	618.2	151.4
1999	3021.5	2491.4	498.4	31.7	1137.4	346.1	631.1	160.2
2000	3259.3	2687.6	534.5	37.2	1153.6	371.0	617.3	165.3
2001	3344.6	2755.4	548.0	41.2	1141.2	379.9	596.6	164.7
2002	3547.8	2927.2	576.3	44.3	1176.9	400.9	606.2	169.6
2003	4116.6	3436.4	628.0	52.2	1183.9	413.8	594.8	175.3
2004	4787.7	3981.6	744.7	61.4	1185.2	424.6	585.8	174.8
2005	5359.7	4519.2	768.7	71.8	1192.0	432.4	585.6	174.0
2006	5881.0	4968.7	821.1	91.2	1178.5	433.8	552.4	192.3
2007	6275.6	5304.2	854.0	117.4	1216.4	451.7	554.8	209.9
2008	6337.9	5335.7	866.8	135.4	1132.7	417.2	510.1	205.4
2009	6618.2	5596.4	870.6	151.2	1071.9	395.1	472.1	204.7
2010	7072.7	5893.7	997.8	181.2	1120.2	429.5	474.4	216.3
2011	8393.3	7123.6	1037.0	232.7	1168.8	410.3	507.2	251.3
2012	8519.2	7153.9	1078.9	258.1	1207.7	431.2	515.7	260.8
2013	8977.1	7507.2	1139.5	298.8	1225.0	463.4	501.4	260.2

资料来源：IEA。

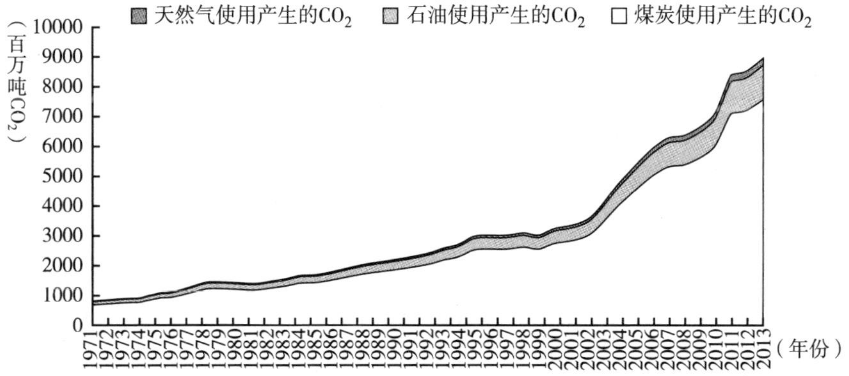

图7　中国碳排放结构（2013年）

资料来源：IEA。

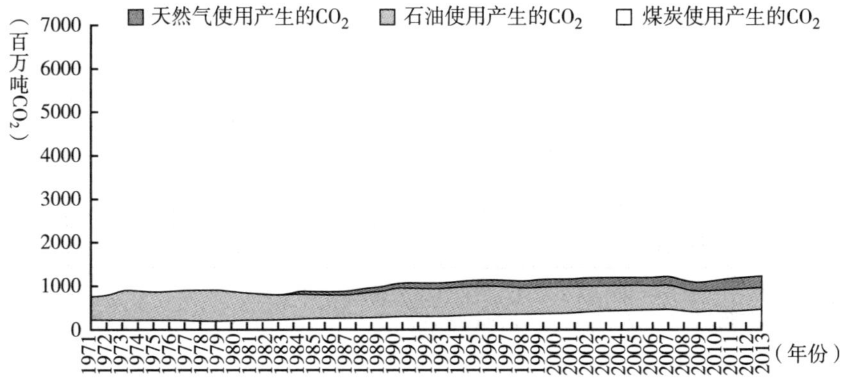

图8　日本碳排放结构（2013年）

资料来源：IEA。

表7　中国一次能源消费量及结构

年份	能源消费总量(万tce)	构成(%)			
		煤炭	石油	天然气	水电、核电、风电
1978	57144	70.7	22.7	3.2	3.4
1980	60275	72.2	20.7	3.1	4.0
1985	76682	75.8	17.1	2.2	4.9
1990	98703	76.2	16.6	2.1	5.1
1991	103783	76.1	17.1	2.0	4.8
1992	109170	75.7	17.5	1.9	4.9
1993	115993	74.7	18.2	1.9	5.2

续表

年份	能源消费总量(万 tce)	构成(%)			
		煤炭	石油	天然气	水电、核电、风电
1994	122737	75.0	17.4	1.9	5.7
1995	131176	74.6	17.5	1.8	6.1
1996	135192	73.5	18.7	1.8	6.0
1997	135909	71.4	20.4	1.8	6.4
1998	136184	70.9	20.8	1.8	6.5
1999	140569	70.6	21.5	2.0	5.9
2000	146964	68.5	22	2.2	7.3
2001	155547	68.0	21.2	2.4	8.4
2002	169577	68.5	21	2.3	8.2
2003	197083	70.2	20.1	2.3	7.4
2004	230281	70.2	19.9	2.3	7.6
2005	261369	72.4	17.8	2.4	7.4
2006	286467	72.4	17.5	2.7	7.4
2007	311442	72.5	17	3.0	7.5
2008	320611	71.5	16.7	3.4	8.4
2009	336126	71.6	16.4	3.5	8.5
2010	360648	69.2	17.4	4.0	9.4
2011	387043	70.2	16.8	4.6	8.4
2012	402138	68.5	17	4.8	9.7
2013	416913	67.4	17.1	5.3	10.2
2014	426000	66.0	17.1	5.7	11.2

注：1994 年开始有核电，2009 年核电所占比重为 0.8%，水电占 6.5%。

资料来源：国家统计局，中国电力企业联合会。

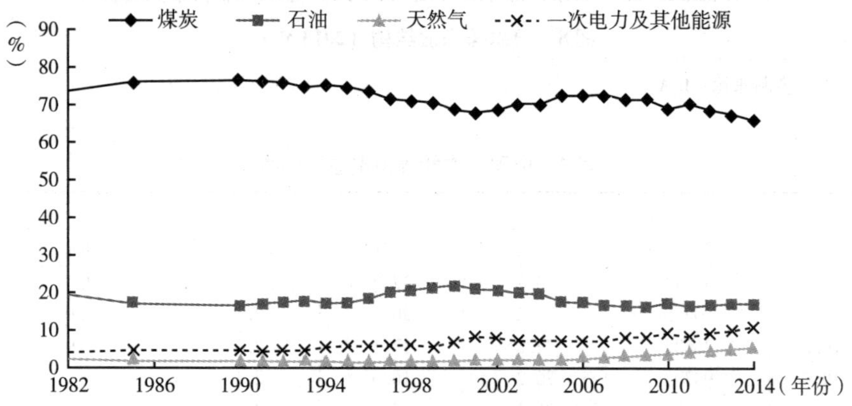

图 9　中国一次能源结构

资料来源：同表 7。

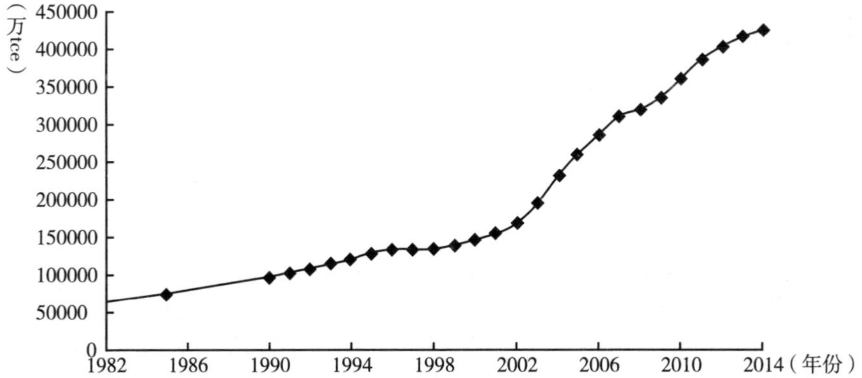

图 10 中国一次能源消费总量

资料来源：同表 7。

B.20

附录4　国际数据 - 英文

Table 1　Worldwide CO_2 emission by energy source type

unit: million - ton CO_2

Year	CO_2 from OECD Countries				CO_2 from non - OECD Countries			
	Total	from coal	from oil	from gas	Total	from coal	from oil	from gas
1971	9341	3200	4656	1485	4130	2082	1489	559
1972	9757	3196	4997	1564	4363	2165	1610	588
1973	10287	3318	5358	1611	4647	2245	1780	622
1974	10072	3294	5153	1626	4858	2299	1899	660
1975	9750	3207	4989	1554	5273	2501	2077	695
1976	10310	3384	5307	1619	5527	2554	2222	751
1977	10542	3437	5475	1630	5837	2689	2348	800
1978	10660	3422	5577	1661	6222	2874	2500	848
1979	10910	3623	5542	1745	6475	2949	2617	909
1980	10576	3684	5156	1736	6638	2991	2674	973
1981	10311	3762	4840	1709	6689	2962	2693	1034
1982	9978	3726	4615	1637	6863	3035	2716	1112
1983	9906	3817	4496	1593	7064	3122	2758	1184
1984	10226	3958	4566	1702	7312	3293	2739	1280
1985	10330	4122	4506	1702	7447	3347	2732	1368
1986	10327	4058	4619	1650	7738	3487	2786	1465
1987	10574	4166	4670	1738	8116	3702	2862	1553
1988	10885	4255	4830	1800	8434	3879	2923	1632
1989	11039	4265	4899	1875	8645	3970	2943	1731
1990	10962	4240	4841	1881	8987	4158	3033	1796
1991	10994	4177	4863	1954	9062	4173	3045	1844
1992	11024	4073	4957	1994	8927	4173	2968	1786
1993	11106	4045	4996	2065	8959	4228	2963	1768
1994	11279	4054	5103	2122	8875	4256	2884	1735
1995	11430	4114	5086	2230	9261	4509	2995	1741

续表

Year	CO_2 from OECD Countries				CO_2 from non－OECD Countries			
	Total	from coal	from oil	from gas	Total	from coal	from oil	from gas
1996	11808	4244	5209	2355	9376	4514	3064	1787
1997	11957	4310	5238	2409	9437	4440	3199	1785
1998	11946	4262	5262	2422	9570	4521	3214	1822
1999	12018	4198	5319	2501	9598	4416	3274	1893
2000	12365	4422	5350	2593	10021	4711	3348	1942
2001	12379	4439	5364	2576	10299	4867	3407	2003
2002	12346	4366	5325	2655	10649	5078	3450	2099
2003	12573	4476	5406	2691	11469	5707	3508	2235
2004	12706	4509	5460	2737	12444	6341	3758	2320
2005	12738	4513	5470	2755	13229	6939	3843	2423
2006	12657	4535	5350	2772	14060	7523	3961	2550
2007	12817	4615	5307	2895	14779	8002	4100	2655
2008	12481	4447	5103	2931	15195	8154	4226	2792
2009	11722	4036	4848	2838	15446	8412	4280	2730
2010	12201	4266	4896	3039	16406	8874	4508	2973
2011	12018	4158	4828	3032	18012	10190	4673	3093
2012	11873	4003	4784	3086	18405	10318	4871	3157
2013	11925	4040	4738	3147	19053	10769	4987	3234

Source：IEA.

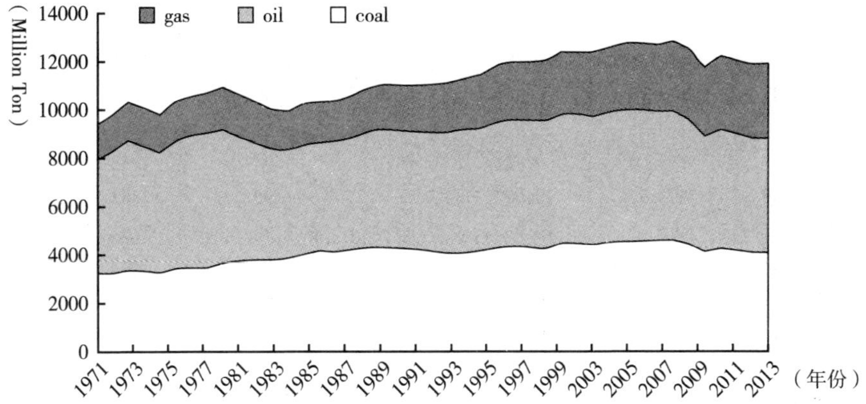

Fig 1　CO_2 emission by energy source type of OECD countries by year

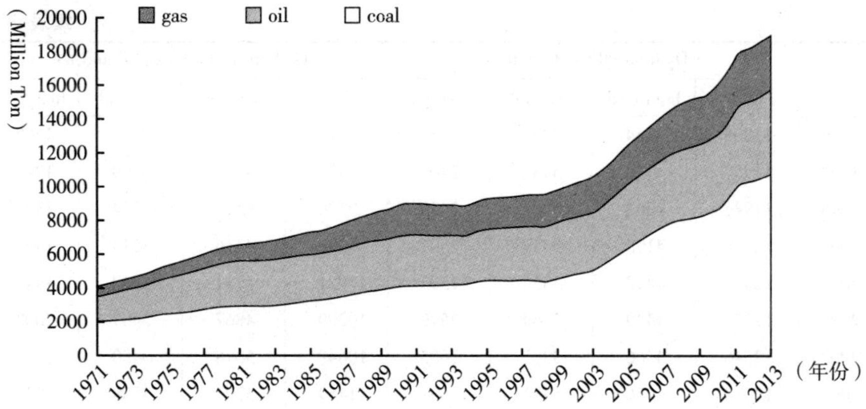

Fig 2　CO_2 emission by energy source typeof non – OECD countries by year

Table 2　Per capita CO_2 emission of main countries all over the world by year

unit：ton

Year	USA	Australia	OECD county	Japan	Non – OECD Country	China	Asia
1971	20. 65	10. 86	10. 40	7. 15	1. 44	0. 99	0. 40
1972	21. 56	11. 07	10. 74	7. 41	1. 49	1. 03	0. 41
1973	22. 13	11. 59	11. 19	8. 24	1. 55	1. 04	0. 42
1974	21. 22	12. 47	10. 84	8. 02	1. 59	1. 04	0. 43
1975	20. 16	12. 85	10. 39	7. 60	1. 69	1. 19	0. 44
1976	21. 17	12. 89	10. 88	7. 75	1. 73	1. 21	0. 46
1977	21. 70	13. 72	11. 02	7. 89	1. 80	1. 35	0. 47
1978	21. 43	13. 24	11. 05	7. 77	1. 88	1. 52	0. 48
1979	21. 32	13. 52	11. 20	7. 90	1. 91	1. 52	0. 51
1980	20. 18	13. 96	10. 75	7. 43	1. 92	1. 46	0. 53
1981	19. 71	13. 78	10. 38	7. 18	1. 90	1. 43	0. 54
1982	18. 60	13. 98	9. 97	6. 91	1. 91	1. 46	0. 55
1983	18. 32	13. 03	9. 82	6. 91	1. 93	1. 52	0. 57
1984	18. 97	13. 27	10. 06	7. 37	1. 96	1. 63	0. 59
1985	18. 92	13. 85	10. 08	7. 15	1. 95	1. 62	0. 60
1986	18. 60	13. 73	10. 01	7. 12	1. 99	1. 67	0. 63
1987	19. 08	14. 14	10. 17	7. 13	2. 05	1. 78	0. 65
1988	19. 76	14. 43	10. 39	7. 63	2. 08	1. 88	0. 68
1989	19. 82	15. 01	10. 46	7. 83	2. 09	1. 91	0. 71
1990	19. 20	15. 12	10. 29	8. 49	2. 14	1. 92	0. 75
1991	18. 80	15. 04	10. 23	8. 51	2. 12	2. 00	0. 78

续表

Year	USA	Australia	OECD county	Japan	Non – OECD Country	China	Asia
1992	18. 83	15. 11	10. 18	8. 54	2. 05	2. 07	0. 79
1993	19. 03	15. 20	10. 17	8. 47	2. 02	2. 22	0. 82
1994	19. 07	15. 38	10. 25	8. 86	1. 97	2. 29	0. 85
1995	19. 03	15. 77	10. 31	8. 95	2. 03	2. 50	0. 90
1996	19. 39	16. 13	10. 57	9. 04	2. 02	2. 48	0. 94
1997	19. 77	16. 39	10. 64	8. 97	2. 00	2. 46	0. 97
1998	19. 61	17. 27	10. 55	8. 71	2. 00	2. 51	0. 97
1999	19. 47	17. 40	10. 55	9. 01	1. 97	2. 42	1. 01
2000	19. 98	17. 51	10. 78	9. 12	2. 03	2. 59	1. 03
2001	19. 65	17. 61	10. 72	9. 00	2. 06	2. 63	1. 05
2002	19. 22	17. 82	10. 61	9. 26	2. 10	2. 77	1. 06
2003	19. 30	17. 85	10. 73	9. 30	2. 23	3. 19	1. 09
2004	19. 39	18. 35	10. 76	9. 31	2. 38	3. 68	1. 15
2005	19. 26	18. 31	10. 72	9. 36	2. 50	4. 12	1. 18
2006	18. 75	18. 28	10. 58	9. 25	2. 63	4. 49	1. 22
2007	18. 85	18. 41	10. 64	9. 54	2. 72	4. 75	1. 28
2008	18. 10	18. 15	10. 28	8. 88	2. 77	4. 80	1. 31
2009	16. 66	18. 07	9. 60	8. 41	2. 78	4. 98	1. 36
2010	17. 29	17. 39	9. 93	8. 79	2. 91	5. 30	1. 42
2011	16. 73	17. 15	9. 73	9. 21	3. 16	6. 28	1. 43
2012	16. 01	16. 91	9. 56	9. 54	3. 18	6. 31	1. 49
2013	16. 18	16. 70	9. 55	9. 70	3. 25	6. 60	1. 54

Source：IEA.

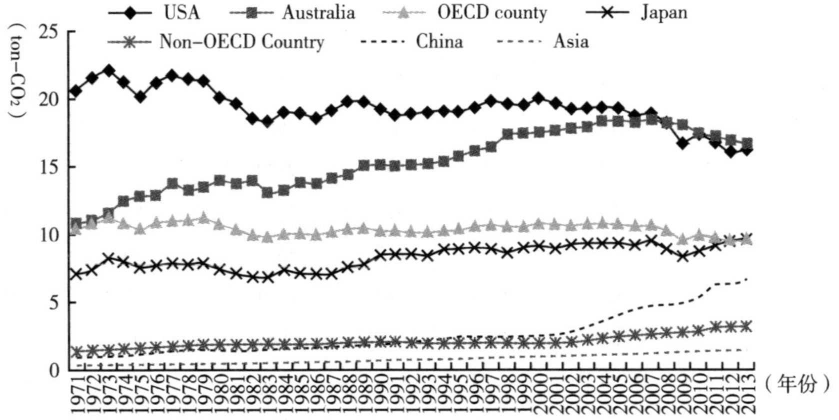

Fig 3　Per capita CO_2 emission from main countries and regions

Table 3 Per capita CO_2 emission by sector in main countries in 2013

unit: ($kg-CO_2$/person)

Countries and regions	Total CO_2 emission form energy consumption	Electricity and heating	Other energy industries	Manufacturing and construction industry	Transportation	Other sectors
Colombia	1415	244	156	286	540	189
India	1495	756	34	394	178	133
Bolivia	1624	298	135	188	656	347
Brazil	2262	383	142	503	1040	194
Cuba	2644	1529	72	744	118	181
Mexico	3816	1271	450	556	1272	267
Sweden	3906	752	210	711	2049	184
Argentina	4398	1245	381	721	1144	907
Chile	4650	1996	184	738	1388	344
France	4789	652	158	760	1837	1382
Spain	5057	1482	375	761	1764	675
Switzerland	5134	339	112	662	2113	1908
Italy	5576	1833	188	640	1660	1255
Greece	6246	3381	387	510	1478	490
China	6600	3225	270	2063	554	488
Denmark	6913	3015	379	623	1995	901
Norway	6948	393	2049	1154	2742	610
United Kingdom	6999	2646	434	611	1778	1530
Poland	7595	4094	185	750	1121	1445
South Africa	7910	4413	825	987	1040	645
Singapore	8624	4047	947	2129	1393	108
Germany	9251	4169	285	1129	1856	1812
Netherlands	9301	3216	602	1351	1901	2231
Japan	9700	4668	332	1749	1677	1274
Canada	15257	2984	2596	2066	4942	2669
USA	16178	6725	893	1334	5374	1852
Australia	16701	8541	1 406	2 003	3 904	847

Source: IEA.

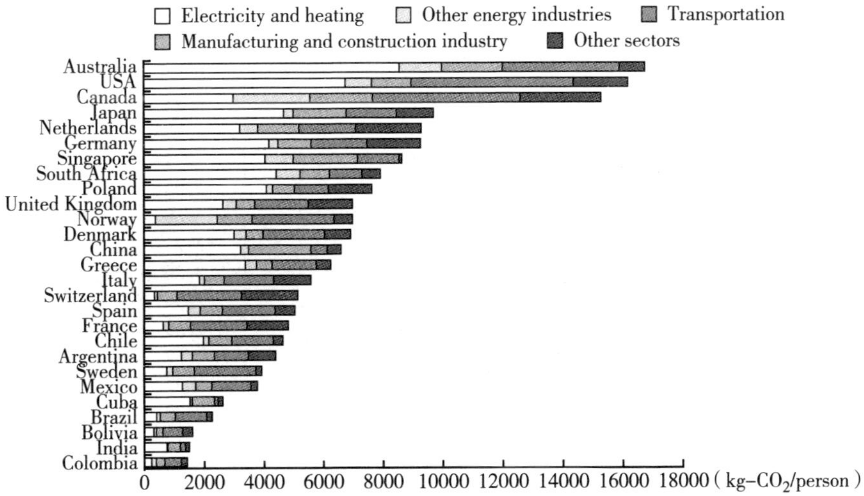

Fig 4 Per capita CO_2 emission by sector in main countries in 2013

Table 4 CO_2 emission intensity of main countries and regions GDP is calculated as the fixed price of 2000US $

unit: ton - CO_2/GDP

Year	OECD	non - OECD	USA	Japan	China	Australia
1971	0.67	1.54	0.96	0.45	6.56	0.55
1972	0.67	1.54	0.96	0.44	6.73	0.55
1973	0.66	1.51	0.94	0.46	6.49	0.56
1974	0.64	1.49	0.91	0.46	6.46	0.61
1975	0.62	1.55	0.88	0.43	6.90	0.62
1976	0.63	1.52	0.88	0.43	7.28	0.60
1977	0.62	1.52	0.88	0.42	7.64	0.64
1978	0.60	1.55	0.83	0.40	7.77	0.60
1979	0.59	1.52	0.81	0.39	7.35	0.60
1980	0.57	1.52	0.77	0.36	6.64	0.61
1981	0.54	1.53	0.74	0.33	6.24	0.60
1982	0.52	1.55	0.72	0.31	5.95	0.63
1983	0.50	1.55	0.69	0.30	5.64	0.57
1984	0.50	1.55	0.67	0.31	5.34	0.55
1985	0.48	1.54	0.65	0.29	4.72	0.56
1986	0.47	1.54	0.62	0.28	4.58	0.55
1987	0.46	1.57	0.62	0.27	4.39	0.55
1988	0.46	1.58	0.62	0.27	4.25	0.55

续表

Year	OECD	non - OECD	USA	Japan	China	Australia
1989	0. 45	1. 57	0. 61	0. 26	4. 23	0. 56
1990	0. 43	1. 64	0. 58	0. 27	4. 16	0. 57
1991	0. 43	1. 63	0. 58	0. 27	4. 01	0. 57
1992	0. 42	1. 60	0. 57	0. 27	3. 66	0. 56
1993	0. 42	1. 57	0. 57	0. 26	3. 50	0. 55
1994	0. 41	1. 51	0. 55	0. 27	3. 23	0. 54
1995	0. 41	1. 51	0. 54	0. 27	3. 20	0. 54
1996	0. 41	1. 46	0. 54	0. 27	2. 94	0. 53
1997	0. 40	1. 40	0. 53	0. 26	2. 69	0. 52
1998	0. 39	1. 40	0. 51	0. 26	2. 57	0. 53
1999	0. 38	1. 36	0. 49	0. 27	2. 31	0. 52
2000	0. 37	1. 34	0. 49	0. 27	2. 30	0. 52
2001	0. 37	1. 33	0. 48	0. 26	2. 18	0. 51
2002	0. 36	1. 32	0. 47	0. 27	2. 12	0. 51
2003	0. 36	1. 34	0. 46	0. 27	2. 24	0. 49
2004	0. 35	1. 34	0. 45	0. 26	2. 36	0. 50
2005	0. 35	1. 33	0. 44	0. 26	2. 37	0. 49
2006	0. 33	1. 31	0. 42	0. 25	2. 31	0. 48
2007	0. 33	1. 26	0. 42	0. 26	2. 16	0. 47
2008	0. 32	1. 23	0. 40	0. 24	1. 99	0. 47
2009	0. 31	1. 22	0. 39	0. 24	1. 90	0. 46
2010	0. 32	1. 20	0. 39	0. 24	1. 85	0. 44
2011	0. 31	1. 25	0. 38	0. 25	2. 01	0. 43
2012	0. 30	1. 21	0. 36	0. 26	1. 89	0. 42
2013	0. 30	1. 20	0. 35	0. 26	1. 85	0. 41

Source: IEA.

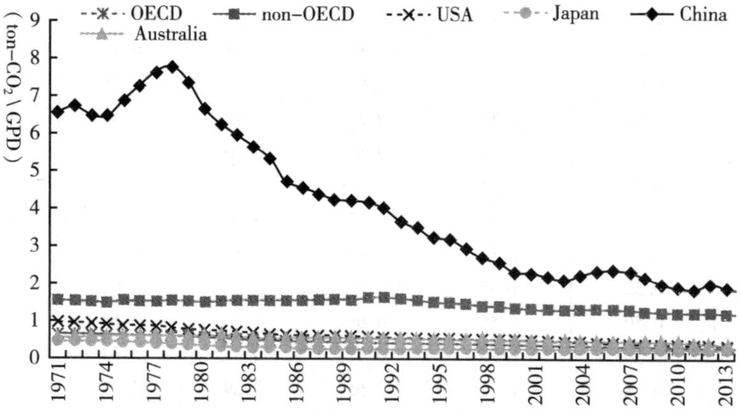

Fig 5 CO_2 emission intensity of main countries and regions

(GDP is calculated as the fixed price of 2000US \$)

Table 5 CO_2 emission share of main countries in 2013

unit: million - ton CO_2, %

Country and regions	amount	share
China	9023. 1	28. 0
United States	5119. 7	15. 9
India	1868. 6	5. 8
The Russian Federation	1543. 1	4. 8
Japan	1235. 1	3. 8
Germany	759. 6	2. 4
Korea	572. 2	1. 8
Canada	536. 3	1. 7
Iran	525. 9	1. 6
Saudi Arabia	472. 4	1. 5
Brazil	452. 4	1. 4
Mexico	451. 8	1. 4
United Kingdom	448. 7	1. 4
Indonesia	424. 6	1. 3
South Africa	420. 4	1. 3
Australia	388. 7	1. 2
Italy	338. 2	1. 1
France	315. 6	1. 0
Poland	292. 4	0. 9
Turkey	283. 8	0. 9
Ukraine	265. 0	0. 8
China Taiwan	248. 7	0. 8
Thailand	247. 4	0. 8
Kazakhstan	244. 9	0. 8
Spain	235. 7	0. 7
Malaysia	207. 2	0. 6
Egypt	184. 3	0. 6
Argentina	182. 3	0. 6
United Arab Emirates	167. 6	0. 5
Netherlands	156. 2	0. 5

Source: IEA.

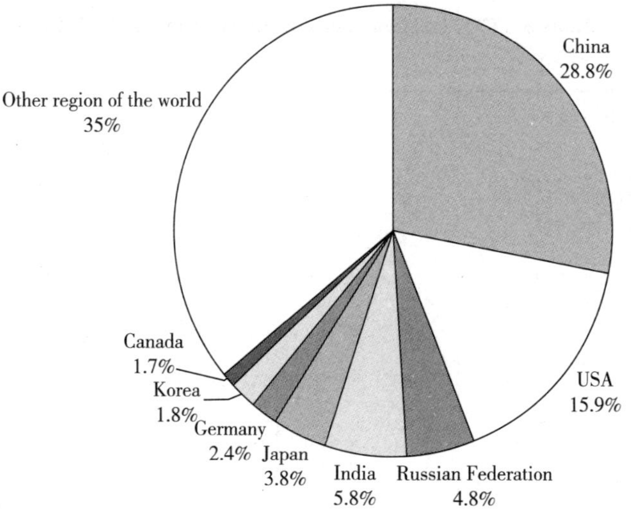

Fig 6　CO_2 emission share of main countries in 2013

Table 6　CO_2 emission structure of China and Japan

unit: million – ton CO_2

Year	CO_2 emission from China				CO_2 emission from Japan			
	Total	from coal	from oil	from gas	Total	from coal	from oil	from gas
1971	831.3	710.5	113.4	7.4	750.7	201.4	540.7	8.6
1972	884.9	744.1	131.3	9.5	788.5	206.7	573.1	8.7
1973	919.9	756.8	151.3	11.8	897.5	211.6	672.2	13.7
1974	937.4	749.5	173.1	14.8	885.7	211.3	656.9	17.5
1975	1087.3	876.4	193.5	17.4	849.6	205.3	625.0	19.3
1976	1129.8	880.9	229.0	19.9	876.2	204.2	649.0	23.0
1977	1275.8	1007.0	245.0	23.8	900.7	193.4	679.1	28.2
1978	1448.3	1153.4	268.0	26.9	895.3	175.3	681.6	38.4
1979	1474.7	1184.1	262.1	28.5	917.5	188.6	683.6	45.3
1980	1435.5	1173.2	234.2	28.1	870.3	198.3	620.5	51.5
1981	1419.7	1173.5	221.2	25.0	846.2	212.0	581.5	52.7
1982	1477.7	1238.0	216.2	23.5	819.9	222.4	543.8	53.4
1983	1553.3	1308.3	221.0	24.0	825.5	219.2	549.3	57.0
1984	1692.2	1441.2	226.2	24.9	886.0	243.3	566.1	76.6
1985	1698.6	1457.4	225.0	16.2	865.5	255.0	528.6	81.9
1986	1791.1	1531.9	241.9	17.3	865.4	246.1	536.0	83.3
1987	1919.6	1648.0	253.5	18.1	870.5	244.2	540.3	86.0
1988	2064.8	1775.0	271.9	17.9	936.1	264.4	581.5	90.2
1989	2137.9	1840.0	278.8	19.1	963.7	265.9	601.3	96.5

续表

Year	CO_2 emission from China				CO_2 emission from Japan			
	Total	from coal	from oil	from gas	Total	from coal	from oil	from gas
1990	2183. 5	1885. 6	278. 1	19. 8	1048. 5	298. 2	635. 6	114. 7
1991	2297. 5	1977. 5	300. 1	19. 9	1056. 7	296. 3	637. 0	122. 6
1992	2399. 8	2054. 1	324. 8	20. 9	1062. 7	293. 2	645. 6	123. 9
1993	2613. 8	2213. 2	375. 5	25. 1	1057. 3	300. 4	630. 0	126. 9
1994	2724. 8	2337. 2	363. 7	23. 9	1108. 0	311. 7	663. 5	132. 8
1995	2998. 2	2571. 0	400. 4	26. 8	1120. 8	322. 5	660. 9	137. 4
1996	3024. 3	2586. 8	411. 7	25. 8	1134. 6	333. 4	657. 7	143. 5
1997	3028. 3	2553. 0	445. 3	30. 0	1128. 6	342. 0	638. 2	148. 4
1998	3117. 5	2631. 3	457. 2	29. 0	1097. 4	327. 8	618. 2	151. 4
1999	3021. 5	2491. 4	498. 4	31. 7	1137. 4	346. 1	631. 1	160. 2
2000	3259. 3	2687. 6	534. 5	37. 2	1153. 6	371. 0	617. 3	165. 3
2001	3344. 6	2755. 4	548. 0	41. 2	1141. 2	379. 9	596. 6	164. 7
2002	3547. 8	2927. 2	576. 3	44. 3	1176. 9	400. 9	606. 2	169. 6
2003	4116. 6	3436. 4	628. 0	52. 2	1183. 9	413. 8	594. 8	175. 3
2004	4787. 7	3981. 6	744. 7	61. 4	1185. 2	424. 6	585. 8	174. 8
2005	5359. 7	4519. 2	768. 7	71. 8	1192. 0	432. 4	585. 6	174. 0
2006	5881. 0	4968. 7	821. 1	91. 2	1178. 5	433. 8	552. 4	192. 3
2007	6275. 6	5304. 2	854. 0	117. 4	1216. 4	451. 7	554. 8	209. 9
2008	6337. 9	5335. 7	866. 8	135. 4	1132. 7	417. 2	510. 1	205. 4
2009	6618. 2	5596. 4	870. 6	151. 2	1071. 9	395. 1	472. 1	204. 7
2010	7072. 7	5893. 7	997. 8	181. 2	1120. 2	429. 5	474. 4	216. 3
2011	8393. 3	7123. 6	1037. 0	232. 7	1168. 8	410. 3	507. 2	251. 3
2012	8519. 2	7153. 9	1078. 9	258. 1	1207. 7	431. 2	515. 7	260. 8
2013	8977. 1	7507. 2	1139. 5	298. 8	1225. 0	463. 4	501. 4	260. 2

Source: IEA.

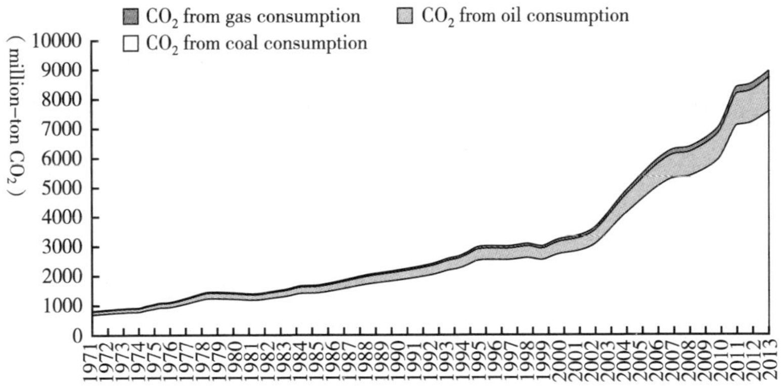

Fig 7　CO_2 emission structure of China

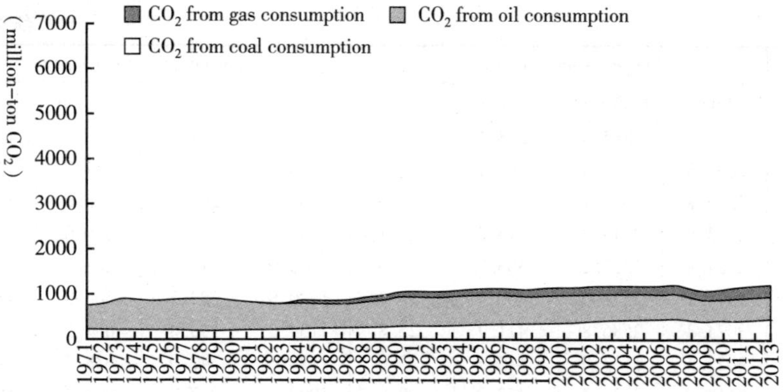

Fig 8 CO_2 emission structure of Japan

Table 7 Primary energy consumption and structure of China

Year	Total consumption (10 - thousand tce)	Composition (%)			
		coal	oil	gas	Hydropower, nuclear power, wind power
1978	57144	70. 7	22. 7	3. 2	3. 4
1980	60275	72. 2	20. 7	3. 1	4. 0
1985	76682	75. 8	17. 1	2. 2	4. 9
1990	98703	76. 2	16. 6	2. 1	5. 1
1991	103783	76. 1	17. 1	2. 0	4. 8
1992	109170	75. 7	17. 5	1. 9	4. 9
1993	115993	74. 7	18. 2	1. 9	5. 2
1994	122737	75. 0	17. 4	1. 9	5. 7
1995	131176	74. 6	17. 5	1. 8	6. 1
1996	135192	73. 5	18. 7	1. 8	6. 0
1997	135909	71. 4	20. 4	1. 8	6. 4
1998	136184	70. 9	20. 8	1. 8	6. 5
1999	140569	70. 6	21. 5	2. 0	5. 9
2000	146964	68. 5	22. 0	2. 2	7. 3
2001	155547	68. 0	21. 2	2. 4	8. 4
2002	169577	68. 5	21. 0	2. 3	8. 2
2003	197083	70. 2	20. 1	2. 3	7. 4
2004	230281	70. 2	19. 9	2. 3	7. 6
2005	261369	72. 4	17. 8	2. 4	7. 4
2006	286467	72. 4	17. 5	2. 7	7. 4
2007	311442	72. 5	17. 0	3. 0	7. 5
2008	320611	71. 5	16. 7	3. 4	8. 4
2009	336126	71. 6	16. 4	3. 5	8. 5

续表

Year	Total consumption (10 - thousand tce)	Composition(%)			
		coal	oil	gas	Hydropower, nuclear power, wind power
2010	360648	69.2	17.4	4.0	9.4
2011	387043	70.2	16.8	4.6	8.4
2012	402138	68.5	17.0	4.8	9.7
2013	416913	67.4	17.1	5.3	10.2
2014	426000	66.0	17.1	5.7	11.2

Source: National bureau of statistics, China electricity council.

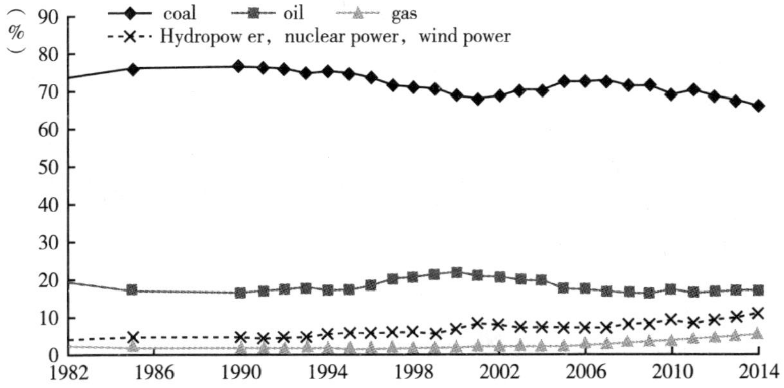

Fig 9 China Primary energy consumption and structure

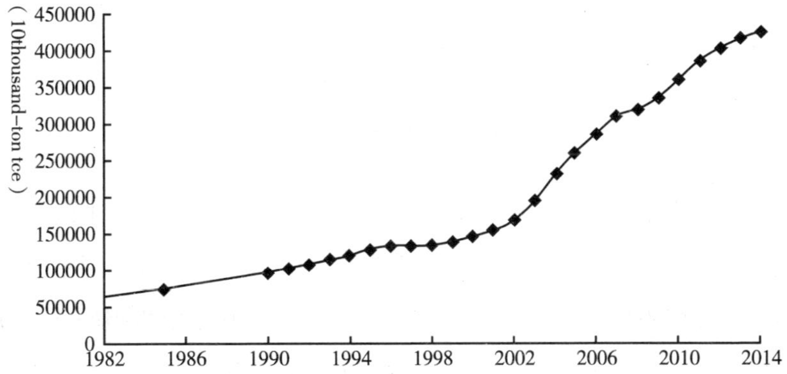

Fig 10 Total amount of China Primary energy consumption

皮书起源

“皮书”起源于十七、十八世纪的英国，主要指官方或社会组织正式发表的重要文件或报告，多以“白皮书”命名。在中国，“皮书”这一概念被社会广泛接受，并被成功运作、发展成为一种全新的出版形态，则源于中国社会科学院社会科学文献出版社。

皮书定义

皮书是对中国与世界发展状况和热点问题进行年度监测，以专业的角度、专家的视野和实证研究方法，针对某一领域或区域现状与发展态势展开分析和预测，具备原创性、实证性、专业性、连续性、前沿性、时效性等特点的公开出版物，由一系列权威研究报告组成。

皮书作者

皮书系列的作者以中国社会科学院、著名高校、地方社会科学院的研究人员为主，多为国内一流研究机构的权威专家学者，他们的看法和观点代表了学界对中国与世界的现实和未来最高水平的解读与分析。

皮书荣誉

皮书系列已成为社会科学文献出版社的著名图书品牌和中国社会科学院的知名学术品牌。2011 年，皮书系列正式列入“十二五”国家重点出版规划项目；2012~2015 年，重点皮书列入中国社会科学院承担的国家哲学社会科学创新工程项目；2016 年，46 种院外皮书使用“中国社会科学院创新工程学术出版项目”标识。

中国皮书网

www.pishu.cn

发布皮书研创资讯，传播皮书精彩内容
引领皮书出版潮流，打造皮书服务平台

栏目设置：

- □ 资讯：皮书动态、皮书观点、皮书数据、皮书报道、皮书发布、电子期刊
- □ 标准：皮书评价、皮书研究、皮书规范
- □ 服务：最新皮书、皮书书目、重点推荐、在线购书
- □ 链接：皮书数据库、皮书博客、皮书微博、在线书城
- □ 搜索：资讯、图书、研究动态、皮书专家、研创团队

中国皮书网依托皮书系列“权威、前沿、原创”的优质内容资源，通过文字、图片、音频、视频等多种元素，在皮书研创者、使用者之间搭建了一个成果展示、资源共享的互动平台。

自 2005 年 12 月正式上线以来，中国皮书网的 IP 访问量、PV 浏览量与日俱增，受到海内外研究者、公务人员、商务人士以及专业读者的广泛关注。

2008 年、2011 年中国皮书网均在全国新闻出版业网站荣誉评选中获得“最具商业价值网站”称号；2012 年，获得“出版业网站百强”称号。

2014 年，中国皮书网与皮书数据库实现资源共享，端口合一，将提供更丰富的内容，更全面的服务。

法律声明

权威报告·热点资讯·特色资源

皮书数据库

ANNUAL REPORT(YEARBOOK) DATABASE

当代中国与世界发展高端智库平台

WWW.PISHU.COM.CN

皮书俱乐部会员服务指南

1. 谁能成为皮书俱乐部成员？

- 皮书作者自动成为俱乐部会员
- 购买了皮书产品（纸质书/电子书）的个人用户

2. 会员可以享受的增值服务

- 免费获赠皮书数据库100元充值卡
- 加入皮书俱乐部，免费获赠该纸质图书的电子书
- 免费定期获赠皮书电子期刊
- 优先参与各类皮书学术活动
- 优先享受皮书产品的最新优惠

3. 如何享受增值服务？

（1）免费获赠100元皮书数据库体验卡

第1步 刮开附赠充值的涂层（右下）；

第2步 登录皮书数据库网站（www.pishu.com.cn），注册账号；

第3步 登录并进入“会员中心”—“在线充值”—“充值卡充值”，充值成功后即可使用。

（2）加入皮书俱乐部，凭数据库体验卡获赠该书的电子书

第1步 登录社会科学文献出版社官网（www.ssap.com.cn），注册账号；

第2步 登录并进入“会员中心”—“皮书俱乐部”，提交加入皮书俱乐部申请；

第3步 审核通过后，再次进入皮书俱乐部，填写页面所需图书、体验卡信息即可自动兑换相应电子书。

4. 声明

解释权归社会科学文献出版社所有

皮书俱乐部会员可享受社会科学文献出版社其他相关免费增值服务，有任何疑问，均可与我们联系。

图书销售热线：010-59367070/7028
图书服务QQ：800045692
图书服务邮箱：duzhe@ssap.cn

数据库服务热线：400-008-6695
数据库服务QQ：2475522410
数据库服务邮箱：database@ssap.cn

欢迎登录社会科学文献出版社官网（www.ssap.com.cn）和中国皮书网（www.pishu.cn）了解更多信息

社会科学文献出版社 SOCIAL SCIENCES ACADEMIC PRESS (CHINA) 皮书系列

卡号：7662530916449187

密码：

S 子库介绍
Sub-Database Introduction

中国经济发展数据库

涵盖宏观经济、农业经济、工业经济、产业经济、财政金融、交通旅游、商业贸易、劳动经济、企业经济、房地产经济、城市经济、区域经济等领域，为用户实时了解经济运行态势、把握经济发展规律、洞察经济形势、做出经济决策提供参考和依据。

中国社会发展数据库

全面整合国内外有关中国社会发展的统计数据、深度分析报告、专家解读和热点资讯构建而成的专业学术数据库。涉及宗教、社会、人口、政治、外交、法律、文化、教育、体育、文学艺术、医药卫生、资源环境等多个领域。

中国行业发展数据库

以中国国民经济行业分类为依据，跟踪分析国民经济各行业市场运行状况和政策导向，提供行业发展最前沿的资讯，为用户投资、从业及各种经济决策提供理论基础和实践指导。内容涵盖农业，能源与矿产业，交通运输业，制造业，金融业，房地产业，租赁和商务服务业，科学研究，环境和公共设施管理，居民服务业，教育，卫生和社会保障，文化、体育和娱乐业等 100 余个行业。

中国区域发展数据库

以特定区域内的经济、社会、文化、法治、资源环境等领域的现状与发展情况进行分析和预测。涵盖中部、西部、东北、西北等地区，长三角、珠三角、黄三角、京津冀、环渤海、合肥经济圈、长株潭城市群、关中—天水经济区、海峡经济区等区域经济体和城市圈，北京、上海、浙江、河南、陕西等 34 个省份及中国台湾地区。

中国文化传媒数据库

包括文化事业、文化产业、宗教、群众文化、图书馆事业、博物馆事业、档案事业、语言文字、文学、历史地理、新闻传播、广播电视、出版事业、艺术、电影、娱乐等多个子库。

世界经济与国际政治数据库

以皮书系列中涉及世界经济与国际政治的研究成果为基础，全面整合国内外有关世界经济与国际政治的统计数据、深度分析报告、专家解读和热点资讯构建而成的专业学术数据库。包括世界经济、世界政治、世界文化、国际社会、国际关系、国际组织、区域发展、国别发展等多个子库。